Arivelto Bustamante Fialho

SolidWorks® 2017

Chapas e perfis – Projeto no contexto

érica | Saraiva

Av. das Nações Unidas, 7221, 1º Andar, Setor B
Pinheiros – São Paulo – SP – CEP: 05425-902

SAC 0800-0117875
De 2ª a 6ª, das 8h00 às 18h00
www.editorasaraiva.com.br/contato

Vice-presidente	Claudio Lensing
Gestora do ensino técnico	Alini Dal Magro
Coordenadora editorial	Rosiane Ap. Marinho Botelho
Editora de aquisições	Rosana Ap. Alves dos Santos
Assistente de aquisições	Mônica Gonçalves Dias
Editoras	Márcia da Cruz Nóboa Leme
	Silvia Campos Ferreira
Assistentes editoriais	Paula Hercy Cardoso Craveiro
	Raquel F. Abranches
	Rodrigo Novaes de Almeida
Editor de arte	Kleber de Messas
Assistentes de produção	Fabio Augusto Ramos
	Valmir da Silva Santos
Produção gráfica	Sérgio Luiz P. Lopes

Preparação	Hires Héglan
Revisão	Ricardo Franzin
Diagramação	lab212
Projeto gráfico de capa	lab212
Impressão e acabamento	Bartira

DADOS INTERNACIONAIS DE CATALOGAÇÃO NA PUBLICAÇÃO (CIP)
ANGÉLICA ILACQUA CRB-8/7057

Fialho, Arivelto Bustamante
SolidWorks® 2017 : chapas e perfis – projeto no contexto / Arivelto Bustamante Fialho. — São Paulo : Érica, 2017.
240 p.

Bibliografia
ISBN 978-85-365-2368-2

1. Solidworks (Programa de computador) 2. Desenho técnico - Programas de computador 3. Projeto auxiliado por computador 4. Computação gráfica I. Título

17-0696

CDD 006.68
CDU 004.92:62

Índices para catálogo sistemático:
1. Desenho técnico : Projeto auxiliado por computador

Copyright© 2017 Saraiva Educação
Todos os direitos reservados.

1ª edição
2017

O Autor e a Editora acreditam que todas as informações aqui apresentadas estão corretas e podem ser utilizadas para qualquer fim legal. Entretanto, não existe qualquer garantia, explícita ou implícita, de que o uso de tais informações conduzirá sempre ao resultado desejado. Os nomes de sites e empresas, porventura mencionados, foram utilizados apenas para ilustrar os exemplos, não tendo vínculo nenhum com o livro, não garantindo a sua existência nem divulgação.

A Ilustração de capa e algumas imagens de miolo foram retiradas de <www.shutterstock.com>, empresa com a qual se mantém contrato ativo na data de publicação do livro. Outras foram obtidas da Coleção MasterClips/MasterPhotos© da IMSI, 100 Rowland Way, 3rd floor Novato, CA 94945, USA, e do CorelDRAW X6 e X7, Corel Gallery e Corel Corporation Samples. Corel Corporation e seus licenciadores. Todos os direitos reservados.

Todos os esforços foram feitos para creditar devidamente os detentores dos direitos das imagens utilizadas neste livro. Eventuais omissões de crédito e copyright não são intencionais e serão devidamente solucionadas nas próximas edições, bastando que seus proprietários contatem os editores.

Nenhuma parte desta publicação poderá ser reproduzida por qualquer meio ou forma sem a prévia autorização da Saraiva Educação. A violação dos direitos autorais é crime estabelecido na lei nº 9.610/98 e punido pelo artigo 184 do Código Penal.

CL 641540   CAE 621642

Agradecimentos

A Claudia Aparecida Furtado de Oliveira Fialho, esposa, amiga e companheira, cujo amor e dinamismo me fortalecem e motivam em cada novo dia na busca de novos aprendizados.

A Alice, nossa gatinha de estimação.

A meu querido Anjo tutelar, que, no silêncio das horas, está sempre a zelar por mim. Grato pela inspiração e paciência.

Sobre o autor

Arivelto Bustamante Fialho possui formação inicial como técnico mecânico, e posterior graduação em Engenharia Mecânica pela Universidade do Vale dos Sinos (Unisinos), em 1997. Com especialização em docência para o Ensino Profissionalizante em 2012, especialização em Tecnologias na Aprendizagem em 2015, atualmente cursa também especialização em Gerenciamento de Projetos – Práticas do PMI pelo Serviço de aprendizagem (SENAC), EAD/SP e é aluno do curso de Mestrado em Processos de Fabricação Mecânica na linha de pesquisa em Projetos de Máquinas pelo PROMEC da Universidade Federal do Rio Grande do Sul (UFRGS)

Possui ainda extensa experiência na indústria metal mecânica em áreas de controle de qualidade e métodos e processos, bem como, desenvolvimento de produtos industriais.

É coautor de um e-book publicado pela editora César Gonçalves Larcen e autor de doze obras publicadas pela editora Saraiva, selo Érica, de São Paulo:

Automação hidráulica: projetos, dimensionamento e análises de circuitos; *Instrumentação industrial:* conceitos, aplicações e análises; *Automação pneumática:* projetos, dimensionamento e análises de circuitos; *AutoCAD 2004:* teoria e prática 3D no dimensionamento de produtos industriais; *Pro/Engineer Wildfire 3.0:* teoria e prática 3D no dimensionamento de produtos industriais; *COSMOS:* plataforma CAE do SoliWorks; *SolidWorks 2008:* teoria e prática 3D no desenvolvimento de produtos industriais; *SolidWorks 2009:* teoria e prática 3D no desenvolvimento de produtos industriais; *SolidWorks 2012:* teoria e prática 3D no desenvolvimento de produtos industriais; *SolidWorks 2013:* teoria e prática 3D no desenvolvimento de produtos industriais; *Automatismos pneumáticos:* princípios básicos: dimensionamento e aplicações práticas; *Automatismos hidráulicos:* princípios básicos: dimensionamento e aplicações práticas; Tecnologia da informação e educação contemporânea.

Lecionou teoria mecânica, desenho técnico e automação na Escola Técnica José César de Mesquita em Porto Alegre-RS entre 1998 e 2001. De 2010 a 2016 foi professor no SENAC-SL/RS, ministrando os cursos de AutoCAD e SolidWorks®. Atualmente dedica-se à produção literária, a artigos técnicos e presta consultoria em projeto e desenvolvimento de produtos.

Fabricante

Produto: SolidWorks® Premium 2017
Fabricante: SolidWorks Corporation
Site: www.solidworks.com
Rua Iguatemi, 448
São Paulo – SP – 01451-010 – Brasil
Fones: (11) 3188-4150 ou 0800-772-4041

Requisitos de hardware e software

Sistema operacional: Windows 8.1 ou 10. Somente 64-bits
Memória RAM: 8 GB ou mais
Processador: Intel ou AMD com suporte a SSE2
Mídia de instalação: DVD ou conexão com a internet
Placa de vídeo: AMD/INTEL/NIVIDA – Verifique no link: http://www.solidworks.com/sw/support/videocardtesting.html

- **Produtos Microsoft**

    Navegador: Internet Explorer 11
    Excel e Word: 2010, 2013, 2016

Sumário

- Apresentação _____ 10
- Capítulo 1. Gerenciador Chapa metálica – Parte 1 _____ 11
  - 1.1 Generalidades _____ 11
    - 1.1.1 Recursos do gerenciador Chapa metálica _____ 11
- Capítulo 2. Gerenciador Chapa metálica – Parte 2 _____ 35
  - 2.1 Outros recursos do gerenciador Chapa metálica _____ 35
    - 2.1.1 Recurso Bainha _____ 35
    - 2.1.2 Recurso Desvio _____ 37
    - 2.1.3 Recurso Dobra esboçada _____ 41
    - 2.1.4 Recurso Cantos _____ 41
    - 2.1.5 Recurso Ferramenta de Conformação _____ 45
    - 2.1.6 Recurso Cantoneira de chapa metálica _____ 49
    - 2.1.7 Recurso Corte extrudado _____ 51
    - 2.1.8 Recurso Furo simples _____ 52
    - 2.1.9 Recurso Respiradouro _____ 53
    - 2.1.10 Recurso Rasgo _____ 55
    - 2.1.11 Recurso Vincar chapa metálica _____ 55
  - 2.2 Tabela de dobras, fator K e tabela de calibres _____ 56
    - 2.2.1 Tabelas originadas de arquivo de texto _____ 59
    - 2.2.2 Tabelas originadas de planilhas Excel _____ 59
    - 2.2.3 Tabelas de tolerância de dobra (*bend allowance*) _____ 60
    - 2.2.4 Tabelas dedução de dobra (*bend deduction*) _____ 62
    - 2.2.5 Tabela cálculo de dobra (*bend calculation*) _____ 64
    - 2.2.6 Fator K _____ 64
    - 2.2.7 Tabelas de calibres _____ 66
    - 2.2.8 Criação de tabela de dobras e calibres _____ 69
- Capítulo 3. Curva de gomos, bifurcação flangeada, churrasqueira, chassi _____ 71
  - 3.1 Curva de gomos a 90 graus _____ 71
    - 3.1.1 Criação dos esboços _____ 72
    - 3.1.2 Criação dos gomos _____ 74
    - 3.1.3 Criação dos flanges _____ 76
    - 3.1.4 Detalhamento em Folha de Desenho _____ 77
  - 3.2 Bifurcação flangeada _____ 89
    - 3.2.1 Criação do Tubo1 (tubo inferior) _____ 89
    - 3.2.2 Criação do flange inferior e Tubo2 _____ 90
    - 3.2.3 Criação do flange do Tubo2 _____ 90
    - 3.2.4 Criação do Tubo3 e flange _____ 91
  - 3.3 Churrasqueira _____ 92
    - 3.3.1 Criação do corpo da churrasqueira _____ 92
    - 3.3.2 Criação do corpo da coifa _____ 93
    - 3.3.3 Criação do colar _____ 94
    - 3.3.4 Criação da manga _____ 94
    - 3.3.5 Criação da cantoneira menor _____ 95

3.3.6 Criação da cantoneira maior _____ 96

3.3.7 Criação do suporte pontas dos espetos _____ 96

3.4 Chassi _____ 99

3.4.1 Procedimentos de criação passo a passo _____ 99

3.5 Exercícios propostos _____ 104

■ Capítulo 4. Perfis, cordão solda e de filete, tabela de soldagem: exemplos e exercícios propostos _____ 111

4.1 Perfis normatizados _____ 111

4.1.1 Perfis ISO do download _____ 113

4.1.2 Perfis normatizados via *toolbox* _____ 114

4.2 Aplicações de perfis a esboços 2D _____ 115

4.2.1 Aplicação prática _____ 115

4.3 Aplicações de perfis a esboços 3D _____ 119

4.3.1 Ordem de aparagem com dois grupos concorrentes ao mesmo ponto _____ 119

4.3.2 Ordem de aparagem com três grupos concorrentes ao mesmo ponto _____ 122

4.4 Ponto de penetração de um perfil em relação ao esboço _____ 124

4.4.1 Modificação do ponto de penetração _____ 125

4.5 Perfis de soldagem personalizados _____ 126

4.5.1 Identificação e inclusão de perfis personalizados na biblioteca de perfis de soldagem _____ 127

4.5.2 Utilização de perfis personalizados salvos _____ 128

4.6 Tubos encurvados _____ 128

4.6.1 Obtenção por partes soldadas _____ 128

4.6.2 Obtenção por processo de encurvamento _____ 130

4.7 Inserções de tampas nas extremidades dos perfis _____ 131

4.7.1 Gerenciador de propriedades Tampa de extremidade _____ 132

4.8 Inserções de cantoneiras em perfis _____ 132

4.9 Inserção de cordão de solda _____ 133

4.9.1 Solda em Ambos os lados e Todos em volta _____ 136

4.9.2 Solda em Zigue-zague _____ 136

4.9.3 Seleção de solda inteligente _____ 137

4.9.4 Visibilidade do cordão de solda _____ 137

4.9.5 Edição de cordão de solda _____ 138

4.9.6 Inserção de símbolo Carreira de solda em desenhos _____ 138

4.10 Configurações da Caixa Símbolo de solda ANSI _____ 140

4.11 Principais tipos de eletrodos _____ 141

4.12 Cordão de filete _____ 141

4.13 Tabela de solda _____ 143

4.13.1 Inserção da Tabela de solda no desenho _____ 145

4.13.2 Modificação da Norma de soldagem _____ 146

4.14 Exemplos de aplicação _____ 147

4.14.1 Projeto conjunto degrau de escada helicoidal (caracol) _____ 147

4.14.2 Projeto pórtico com inércia variável _____ 151

4.15 Exercícios propostos _____ 156

■ Capítulo 5. Projeto no contexto _____ 163

5.1 Definição _____ 163

5.1.1 Projeto ascendente (*bottom-up*) _____ 163

5.2 Estrutura _____ 164

5.3 Método _____ 165

5.3.1 Método dos recursos individuais _____ 165

5.3.2 Método da montagem por esboço de *layout* _____ 165

5.3.3 Método das peças completas _____ 165

5.4 Projeto no contexto _____ 165

5.4.1 Projeto conjunto degrau para escada helicoidal (EH2017) _____ 166

5.4.2 Subconjuntos do conjunto degrau para escada helicoidal _____ 175

5.4.3 Projeto de escada helicoidal _____ 177

5.4.4 Edição de montagens _____ 182

5.4.5 Edição, limitações de edição e dissolução de submontagens _____ 183

5.5 Exercício proposto _____ 184

■ Capítulo 6. Costing _____ 193

6.1 Generalidades _____ 193

6.1.1 Operações da ferramenta Costing com chapas metálicas _____ 194

6.1.2 Operações da ferramenta Costing com montagens _____ 195

6.1.3 Operações da ferramenta Costing com soldagens _____ 195

6.1.4 Emissão de relatórios _____ 195

6.2 Estrutura funcional do Costing _____ 197

6.2.1 Como é calculado o custo _____ 197

6.2.2 Personalização _____ 197

6.2.3 Armazenagem de informações _____ 197

6.3 Exemplo de avaliação de uma peça em chapa dobrada _____ 198

6.3.1 Iniciar a ferramenta Costing _____ 198

6.3.2 Discriminação dos custos, inserções, remoções e edições _____ 203

6.4 Personalização de *template* _____ 207

6.4.1 Unidade monetária do Costing _____ 207

6.4.2 Um novo *template* _____ 208

6.4.3 Testando o novo *template* _____ 211

6.5 Adição de novo SETUP e nova operação personalizada _____ 212

6.6 Análise de custos de componente multicorpos _____ 213

6.6.1 Custo por peça de componente multicorpos _____ 216

6.6.2 Custo de cordão de filete em componentes multicorpos _____ 216

6.6.3 Custo de cordão de solda em componentes multicorpos _____ 218

6.7 Estimativa de custos em montagens _____ 222

6.7.1 Correção do custo da operação de pintura _____ 225

6.7.2 Custo de submontagem _____ 226

6.7.3 Inserção de operação personalizada _____ 227

6.7.4 Estimativa de custos de montagem _____ 228

6.7.5 Estimativa de custos de montagem com flange de fixação, extensores e parafusos ___ 229

6.7.6 Estimativa de custos para a produção de corrimão _____ 231

6.8 Emissão de relatório _____ 234

6.9 Conclusão _____ 237

■ Bibliografia _____ 239

Apresentação

A presente obra, estruturada em seis capítulos, tem por objetivo abordar a técnica do Projeto no Contexto, também conhecida como *Top-Down Project*. Nessa técnica, o projetista cria seu projeto de forma estruturada a partir do Conjunto, dos Subconjuntos e das Peças, todos já em suas devidas posições funcionais.

O foco de aplicação desta obra é a utilização da técnica em projetos que envolvem Chapas e Perfis. Entretanto, a técnica do projeto no contexto será somente estudada no Capítulo 5. Os capítulos anteriores trarão os subsídios para que o leitor possa, ao chegar ao Capítulo 5, utilizar com maior eficácia os conhecimento lá disponibilizados.

Os seguintes tópicos são abordados no livro:

Capítulo 1: estudo dos recursos do gerenciador Chapa metálica como Conversão de sólido em chapa metálica, Planificação, Dobra com Loft, Flange de aresta, Tipos de alívio personalizados, Flange contínuo e Flange varrido.

Capítulo 2: sequência dos recursos do gerenciador Chapa metálica como recursos Bainha, Desvio, Dobra esboçada, Cantos, Ferramenta de conformação e Cantoneira de chapa metálica do Gerenciador Chapa metálica, com seus diversos painéis de configuração para a construção de geometrias de chapas.

Capítulo 3: este capítulo tem por objetivo apresentar ao leitor quatro técnicas para construção de elementos industriais produzidos em chapas metálicas aproveitando também outros recursos do SolidWorks®, bem como disponibilizar uma série de 10 exercícios.

Capítulo 4: apresenta ao leitor os recursos para criação, corte e soldagem de perfis normatizados utilizados pelo SolidWorks® no desenvolvimento de projetos estruturais, bem como a inserção de Tabela de soldagem. Finaliza com alguns exemplos de aplicação desenvolvidos passo a passo e exercícios propostos.

Capítulo 5: apresenta ao leitor a facilidade e importância da utilização da técnica de projeto no contexto para projetos de chapas e perfis possibilitando assim maior produtividade no desenvolvimento de projetos desta natureza.

Capítulo 6: apresenta da forma mais prática possível a ferramenta para estimativa de custos Costing. Trata-se de importante ferramenta para obtenção projetos de custo competitivo, permitindo ao projetista e fabricante examinar e comparar diversos cenários e seus respectivos custos antes de definir-se por um ou outro processo, operação ou material.

A obra disponibiliza pela internet uma grande quantidade de material de apoio. Consulte o *site* da editora para acessá-lo: <www.editorasaraiva.com.br>. É meu sincero desejo que esta obra lhe seja de boa utilidade à construção de seu aprendizado, caro leitor.

O Autor

1

Gerenciador Chapa metálica – Parte 1

PARA COMEÇAR

Este capítulo tem por objetivo apresentar ao leitor os primeiros recursos do gerenciador **Chapa metálica** com seus diversos painéis de configuração para a construção de geometrias de chapas.

As informações aqui apresentadas são a base necessária para sua aplicação no método de projeto no contexto.

1.1 GENERALIDADES

O método de projeto no contexto é aplicado dentro do *template* **Montagem**. Entretanto, para melhor entendimento do leitor, os recursos do gerenciador **Chapa metálica** serão estudados no *template* **Peça**. Os *templates* do SolidWorks® são exibidos quando o usuário seleciona **Arquivo → Novo**.

Figura 1.1 – Seleção do template Peça.

Depois de selecionar o *template* **Peça** clicando o cursor do mouse sobre ele e confirmando em OK, imediatamente é exibido o ambiente de trabalho do SolidWorks, tendo ao topo alguns menus do tipo *dropdown*, como: **Arquivo, Editar, Exibir** e outros. Logo abaixo, aparecem os gerenciadores de recursos identificados por suas abas, como podem ser vistos na Figura 1.2, em que o gerenciador **Chapa metálica** já aparece selecionado.

Figura 1.2 – Gerenciador de recursos Chapa metálica.

1.1.1 Recursos do gerenciador Chapa metálica

São recursos que possibilitam a modelagem da geometria, como a inserção de abas, flange, bainha, recortes, dobras, desvios, cantos, rasgos etc.

1.1.1.1 Recurso flange-base/aba

Um componente a ser produzido em chapa metálica pode ser criado de três diferentes maneiras:

1. Diretamente no contexto (projeto no contexto), como é o propósito desta obra e será visto no Capítulo 5.

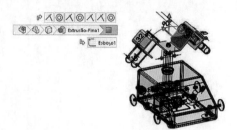

Figura 1.3 – Componente sendo criado no contexto.

2. Com base em um modelo criado como sólido ou superfície e posteriormente convertido em chapa metálica.

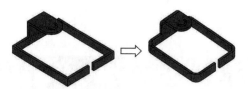

Figura 1.4 – Componente criado como sólido e convertido em chapa metálica.

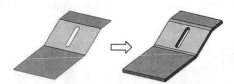

Figura 1.5 – Componente criado como superfície e convertido em chapa metálica.

3. De um flange-base gerado a partir do recurso **Flange-base/Aba**, como será visto em seguida.

Ao selecionar o recurso **Flange-base/Aba** será solicitado ao usuário que escolha um **Plano de trabalho** para a criação do esboço do flange-base.

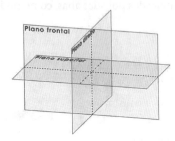

Figura 1.6 – Planos de esboço.

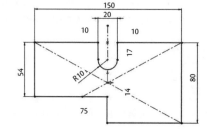

Figura 1.7 – Esboço unicamente fechado do flange-base.

Depois de gerado e confirmado o esboço do flange-base, o SolidWorks exibirá o gerenciador de configurações do recurso com algumas opções de configuração que veremos em seguida. É possível ainda especificar a espessura desejada configurando-a no painel **Parâmetros de chapa metálica**, bem como a direção da extrusão. Ao confirmar o comando observe que aparecerá na árvore do projeto o recurso que foi criado a partir do esboço, como mostra o quadro em destaque na imagem.

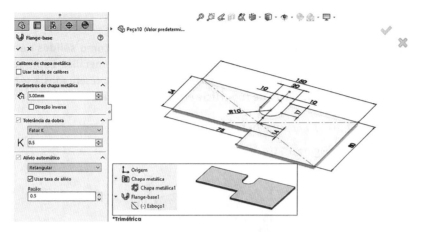

Figura 1.8 – Seleção do template Peça.

O esboço utilizado para criação do flange-base poderá ser aberto, unicamente fechado, ou conteúdo múltiplo fechado. A Figura 1.7 vista anteriormente exemplifica o tipo unicamente fechado. Veja nas Figuras 1.9 e 1.10 os outros dois.

- *Esboço aberto*

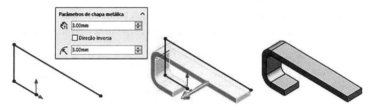

Figura 1.9 – Flange-base gerado a partir de esboço aberto.

Observe que o painel **Parâmetros de chapa metálica** mostrará já configurados os parâmetros de Espessura T1 da chapa e raio de dobra. Ambos podem ser modificados antes de o comando ser confirmado.

- *Esboço de conteúdo múltiplo fechado*

Figura 1.10 – Flange-base gerado a partir de esboço fechado com conteúdo múltiplo.

Vários contornos fechados com contenção múltipla podem ser usados em extrusões, revoluções e chapa metálica. Se houver mais de um contorno, um deles deve conter os demais.

NOTAS

- » *Splines* são entidades de esboço inválidas para peças em chapa metálica com contornos abertos.
- » Pode apenas haver um recurso de **Flange-base/Aba** por peça no SolidWorks.
- » A espessura e o raio de dobra do **flange-base** tornam-se os valores predeterminados de outros recursos de chapa metálica.

1.1.1.2 Recurso Converter em chapa metálica

Como já mencionado, é possível converter modelos gerados inicialmente como **sólidos** ou **superfícies** em **chapa metálica**. A vantagem desse método reside no fato de que nos recursos de chapa metálica, como veremos adiante, não há suporte para criação de alguns tipos muito específicos de dobras. Os exemplos apresentados a seguir mostram o passo a passo para conversão de **modelo sólido** e **modelo de superfície** em **chapa metálica.**

- *Conversão de modelo sólido em chapa metálica*
    1. Modele um sólido como o da Figura 1.11.

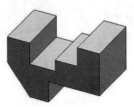

Figura 1.11 – Modelo sólido.

2. Clique no recurso **Converter em chapa metálica** para acessar o gerenciador de propriedades do recurso. Observe que será exibida a seguinte série de painéis para configurações.
    » **Painel Calibres de chapa metálica** – permite a seleção de calibres de dobra normalmente utilizados pela indústria mecânica e que relacionam o material da chapa, sua espessura e os possíveis raios de dobra.

Figura 1.12 – Painel Calibres de chapa metálica.

Você pode editar as tabelas e configurá-las em conformidade com as disponibilidades de calibres de sua empresa. Mais detalhes sobre este processo de configuração serão vistos no final do capítulo.
Caso não deseje utilizar um calibre específico, deixe vazia a *checkbox* **Usar tabela de calibres** e faça a configuração de espessura e raio manualmente no painel seguinte.

» **Painel Parâmetros de chapa metálica** – esse painel somente será acessível se a opção anterior não tiver sido selecionada. A primeira janela registra a face selecionada, que permanecerá fixa quando for aplicado o recurso para desdobramento da chapa. Somente é possível selecionar como faces fixas faces paralelas aos planos normais.
A segunda janela registra a espessura T1 da chapa. Entre com o valor desejado.

Figura 1.13 – Painel Parâmetros de chapa metálica.

***Checkbox* Inverter espessura** – por padrão, a espessura é considerada para o lado de dentro do sólido. Assim, quando convertido em chapa metálica as dimensões externas permanecerão inalteradas.
***Checkbox* Manter corpo** – quando selecionada, o corpo sólido é mantido para posterior utilização de novos recursos de chapa metálica.
Na janela inferior que registra o **Raio de dobra**, entre com o valor desejado.

» **Painel Arestas de dobra** – esse painel registrará as arestas de dobra do modelo que você seleciona manualmente ou quando pressionar o comando **Coletar todas as dobras**, que deverá ser utilizado quando o modelo possuir filetes. O painel seguinte, **Encontradas arestas de rasgo (somente leitura)**, apenas registrará a quantidade de arestas de rasgo para alívio de dobra que são encontradas automaticamente pelo programa.

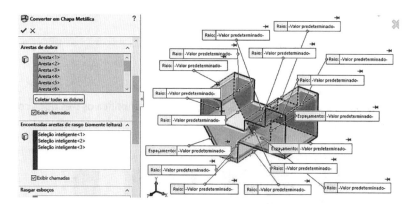

Figura 1.14 – Painéis Arestas de dobra e Arestas de rasgo.

Note que você pode editar os valores de **Raio de dobra**, **Espaçamento** e **Taxa de sobreposição** apenas clicando sobre as caixas em que está escrito: **Valor predeterminado**.

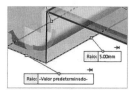 

Figura 1.15 – Edição do raio.   Figura 1.16 – Edição da largura.

» **Painel Rasgar esboços** – painel utilizado para registar o Esboço criado para o rasgo de junção da chapa depois da dobra. Note que no exemplo do modelo sólido em que estamos trabalhando não foi criado um Esboço para rasgo, portanto, o rasgo de junção será uma das arestas selecionadas.

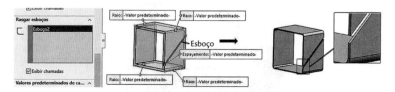

Figura 1.17 – Painel Rasgar esboço.

» **Painel Valores predeterminados de canto** – esse painel registrará um valor predeterminado para o **Espaçamento** e a **Taxa de sobreposição** de todos os rasgos, os quais, como visto na Figura 1.16, podem ser editados um a um.

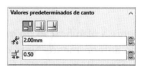

Figura 1.18 – Painel Valores predeterminados de canto.

» **Painel Alívio automático** – painel utilizado para configurar a forma e dimensão do alívio que deverá ser aplicado no corte da chapa para resultar no acabamento desejado depois da dobra. Há três configurações de forma para o **Alívio automático**. Você pode selecionar qualquer uma delas e aplicar a dimensão desejada.

Figura 1.19 – Painel Alívio automático.

A forma-padrão é **Ruptura** com dimensão **0,5**. A Figura 1.20 exemplifica os três tipos com visualização da forma dobrada e sua planificação.

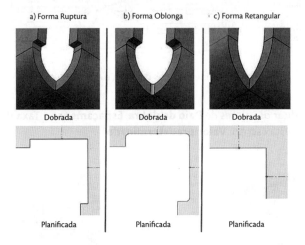

Figura 1.20 – Exemplo das três configurações de Alívio automático.

3. Depois de feitas as configurações desejadas, clique em **OK** para finalizar e obter o modelo convertido em chapa metálica. A Figura 1.21 mostra o modelo em **Chapa metálica**. Observe que, assim como já mencionado, por não termos criado um **Esboço** para gerar um rasgo no painel **Rasgar esboços**, a aresta que havíamos deixado de fora da seleção do painel define o limite de junção de dois lados dobrados, permitindo o total fechamento do modelo.

Figura 1.21 – Modelo em Chapa metálica.

1.1.1.3 Recurso Planificar

O recurso **Planificar** permite obter rapidamente a planificação do modelo gerado. Observe a Figura 1.22, que exibe a planificação do modelo em chapa metálica obtido anteriormente. Note que as linhas de dobra aparecem já definidas em suas posições. Entretanto, esse recurso é apenas para visualização de conferência. Para finalização e aplicação de cotas, deve ser utilizado o recurso **Desdobrar**, ainda a ser estudado.

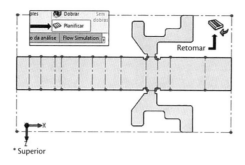

Figura 1.22 – Modelo Chapa metálica planificado.

1.1.1.4 Recurso Dobra com loft

O recurso de **Dobra com loft** permite, por exemplo, criar alguns modelos de transição utilizados em projetos de tubulação para ventilação e coifas. Esse tipo de modelagem não utiliza como base de construção o recurso **Flange-base/Aba**. A Figura 1.23 exemplifica uma transição comumente utilizada em projetos de coifas ou mesmo em projeto de elemento de transição de tubulação para ventilação. Note que o Detalhe X mostrado em ambos os esboços exibe uma distância de espaçamento de 4 mm, uma vez que uma das condições para a aplicação do recurso **Dobra com loft** é que os esboços sejam abertos.

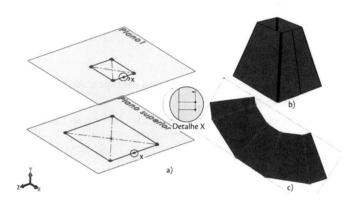

Figura 1.23 – Transição (loft) retangular.

Outra observação importante sobre esse recurso é que os esboços não precisam estar necessariamente em planos paralelos. As linhas de dobra, porém, não aparecem na planificação de dobras com loft gerados por esboços não paralelos. A Figura 1.24 exemplifica uma dobra com loft em que o esboço superior é gerado sobre um plano inclinado. Observe que na planificação não aparecem linhas de dobra.

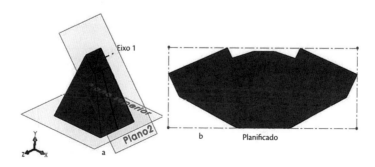

Figura 1.24 – Dobra com loft gerada por esboços não paralelos.

Há ainda algumas impossibilidades construtivas em razão da não aplicabilidade do **Fator K** no processo de obtenção da dobra, como mostra a Figura 1.25.

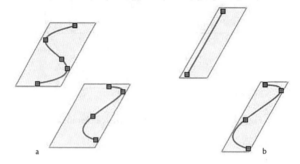

Figura 1.25 – Esboços com impossibilidade construtiva.

 NOTA

Os esboços devem ter o mesmo número de segmentos lineares e não lineares e corresponder-se entre si. Ou seja, para cada segmento linear do primeiro esboço, deve haver um segmento linear no segundo esboço. O mesmo vale para os segmentos não lineares.

Quando o recurso **Dobra com loft** é selecionado na aba **Chapa metálica**, seu gerenciador de propriedades é exibido apresentando os seguintes painéis de configuração.

» **Painel Método de fabricação** – esse painel exibe duas opções para fabricação da dobra com loft, o método **Dobrado** e o método **Conformado**.

Figura 1.26 – Painel Método de fabricação.

Método Dobrado – essa opção cria dobras físicas reais. As dobras com loft de curva formam uma transição realista entre dois perfis para facilitar as instruções a fim de carregar na manufatura do freio. Os arcos são aproximados por segmentos facetados. Essa opção funciona com peças criadas a partir da versão SolidWorks 2013. Sua seleção disponibiliza no gerenciador o painel **Opções de facetas** e **Valor de faceta**.

Método Conformado – nessa opção os ângulos de linha de dobra são apenas aproximados em um padrão plano. As Figuras 1.27 e 1.28 ilustram a diferença visual desses dois métodos.

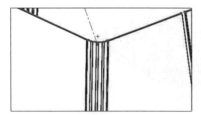 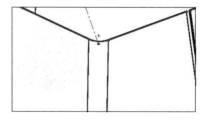

Figura 1.27 – Método Dobrado.   Figura 1.28 – Método Conformado.

» **Painel Perfis** – esse painel registra os dois perfis (esboços abertos) selecionados, sendo possível sua inversão.

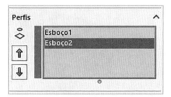

Figura 1.29 – Painel Perfis.

» **Painel Opções de facetas** – é exibido sempre que o método **Dobrado** é selecionado. Ele permite configurar a forma da dobra por meio dos itens **Tolerância da corda**, **Número de dobras**, **Comprimento de segmento** e **Ângulo de segmento** (Figura 1.30).

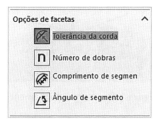

Figura 1.30 – Painel Opções de facetas.

Para melhor compreensão das opções desse painel, elas serão descritas e ilustradas a seguir.

» **Tolerância da corda** – define a distância máxima entre o arco e o segmento linear. Seu valor padrão é 0,5.
Note que, como mencionado no método, os arcos são aproximados por segmentos facetados. A distância entre o ponto médio de ambos define a tolerância (Figura 1.31).

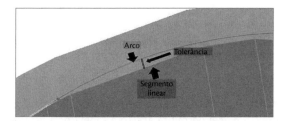

Figura 1.31 – Tolerância da corda.

» **Número de dobras** – define a forma como a quantidade de dobras é aplicada a cada transição.
Note que a Figura 1.32 exibe uma configuração de ajuste de duas dobras e outra com cinco dobras. Neste exemplo, o raio de dobra utilizado equivale a 3 mm para uma chapa de espessura 1,2 mm. Observe que, para o caso em questão, cinco dobras modelam uma excelente curvatura.

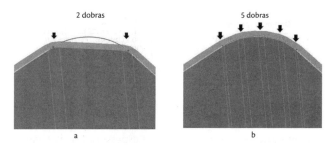

Figura 1.32 – Número de dobras.

» **Comprimento do segmento** – especifica o comprimento máximo do segmento linear sob a curva.

Figura 1.33 – Comprimento do segmento.

» **Ângulo do segmento** – especifica o ângulo máximo entre dois segmentos adjacentes. A Figura 1.34 exemplifica uma dobra com ajuste de segmento configurado em 60 graus.

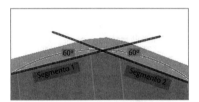

Figura 1.34 – Ângulo do segmento.

» **Painel Valor de faceta** – esse painel está intimamente relacionado ao painel **Opções de facetas**. Ele registra numericamente qualquer uma das quatro opções de facetas que podem ser ajustadas. Também é possível fazer o ajuste numérico e preciso de cada um dos valores. Na imagem, o painel aparece registrando o valor definido para a opção **Ângulo de segmento** selecionada e exibida na imagem anterior.

Checkbox **Consultar ponto final** – é selecionada por padrão e sua função é especificar se as dobras criadas se referem a um canto agudo no perfil ou se o canto agudo é substituído por dobras adjacentes para formar um arco aproximado no canto.

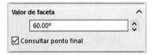

Figura 1.35 – Valor de faceta.

» **Painel Calibres de chapa metálica** – permite acesso à opção de calibres de dobra (Figura 1.36). Ao selecionar-se a *checkbox* **Usar tabela de calibres**, o painel permitirá acesso à tabela pela lista *dropdown* **Selecionar tabela** (Figura 1.37) ou buscará outro arquivo de tabela por meio da opção **Procurar**.

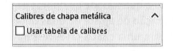

Figura 1.36 – Calibres de chapa metálica.

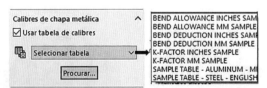

Figura 1.37 – Opções do painel Calibres de chapa metálica.

» **Painel Parâmetros de chapa metálica** – esse painel exibe a espessura D1 da chapa e, na janela inferior, seu raio de dobra. Ambos podem ser modificados.

Figura 1.38 – Parâmetros de chapa metálica.

Por padrão, a chapa é gerada no entorno do esboço. A opção **Inverter direção** modifica a chapa para a posição interna ao esboço. Isso significa que as dimensões externas do modelo ficam reduzidas. A Figura 1.39 exemplifica isso.

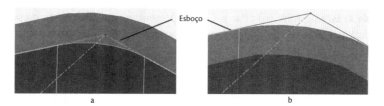

Figura 1.39 – Loft padrão gerado no entorno do esboço (a) e modificação depois de selecionada a opção Inverter direção (b).

Se no painel anterior a *checkbox* de opção **Usar tabela de calibres** tiver sido selecionada, o painel **Parâmetros de chapa metálica** aparecerá com a configuração da Figura 1.40, permitindo a seleção dos calibres de dobra na lista *dropdown*:

Figura 1.40 – Painel com opções de seleção de calibre.

» **Painel Tolerância da dobra** – por padrão, se a opção **Usar tabela de calibres** do painel **Calibres de chapa metálica** não for selecionada, esse painel exibirá em sua lista *dropdown* a opção **Fator K**, sendo K = 0,5 e passível de modificação pelo usuário. Entretanto, também é possível selecionar outras configurações, como mostra a Figura 1.41.

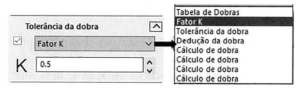

Figura 1.41 – Painel Tolerância da dobra com base em Fator K arbitrado.

- **Opção Tabela de dobras** – permite acesso à seleção das tabelas de dobras disponíveis no sistema.
- **Opção Tolerância da dobra** – permite configurar manualmente um valor de tolerância para a dobra.

NOTA

Por definição, a tolerância da dobra é o comprimento do arco da dobra medido ao longo do eixo neutro do material.

- **Opção Dedução da dobra** – permite configurar manualmente um valor para a dedução da dobra.

> **NOTA**
>
> Por definição, a dedução da dobra é a diferença entre a tolerância da dobra e o dobro do recuo externo.

- **Opção Tabela de calibres** – utiliza automaticamente para o K os valores disponíveis na tabela de calibres existente no sistema.

1.1.1.5 Recurso Flange de aresta

O recurso de **Flange de aresta** permite criar flanges que representam dobras a partir da seleção de arestas de chapas metálicas. A Figura 1.42 indica a criação de um e mais flanges de arestas a partir das arestas selecionadas de um flange-base em formato retangular.

Figura 1.42 – Criação de Flange de aresta.

Quando o recurso **Flange de aresta** é selecionado na aba **Chapa metálica**, seu gerenciador de propriedades é exibido apresentando os seguintes painéis de configuração:

» **Painel Parâmetros do flange** – exibe inicialmente a janela de coleta de arestas. Todas as arestas selecionadas são exibidas nela. Para desfazer uma seleção, coloque o cursor sobre a indicação desejada e pressione a tecla **Delete**.

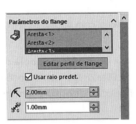

Figura 1.43 – Painel Parâmetros do flange.

A *checkbox* **Usar raio predeterminado**, quando desabilitada, permite reconfigurar o raio de dobra padrão definido para o flange de aresta.

A janela inferior do painel permite modificar a **Distância de espaçamento G** entre duas arestas. A Figura 1.44 exemplifica aplicação de G=1 e G=5.

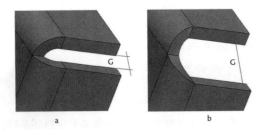

Figura 1.44 – Distância de espaçamento.

» **Painel Ângulo** – permite configurar o ângulo de criação do **Flange de aresta** em relação à face da aresta selecionada ou em relação a uma face específica. A Figura 1.45 exibe o flange sendo criado a 90 graus em relação à face que contém a aresta selecionada. A Figura 1.46 exibe o flange de aresta sendo criado em relação à **Face<1>** selecionada. Observe que no segundo exemplo o ângulo entre a face do **Flange de aresta** e a **Face<1>** resulta em 121 graus.

Figura 1.45 – Flange de aresta criado na configuração de 90 graus em relação à face da aresta.

Figura 1.46 – Flange de aresta criado perpendicular à Face<1> selecionada.

» **Painel Comprimento do flange** – apresenta uma lista do tipo *dropdown* que permite três configurações para determinar o comprimento do flange. A configuração do tipo **Cego**, mostrada na Figura 1.47, disponibiliza três botões de ajuste para o comprimento:

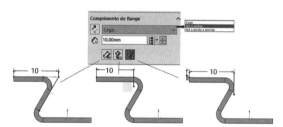

Figura 1.47 – Opções de ajuste para comprimento.

Ponto virtual externo – ao selecionar-se o botão esquerdo, a medida ajustada para D é marcada da extremidade (aresta) da chapa até o ponto virtual externo à curvatura, mais precisamente no ponto de convergência das retas tangentes às arestas externas que definem o ângulo de dobra.

Ponto virtual interno – ao selecionar-se o botão central, a medida ajustada para D será marcada da extremidade da chapa até o centro do raio de dobra.

Dobra tangente – ao selecionar-se o botão direito, a medida ajustada para D será marcada da extremidade da chapa até a reta vertical tangente à curvatura.

Até o vértice – permite selecionar um vértice de outra extremidade da chapa como referência para delimitar o comprimento D de extensão do flange. Note que na Figura 1.48 o flange criado não atinge o vértice selecionado em função do ângulo que fora configurado para 90 graus no **Painel ângulo**. Observe que, além disso, há duas configurações de direcionamento: **Normal ao plano do flange** e **Paralelo ao flange-base**.

Figura 1.48 – Opção Até o vértice.

Até a aresta e mesclar – aplicado à peça multicorpos, mescla a aresta selecionada com uma aresta paralela em outro corpo. Seleciona uma aresta de "Até a referência" no segundo corpo.

Figura 1.49 – Opção Até a aresta e mesclar.

» **Painel Posição do flange** – permite configurar a posição do flange em relação a uma referência específica. As opções estão indicadas na Figura 1.50.

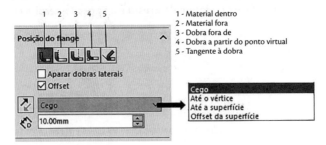

Figura 1.50 – Opção Posição do flange.

Os seguintes exemplos ilustram as opções de configuração:

- **Material dentro** – a face externa fica interna e tangente à referência.

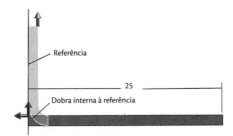

Figura 1.51 – Opção Material dentro.

- **Material fora** – a face interna fica externa e tangente à referência.

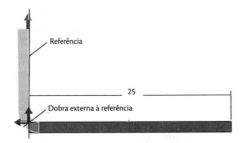

Figura 1.52 – Opção Material fora.

- **Dobra fora de** – a face interna fica a uma distância R (raio de dobra) da referência.

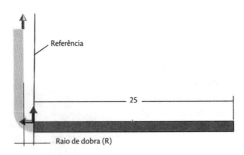

Figura 1.53 – Opção Dobra fora de.

- **Dobra a partir do ponto virtual** – ponto virtual é o ponto marcado sobre o meio da curvatura da dobra.

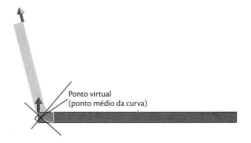

Figura 1.54 – Opção Dobra a partir do ponto virtual.

- **Tangente à dobra** – válido para todas as opções de comprimento de flange e para dobras superiores a 90 graus. A posição do flange sempre será tangente à face lateral fixada à aresta selecionada e o comprimento do flange sempre se manterá.

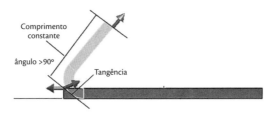

Figura 1.55 – Opção Tangente à dobra.

O painel **Posição do flange** oferece ainda duas *checkboxes* para as seguintes configurações:

Apara dobras laterais – opção que permite remover o material extra de dobras adjacentes. O material extra é exibido quando uma das dobras de um flange contínuo toca uma dobra existente. O corte que apara as dobras adjacentes é automaticamente dimensionado e não pode ser editado. As Figuras 1.56 e 1.57 ilustram a aplicação dessa configuração.

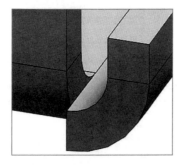

Figura 1.56 – Sem apara de dobras laterais.

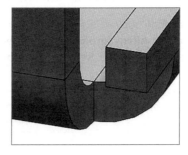

Figura 1.57 – Com apara de dobras laterais.

Offset – opção que permite configurar um comprimento D antes da dobra. As Figuras 1.58 e 1.59 ilustram a utilização dessa opção. Note que na Figura 1.58 o painel tem para a opção **Offset** o comprimento D igual a 0,00 mm. Já na Figura 1.59, o comprimento D está configurado em 5,00 mm.

Figura 1.58 – Opção Offset com comprimento D = 0,00 mm.

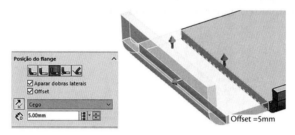

Figura 1.59 – Opção Offset com comprimento D = 5,00 mm.

Por fim, o painel exibe a lista *dropdown* com configurações para a condição final de *Offset*, bem como, à sua esquerda, o botão de inversão de direção.

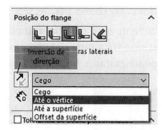

Figura 1.60 – Opção de Inversão de direção do flange e lista de opções de finalização do flange.

» **Painel Tolerância de dobra personalizada** – esse painel exibe a lista *dropdown* com cinco opções de configuração para aplicar tolerância de dobra, da mesma forma que o painel exibido anteriormente, na Figura 1.41, do estudo de Loft.

Figura 1.61 – Painel Tolerância de dobra personalizada.

» **Painel Tipo de alívio personalizado** – quando houver necessidade, o software adicionará automaticamente cortes de alívio após a inserção de dobras, caso a opção **Alívio automático** seja selecionada.
O software oferece os seguintes tipos de cortes de alívio: **Retangular**, **Ruptura** e **Oblongo**.

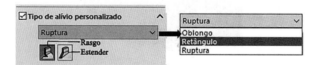

Figura 1.62 – Painel Tipo de alívio personalizado.

Caso se queira adicionar os alívios **Retangular** ou **Oblongo** automaticamente, será necessário especificar a **Razão de alívio** ou a **Taxa de alívio**.

O valor da razão de alívio deve estar entre 0,05 e 2,0. Quanto mais alto o valor, maior o tamanho do corte de alívio adicionado durante a inserção de dobras.

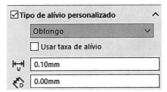

Figura 1.63 – Configurações da taxa de alívio para a opção Oblongo.

Para a opção **Usar taxa de alívio**, a distância **d** representa a largura do corte de alívio **Retangular** ou **Oblongo** e a profundidade pela qual a lateral do corte de alívio **Retangular** ou **Oblongo** se estende para além da região da dobra. A distância **d** é determinada pela seguinte equação:

$$d = (\text{razão de alívio}) \cdot (\text{espessura da peça})$$

A **Linha de dobra** é representada pela área em cinza-escuro da seção da chapa desdobrada exibida ao lado do painel.

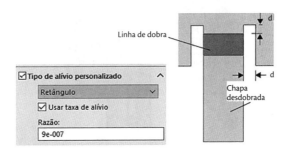

Figura 1.64 – Opção de utilização de taxa de alívio.

1.1.1.6 Recurso Flange contínuo

O recurso de **Flange contínuo** permite adicionar uma série de flanges a uma ou mais arestas de uma peça de chapa metálica.

Para utilizar esse recurso em um flange-base ou peça, clique em **Flange contínuo** no gerenciador de recursos **Chapa metálica** para acessar o gerenciador de configurações do recurso.

Será exibido o painel **Mensagem** com as solicitações da Figura 1.65:

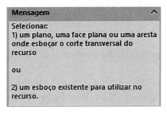

Figura 1.65 – Painel Mensagem.

1. Selecione a aresta em que deseja esboçar o perfil do flange. Observe que será exibido um plano de trabalho perpendicular à aresta selecionada.
2. Crie o esboço do perfil do flange desejado (Figura 1.66) e clique **Ok** para sair do ambiente de esboço. O gerenciador de propriedades do recurso **Flange contínuo** será exibido com seus painéis de configuração, como mostra a Figura 1.67.

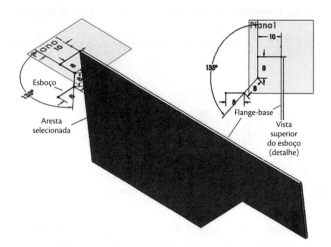 

Figura 1.66 – Seleção da aresta e criação do esboço.   Figura 1.67 – Painel Flange contínuo.

3. Caso não deseje fazer nenhuma modificação, clique **Ok** para confirmar e fechar o painel. O flange contínuo será executado. A Figura 1.68 mostra o recurso criado.

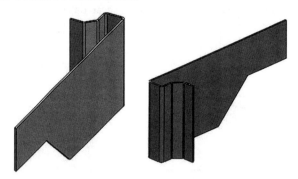

Figura 1.68 – Flange criado na aresta selecionada.

» **Painel Parâmetros e meia esquadria** – esse painel permite em sua janela de entrada acrescentar outras arestas para propagar o flange continuamente. É preciso apenas editar o recurso inicial, ou mesmo já de início, e selecionar outras arestas do flange-base, como mostra a Figura 1.69. Note que as demais arestas selecionadas serão acrescidas dentro da janela do painel **Parâmetros de meia esquadria**.
As demais opções de configuração desse painel são semelhantes às já estudadas do recurso anterior.

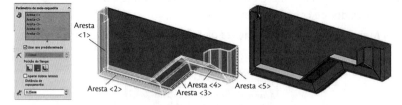

Figura 1.69 – Flange contínuo estendido às demais arestas selecionadas.

» **Painel Iniciar/finalizar offset** – permite aplicar uma dimensão de deslocamento *offset* em uma ou em ambas as extremidades de uma aresta. A Figura 1.70 exemplifica um deslocamento *offset* em ambas as extremidades.

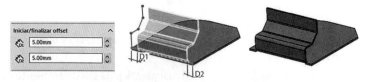

Figura 1.70 – Deslocamento offset em uma aresta.

Se o flange fosse contínuo a duas arestas consecutivas, o deslocamento *offset final* D2 apareceria no final da segunda aresta.

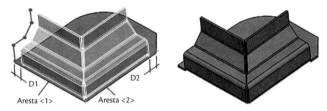

Figura 1.71 – Deslocamento offset em duas arestas.

» **Painel Tolerância de dobra** – exibe as mesmas possibilidades de configuração do painel exemplificado anteriormente na Figura 1.61 do recurso **Flange de aresta**.
» **Painel Tipo de alivio personalizado** – exibe também as mesmas possibilidades de configuração do painel exemplificado no estudo do recurso **Flange de aresta**.

Há, entretanto, alguns requisitos a serem observados para possibilitar a criação desse recurso:

1. Se for utilizado como esboço um arco para criar um flange contínuo, o arco não pode ser tangente à aresta de espessura da chapa (Figura 1.72).

Figura 1.72 – Esboço de arco em utilização incorreta.

2. O arco esboçado poderá, entretanto, ser tangente a uma linha curta que o conecte à aresta da chapa (Figura 1.73) ou ser tangente a uma aresta longa (Figura 1.74).

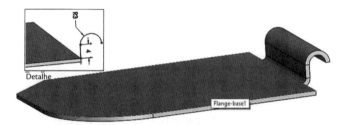

Figura 1.73 – Esboço de arco tangente à linha curta de conexão com a aresta.

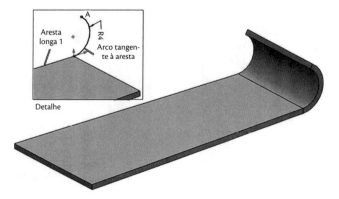

Figura 1.74 – Esboço de arco tangente a uma das arestas longas da chapa.

3. Como já visto anteriormente nas Figuras 1.66 a 1.71, o perfil do flange contínuo pode conter mais de uma linha contínua.
4. O plano do esboço precisa ser normal à primeira aresta na qual o flange contínuo será criado.
5. A espessura é automaticamente vinculada à espessura da peça de chapa metálica.
6. É possível criar um recurso de flange contínuo em uma série de arestas tangentes e não tangentes (Figura 1.75).

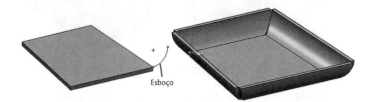

Figura 1.75 – Perfil Flange contínuo aplicado a arestas não tangentes.

O flange contínuo pode ser criado com recortes de ângulo a 45 graus, como mostra a sequência a seguir:

1. Crie uma peça de chapa metálica e selecione a aresta próxima à extremidade no início da série de arestas.
2. Crie um esboço para o flange contínuo. Note que o plano do esboço é normal à primeira aresta na qual o flange contínuo será criado.

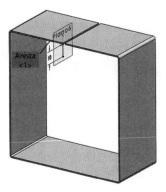

Figura 1.76 – Painel Mensagem.

3. Selecione as arestas para o flange contínuo em sequência. Neste exemplo, foram selecionadas as arestas **<2>** a **<5>** (Figura 1.77).

    Como alternativa você pode clicar no símbolo **Propagar** para selecionar todas as arestas tangentes à aresta selecionada.

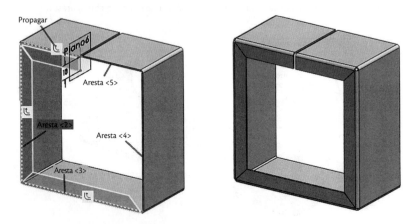

Figura 1.77 – Flange contínuo interno com ângulo de 45 graus.

4. Você pode usar sequência semelhante para que o flange contínuo seja gerado para o lado de fora.

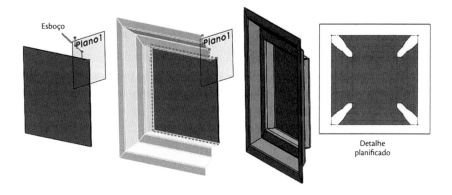

Figura 1.78 – Flange contínuo externo com ângulo de 45 graus.

1.1.1.7 Recurso de Flange varrido

O recurso de **Flange varrido** permite criar dobras compostas em peças de chapa metálica. Talvez ele não apareça em seu gerenciador de recursos **Chapa metálica**, como ocorre na Figura 1.79:

Figura 1.79 – Gerenciador de recursos Chapa metálica.

Para inserir esse recurso, siga o procedimento:
1. Clique em **Inserir → Ferramentas → Personalizar → Comandos → Chapa metálica**.
2. Selecione o recurso no menu **Botões**, como mostra a Figura 1.80.
3. Arraste-o para a posição desejada no gerenciador.
4. Clique **Ok** para confirmar. A Figura 1.81 mostra o recurso inserido.

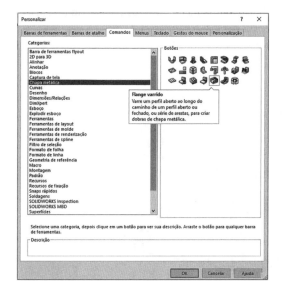

Figura 1.81 – Recurso inserido no gerenciador.

Figura 1.80 – Painel Personalizar.

Esse recurso é similar à ferramenta **Varredura**; são necessários um perfil e um caminho para criar o flange. Para criar um flange varrido, você precisará de um esboço de perfil aberto como perfil e de um esboço ou uma série de arestas de chapas metálicas existentes como caminho.

NOTA

Quaisquer chanfros ou filetes na região da dobra do flange varrido não serão exibidos no padrão plano.

Para padrões planos, o SolidWorks 2017 faz um cálculo linear. **A compressão e o alongamento do material não são levados em consideração**.

Para utilizar esse recurso, siga o procedimento:

1. Crie um **Flange-base** e ative o comando **Esboço**.
2. Seleciona a face superior do **Flange-base** e obtenha o esboço utilizando o recurso **Converter entidades**. Exclua a linha transversal do esboço deixando somente as duas transversais e a curva.
3. Crie um **Plano de esboço** (Plano 1) sobre a face da espessura transversal.
4. Faça o esboço do perfil do **Flange varrido** sobre o plano criado e o dimensione como mostra a Figura 1.82.

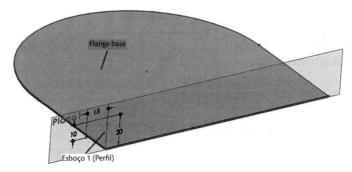

Figura 1.82 – Criação do esboço do Flange varrido.

5. No gerenciador **Chapa metálica** selecione o recurso **Flange varrido**. Observe que será exibido o gerenciador de propriedades desse recurso, exibindo-se inicialmente o painel **Mensagem** e o painel **Perfil e caminho**.
6. Selecione no gerenciador **Chapa metálica** o recurso **Flange varrido**. Serão exibidos inicialmente somente o painel **Mensagem** e o painel **Perfil e caminho** com suas janelas coletoras.
7. Selecione a janela coletora **Perfil** e clique no esboço (Esboço 2) do perfil do **Flange varrido**.
8. Em seguida, selecione a janela do caminho e clique uma a uma as três arestas superiores, como mostra a Figura 1.83. Note que serão exibidos os demais painéis do gerenciador. Observe que há os mesmos painéis do gerenciador do recurso **Flange de aresta**. Isso porque o caminho selecionado foi composto por arestas.
9. Efetue as configurações que desejar no gerenciador de propriedades e clique **Ok** para confirmar.
10. Será criado o **Flange varrido**.

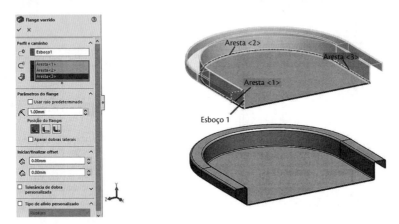

Figura 1.83 – Recurso Flange varrido.

Conforme mencionado, também é possível criar um esboço para utilizar como caminho e depois selecioná-lo na árvore de projetos ou mesmo na área de gráficos.

Os seguintes requisitos são necessários para o caminho:

1. O caminho pode ser aberto ou fechado e pode ser um conjunto de curvas esboçadas contidas em um esboço ou curva. Se o caminho for um esboço, ele precisa ser um perfil aberto; se for uma seleção de arestas adjacentes, pode ser um perfil fechado.
2. O ponto inicial do caminho deve residir no plano do perfil.
3. Um conjunto de curvas esboçadas (linhas e arcos) deve se encontrar nas extremidades (C0 – continuidade de posição). Qualquer canto agudo é automaticamente filetado com os raios apropriados. Há dois raios diferentes em cada lado do caminho para se criar um flange varrido. A filetagem falhará se o filete não puder ser criado no canto arredondado porque, em geral, as arestas a serem filetadas são muito curtas. Nesse caso, o flange varrido falhará.
4. Nenhuma filetagem adicional é criada para um canto arredondado, mesmo se o raio no canto arredondado for menor que o raio necessário para criar o flange varrido. Se o raio do canto arredondado for muito pequeno, o flange varrido falhará.

Quando o caminho parte de um esboço, o gerenciador de propriedades do recurso **Flange varrido** apresenta diferentes opções nos painéis.

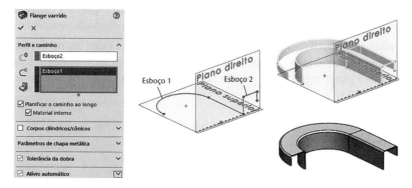

Figura 1.84 – Flange varrido sobre caminho de esboço.

Observe que agora o painel **Perfil e caminho** exibe duas *checkboxes*:

» **Planificar o caminho ao longo** – quando selecionada essa *checkbox*, o perfil é planificado. Em seguida, o perfil é girado paralelamente ao plano do cominho, porém o caminho não é planificado. O resultado é uma forma de padrão plano semelhante à forma do caminho. A seleção dessa opção permite a seleção da outra *checkbox*.

» **Material interno** – dependendo da geometria, o padrão plano só obterá êxito quando a opção **Material no interior** for selecionada ou desmarcada. O padrão plano pode falhar em qualquer opção do **Material no interior**, por causa da geometria de autointerceptação na planificação. Observe o exemplo nas imagens da Figura 1.85.

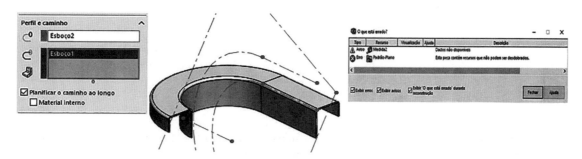

Figura 1.85 – Erro no padrão plano: opção Material interno não selecionada.

Mediante seleções mostradas na Figura 1.84, é possível, depois de gerado o **Perfil varrido**, aplicar o recurso **Planificar** (Figura 1.86).

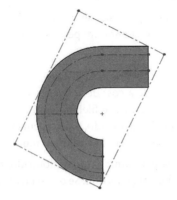

Figura 1.86 – Perfil varrido planificado.

O painel **Corpos cilíndricos/cônicos**, quando selecionado, propaga o esboço no campo **Aresta cilíndrica/cônica** para o recurso de padrão plano como uma entidade fixa. O campo **Aresta cilíndrica/cônica** especifica a entidade de esboço linear a ser propagada (Linha1) para o recurso de padrão plano. A Figura 1.87 exemplifica a criação de um **Flange varrido**. A varredura do perfil **Esboço2** ao longo do caminho **Esboço1** resultará em uma chapa com superfícies cilíndricas e cônicas.

Observe que, se a *checkbox* do painel for selecionada, ativando-o, e a **Linha1** que formará a superfície cônica em contato com o caminho também for selecionada (campo **Aresta cilíndrica/cônica**), a planificação da chapa ocorrerá como mostrado. Já a Figura 1.88 exibe a planificação sem a seleção do painel **Corpos cilíndricos selecionados**.

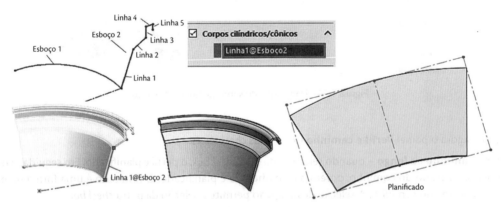

Figura 1.87 – Planificação com ativação do painel.

Figura 1.88 – Planificação sem a ativação do painel.

O painel **Parâmetros de chapa metálica** é semelhante ao painel da Figura 1.38 do subitem 1.1.1.4 Recurso Dobra com loft. Esse painel permite modificar a espessura e raio de dobra da chapa, bem como inverter sua direção de extrusão. Da mesma forma ocorre com os painéis **Tolerância de dobra** e **Alívio automático**.

2

Gerenciador Chapa metálica – Parte 2

⏻ PARA COMEÇAR

Este capítulo tem por objetivo apresentar ao leitor os recursos Bainha, Desvio, Dobra esboçada, Cantos, Ferramenta de conformação e Cantoneira de chapa metálica do gerenciador Chapa metálica, com seus diversos painéis de configuração para a construção de geometrias de chapas.

As informações aqui apresentadas são a base necessária para sua aplicação no método de projeto no contexto.

2.1 OUTROS RECURSOS DO GERENCIADOR CHAPA METÁLICA

Neste capítulo, seguimos com o estudo da sequência de recursos do gerenciador.

2.1.1 Recurso Bainha

O recurso **Bainha** permite adicionar um perfil de acabamento na aresta de uma chapa – uma pequena dobra de finalização cuja função pode ser de proteção, quando se trabalha com chapas muito finas, estrutural, conferindo maior resistência, e também apenas de acabamento.

» Ao selecionar o recurso na barra de recursos **Chapa metálica**, será aberto o gerenciador de comandos com seus respectivos painéis de ajuste.
» O painel **Arestas** permite selecionar as arestas em que se deseja aplicar o recurso, como mostra a Figura 2.1.

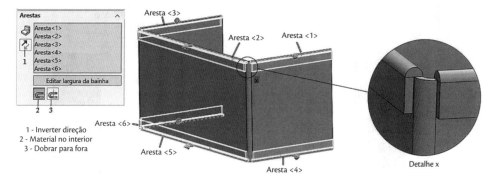

Figura 2.1 – Recurso Bainha aplicado às seis arestas externas da chapa.

» É possível utilizar a opção Inverter direção (1) para que a bainha seja direcionada para o lado oposto da chapa.

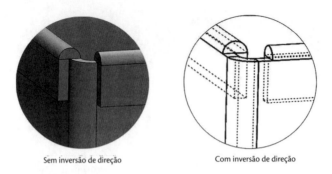

Figura 2.2 – Exemplo da aplicação da opção Inverter direção.

» O painel possibilita ainda duas configurações para a adição do material da bainha. Ela pode ser do tipo **Material no interior** (2) ou **Dobrar para fora** (3). A Figura 2.3 exemplifica a diferença entre as duas opções. Observe que em **Dobrar para fora** a bainha estende-se para além da superfície da espessura da chapa.

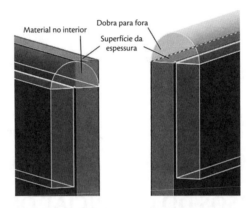

Figura 2.3 – Exemplo da aplicação das opções de adição de material da Bainha.

» **Painel Tipo e tamanho** – esse painel possibilita configurar a bainha para quatro diferentes geometrias. Na bainha tipo **Fechada**, como mostrada anteriormente e também na Figura 2.4, pode-se configurar o seu comprimento. Na bainha tipo **Abrir** também é permitido configurar o comprimento, além da distância de espaçamento (Figura 2.5). A bainha tipo **Acabamento em arco estendido**, além do arco com ângulo e arco ajustável, como mostra a Figura 2.6, estende um comprimento L de chapa tangente à curva do arco. A última opção é a bainha tipo **Acabamento em arco** (Figura 2.7).

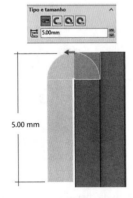

Figura 2.4 – Bainha tipo Fechada.

Figura 2.5 – Bainha tipo Abrir.

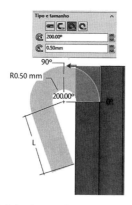

Figura 2.6 – Bainha tipo Acabamento em arco estendido.

Figura 2.7 – Bainha tipo Acabamento em arco.

A Figura 2.8 exibe uma pequena tabela de medidas do comprimento L referente à Figura 2.6. As medidas foram obtidas para seis diferentes configurações de raio R aplicadas a uma chapa de espessura e = 1,00 mm dobrada, utilizando como padrão de dobra um fator K = 0,5.

Fator K=0,5			e=1,00 mm			
R(mm)	0,50	1,00	1,50	2,00	2,50	3,00
L(mm)	2,64	5,47	8,31	11,14	13,98	16,81

Figura 2.8 – Tabela de comprimentos L em função de e, R e K.

Há, entretanto, algumas limitações para a utilização do recurso Bainha. O reconhecimento automático não está disponível para aplicações em chapa metálica com as seguintes características:

- » com faces de bainha que se interceptam;
- » criadas em arestas divididas;
- » com faces não cilíndricas para a dobra da face;
- » com cortes nos flanges;
- » com contornos sobrepostos (depois de planificadas as dobras);
- » com um comprimento menor do que a espessura.

2.1.2 Recurso Desvio

O recurso Desvio permite adicionar material a uma chapa metálica, criando-se duas dobras a partir de uma linha esboçada. A Figura 2.9 exemplifica a aplicação desse recurso.

1. Ao se clicar no recurso **Desvio** do gerenciador de recursos da guia **Chapa metálica**, será exibido o painel **Mensagem**, informando que se deve selecionar uma face plana da peça ou um esboço para a aplicação do recurso.
2. Note que a face lateral da peça mostrada na figura foi selecionada. Posteriormente, o modo **Esboço** foi aberto e desenhou-se a uma distância de 11 mm o esboço de uma linha como ponto de partida da primeira dobra do **Desvio**.

Figura 2.9 – Painel Mensagem e criação do esboço em face plana de uma peça.

3. Clique **Ok** para sair do modo **Esboço** e abrir o gerenciador de propriedades do Recurso **Desvio**, exibindo seus painéis de configuração.

NOTA

Para utilização desse recurso é preciso observar alguns itens adicionais:
- » O esboço deve conter somente uma linha.
- » A linha pode ter qualquer direção, não apenas horizontal ou vertical.
- » A linha não precisa ter o comprimento exato das faces sendo dobradas.
- » A face esboçada precisa ser plana.

» **Painel Seleções** – permite coletar a face selecionada e estabelecer o raio de dobras do desvio. Pode-se usar o raio sugerido pelo sistema ao selecionar-se a *checkbox* **Usar raio predeterminado** ou desabilitá-la para configurar na janela inferior o raio desejado. Observe que, logo após a seleção da face, a geometria do **Desvio** será exibida em tom translúcido. É importante entender que a posição em que o cursor de mouse toca a face plana (antes ou depois do **Esboço**) define o lado da dobra do **Desvio**. Observe que, no exemplo mostrado, aparece um pequeno ponto identificando que a seleção da face foi feita, neste caso, acima da linha esboçada. Já a Figura 2.11 exibe o mesmo componente inicial, tendo em sua sequência a face selecionada abaixo do **Esboço**.

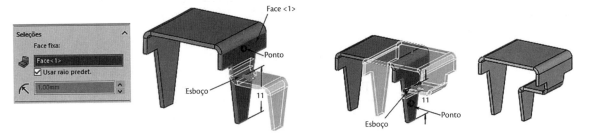

Figura 2.10 – Seleção da face com o esboço para a criação do Desvio.

Figura 2.11 – Recurso Pré-visualização e aplicação do Recurso Desvio.

» **Painel Offset do desvio** – permite modificar algumas das configurações do Desvio, como a inversão de sua direção (1), sua condição final (2), uma distância de *offset* (3), a posição da dimensão do desvio (4) e a fixação do comprimento projetado (5).

Figura 2.12 – Opções do painel Offset do desvio.

A opção **Inverter** (1) permite gerar a inversão do desvio para o lado oposto, como o processo de seleção anteriormente mostrado.

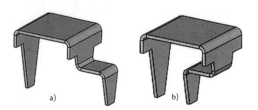

Figura 2.13 – Aplicação da opção Inverter.

A opção **Condição final** (2) oferece quatro configurações para a condição final do Desvio. São elas: **Cego**, **Até o vértice**, **Até a superfície**, **Offset da superfície**.

A configuração **Cego** foi aplicada ao exemplo da Figura 2.13. A opção **Até o vértice** solicita a seleção de um vértice de referência para definir o comprimento do desvio, como mostra a Figura 2.14.

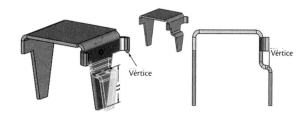

Figura 2.14 – Aplicação da opção de Condição final – Até o vértice.

A configuração **Até a superfície** solicita uma superfície de referência para definir o comprimento do desvio, como mostra a Figura 2.15.

Figura 2.15 – Aplicação da opção de Condição final – Até a superfície.

A configuração **Offset da superfície** solicita uma superfície de referência para que a partir dela se possibilite a configuração numérica do comprimento do desvio, como mostra a Figura 2.16.

Figura 2.16 – Aplicação da opção de Condição final – Offset da superfície.

A opção **Posição da dimensão** oferece três configurações de ajuste. São elas: **Offset para fora** (1), **Offset para dentro** (2) e **Dimensão total** (3).

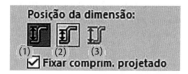

Figura 2.17 – Opções de configuração da Posição da dimensão.

A configuração **Offset para fora** foi aplicada em todas as imagens até agora mostradas. Ela define a dimensão de *offset* com base na superfície externa na chapa, conforme a Figura 2.18 (1).
A configuração **Offset para dentro** define como referência para a dimensão *offset* a superfície externa da primeira dobra e a interna da segunda, conforme Figura 2.18 (2).
A configuração **Dimensão total** define como referência para a dimensão *offset* a superfície interna da primeira dobra e a externa da segunda, conforme Figura 2.18 (3).

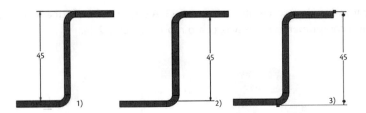

Figura 2.18 – Aplicações das opções da Posição da dimensão.

> **NOTA**
>
> A *checkbox* **Fixar comprimento projetado**, quando selecionada, mantém o mesmo comprimento da face do desvio.

» **Painel Posição do desvio** – permite configurar a criação do desvio em relação à linha de centro. As configurações são: **Dobrar na linha de centro** (1), **Material no interior** (2), **Material no exterior** (3) e **Dobrar para fora** (4).

Figura 2.19 – Opções de configuração da Posição do desvio.

As imagens da Figura 2.20 exemplificam as configurações do painel. Note que Linha de centro neste caso é o esboço.

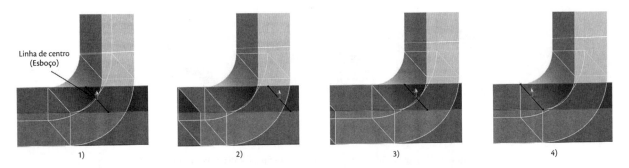

Figura 2.20 – Aplicações das configurações da Posição do desvio

» **Painel Ângulo do desvio** – esse painel permite configurar o ângulo de inclinação da criação do desvio em relação à superfície plana do esboço, considerando como eixo de giro a linha do esboço.
» **Painel Tolerância de dobra personalizada** – como já conhecido de outros gerenciadores de propriedades, esse painel dá acesso a tabelas de tolerâncias diversas.

Figura 2.21 – Configurações do painel Ângulo do desvio.

2.1.3 Recurso Dobra esboçada

O recurso **Dobra esboçada** funciona de forma muito similar ao visto anteriormente aqui; porém, depois de selecionada a face em que a linha de esboço foi criada, ocorrerá somente uma dobra.

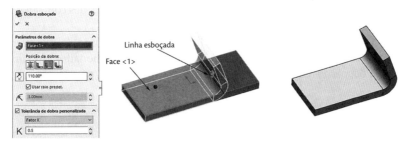

Figura 2.22 – Recurso Dobra esboçada.

2.1.4 Recurso Cantos

O recurso **Cantos** reúne quatro possibilidades de configurações para os cantos formados por dobras em chapa metálica.

Figura 2.23 – Recurso Cantos e suas opções de configuração.

» Configuração **Canto fechado** – a configuração **Canto fechado** permite fechar os cantos de flanges, dobras contínuas, em três diferentes opções: **Ao topo** (1), **Sobrepor** (2) e **Posicione por baixo** (3).
A Figura 2.24 exibe o exemplo de uma chapa metálica em que foram criados quatro flanges a 60 graus de inclinação. Uma vez selecionado o recurso **Cantos** e escolhida a configuração **Canto fechado**, o gerenciador de propriedades é aberto exibindo os painéis **Face a estender** e **Face a coincidir**. Observe que, na imagem, a *checkbox* **Propagação automática** aparece selecionada.

Ao se clicar o cursor do mouse na **Face<1>** (superfície da espessura do flange), esta será imediatamente coletada para a caixa **Face a estender**. Por estar selecionada a *checkbox* mencionada, a respectiva **Face<2>** que complementa o par será coletada para a caixa **Face a coincidir**. O mesmo ocorre para as demais faces 3, 5 e 7.

Note que em **Tipo de canto** aparece o primeiro botão de opção **(Ao topo)** selecionado. Essa opção é própria para posterior união com solda. O Detalhe x marcado na figura permite que visualizemos a geometria das demais opções. Observe que a **Distância de espaçamento** está configurada para 0,1 mm. Para essa primeira opção, não há **Distância de sobreposição**, que para as demais, por padrão, está configurada para 1 mm.

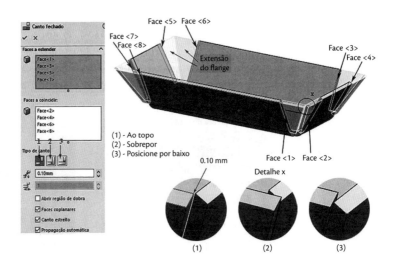

Figura 2.24 – Aplicação da opção de configuração Canto fechado.

A *checkbox* **Abrir região de dobra** permite a visualização ou não da região. Por padrão, está desmarcada, exibindo sua visualização.

A *checkbox* **Faces coplanares** aplica o canto fechado a todas as faces que são coplanares à face selecionada.

A *checkbox* **Canto estreito** usa o algoritmo para grandes raios de dobra para estreitar o espaçamento na área da dobra.

» **Configuração Canto soldado** – a configuração **Canto soldado** permite soldar os cantos de flanges e dobras contínuas. Uma vez selecionada a opção do recurso, será exibido o gerenciador de propriedades com janelas coletoras e *checkboxes* para a configuração da opção.

A Figura 2.25 mostra a face selecionada de uma junção de flanges para união por solda. Observe que a *checkbox* **Adicionar filetes** está ativada, permitindo, assim, que um filete de raio 1 mm seja adicionado como finalização, arredondando o canto vivo que restaria depois de realizada a solda.

 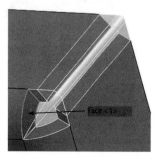 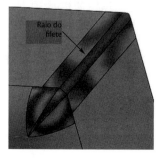

Figura 2.25 – Aplicação da opção de configuração Canto soldado.

A segunda janela coletora do gerenciador permite definir um comprimento específico para o cordão de solda. No exemplo da Figura 2.26, após a seleção da **Face<1>**, deve-se clicar o cursor do mouse dentro da segunda janela coletora para ativá-la e depois selecionar uma aresta, vértice ou face para especificar um ponto de parada. O ponto é definido pela posição em que o cursor toca.

 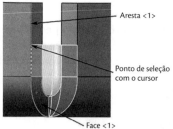 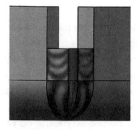

Figura 2.26 – Canto soldado até ponto de seleção na aresta.

» **Configuração Quebrar canto/aparar canto** – essa configuração oferece duas opções de quebra para cantos vivos, **Tipo chanfro** e **Tipo filete**. A Figura 2.27 exemplifica os dois tipos.

Tipo chanfro   Tipo filete

Figura 2.27 – Opções de configuração Quebrar canto/aparar canto.

» **Configuração Alívio de canto** – é semelhante à já estudada no capítulo anterior (Figura 1.20). Aqui, porém, bem mais completa e com mais opções.
Quando a opção é selecionada, o gerenciador de propriedades é exibido, mostrando seus painéis de configuração.

Figura 2.28 – Gerenciador de propriedades Relevo de canto.

» **Painel Tipo de canto** – permite selecionar aplicação para criar alívio onde duas dobras se encontram e onde três dobras se encontram.

» **Painel Escopo** – identifica o tipo de chapa metálica selecionada onde será aplicado o relevo de canto.

» **Painel Cantos** – lista cantos nos quais pode ser aplicado o relevo de canto.

Quando um canto é selecionado, ele aparecerá destacado na área de gráficos.

Quando a opção é aplicada para o canto selecionado, a lista a identifica.

O botão **Coletar todos os cantos** lista automaticamente todos os cantos do corpo passíveis de aplicação da opção.

» **Painel Definir canto** – esse painel lista as faces que definem um canto selecionado na lista do painel **Cantos**.

O botão **Novo contato** adiciona um canto à lista **Canto**.

> **NOTA**
>
> Para definir um canto não definido pelo coletor, desmarque a lista **Definir canto** e selecione as faces da dobra diretamente na chapa metálica. Em seguida, clique em **Novo canto**.

» **Painel Opções de relevo** – esse painel oferece seis configurações de relevo, gerando os **Tipos de alívio**:

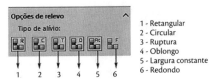

Figura 2.29 – Painel Opções de relevo.

1. **Alívio tipo Retangular** – a planificação exibe um recorte no perfil retangular com ou em filete.

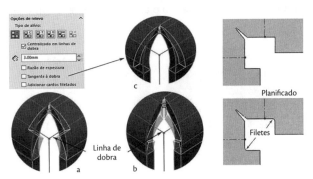

Figura 2.30 – Relevo Retangular.

2. **Alívio tipo Circular** – a planificação exibe um recorte com perfil circular. Pode ser centralizado em linhas de dobra (ajustado conforme Razão de espessura) ou tangente à dobra.

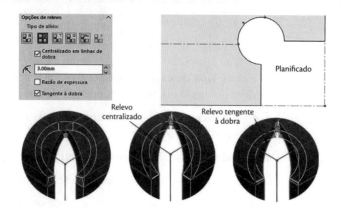

Figura 2.31 – Relevo Circular.

3. **Alívio de Ruptura** – é o alívio padrão do SolidWorks.

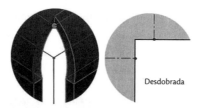

Figura 2.32 – Relevo Ruptura.

4. **Alívio tipo Oblongo** – este alívio, quando visto na planificação, exibe um recorte diagonal com o fundo oblongo.

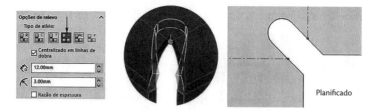

Figura 2.33 – Relevo Oblongo.

5. **Alívio tipo Largura constante** – este alívio, quando planificado, aparece como apresentado na Figura 2.33.

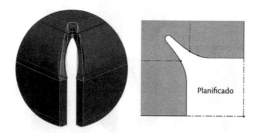

Figura 2.34 – Relevo Largura constante.

6. **Alívio tipo Redondo** – este alívio, quando planificado, mostra um perfil de corte em arco com as arestas do flange encontrando as extremidades do arco e tangente a ele.

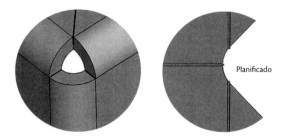

Figura 2.35 – Relevo Redondo.

2.1.5 Recurso Ferramenta de Conformação

Este recurso permite a criação de entalhes inversos em chapas metálicas, entalhes do tipo furos repuxados, janelas de ventilação (persianas) etc. São geometrias obtidas pelo processo de conformação mecânica resultante da ação de uma punção sobre a chapa.

Figura 2.36 – Elementos (recursos) de conformação aplicados a uma chapa com dobras.

A biblioteca de projetos do SolidWorks 2017 possui alguns desses elementos já incorporados e podem ser acessados diretamente no gerenciador **Biblioteca de projetos**, localizado à direita da tela gráfica em **forming tools.**

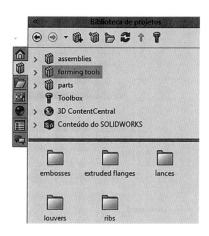

Observe que há seis pastas contendo elementos pré-formados. A primeira pasta é:

Embosses – elementos de relevo (relevo circular, covinha, contra pia, destaque retangular, furo extrudado).

Figura 2.37 – Biblioteca de projetos forming tools.

Figura 2.38 – Elementos pré-formados da pasta Embosses.

Para inserir o elemento desejado na chapa, apenas selecione-o em sua respectiva pasta e arraste-o sobre a superfície dela. A caixa **Mensagem** aparecerá com a seguinte informação:

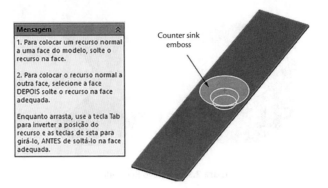

Figura 2.39 – Aplicação do elemento Counter sink emboss (Contra pia) ou furo repuxado.

Ao se clicar o cursor do mouse sobre a face da chapa, a caixa **Mensagem** dará lugar ao gerenciador de propriedades do recurso exibindo os painéis de configuração das guias **Tipo** e **Posição**. Observe que há duas guias nesse gerenciador, de acordo com a Figura 2.40.

Você pode utilizar o painel **Ângulo de rotação** para girar o recurso em torno de seu eixo central que é normal à face em que será aplicado (neste exemplo, não há diferença, pois o recurso é circular). Também há a opção **Inverter ferramenta** para inverter a posição do recurso na chapa. A Figura 2.41 exibe a ferramenta em seu estado original (b) e invertida (c).

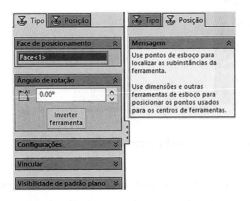

Figura 2.40 – Gerenciador de propriedades Tipo e Posição.

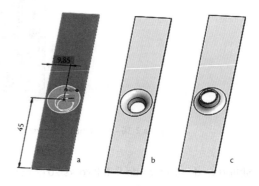

Figura 2.41 – Posicionamento e inversão de ferramenta.

1. Painel **Configurações** – permite selecionar na lista uma configuração para a ferramenta de conformação. Clicando-se em **Configurações**, é possível acessar o quadro com opções para configurações para a peça-alvo. Esse recurso somente está disponível para o processo de edição da ferramenta existente.

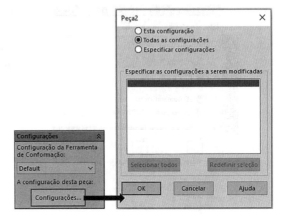

Figura 2.42 – Painel Configurações.

2. **Painel Vincular** – a *checkbox* **Vincular ferramenta de conformação** mantém um vínculo entre a ferramenta de conformação inserida na peça-alvo e na peça-pai da ferramenta de conformação-pai. As alterações serão propagadas para as ferramentas de conformação nas peças-alvo quando forem atualizadas.

A janela **Ferramenta de conformação** exibe o local do arquivo da ferramenta de conformação.

O botão **Substituir ferramenta** permite navegar até a ferramenta de conformação diferente para que se possa selecioná-la e substituí-la pela existente. Esse recurso somente está disponível para o processo de edição.

O campo **ID do punção** exibe o ID de punção atribuído à ferramenta de conformação. IDs de punção são exibidos em desenho com tabelas de punção.

Figura 2.43 – Painel Vincular.

3. **Painel Visibilidade de padrão plano** – permite escolher como se deseja exibir as ferramentas em padrão plano,

Checkbox **Substituir a configuração do documento** substitui as opções definidas em **Ferramentas → Opções → Propriedades do documento → Chapa metálica**.
Checkbox **Exibir punção** exibe a ferramenta de conformação e seu esboço de colocação.
Checkbox **Exibir perfil** exibe o esboço de colocação da ferramenta de punção.
Checkbox **Exibir centro** exibe a marca central da ferramenta de conformação no local onde ela estiver situada no plano padrão.

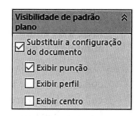

Figura 2.44 – Painel Visibilidade de padrão plano.

2.1.5.1 Criar ferramenta de conformação

O SolidWorks 2017 permite que você crie suas próprias ferramentas de conformação. A Figura 2.45 exemplifica um modelo, com os passos descritos a seguir.

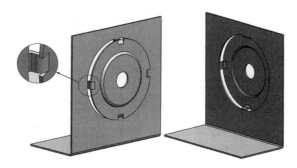

Figura 2.45 – Recurso criado a partir de uma nova ferramenta de conformação.

1. Faça o download no Modelo1_cap2 e abra-o em sua tela gráfica, ou crie seu próprio modelo sobre um flange de chapa metálica semelhante ao mostrado na Figura 2.46, e aplique os raios de filete como indica os detalhes na imagem.

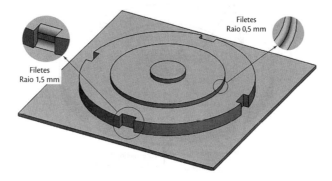

Figura 2.46 – Modelo criado para o exemplo e disponível para download.

2. Recorte a base quadrada e observe que, após o recorte, restará ainda uma espessura de chapa excedente que também deverá ser recortada.

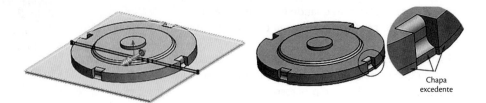

Figura 2.47 – Recorte da base do modelo.

3. Selecione no gerenciador de recursos da guia **Chapa metálica** o recurso **Ferramenta de conformação** para exibir o gerenciador do recurso. Observe que ele apresenta as guias **Tipo** e **Ponto de inserção**.

4. O gerenciador da guia **Tipo** exibe dois painéis com janelas de seleção. Clique o cursor do mouse na face inferior do modelo. Esta será a **Face<1>** e o sistema vai considerá-la a **Face de parada**, ou seja, será a face de referência de contato com a face da chapa em que o recurso será aplicado.

Figura 2.48 – Seleção do recurso Ferramenta de conformação.

5. Para a janela seguinte, denominada **Faces a remover**, selecione as demais faces, como indicado na Figura 2.49.
6. Alterne para a guia **Ponto de inserção** e selecione o ponto central inferior do modelo.
7. Clique **OK** para confirmar.

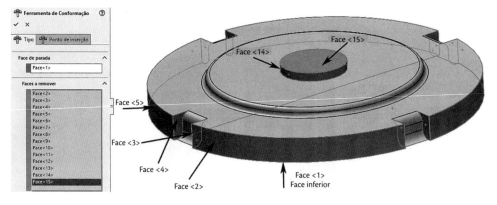

Figura 2.49 – Seleção da Face de parada e Faces a remover.

8. Observe que o modelo aparecerá definido com suas superfícies em três diferentes cores: a face inferior em verde, a superior em amarelo e as faces de corte em vermelho, conforme descrito na Figura 2.50.

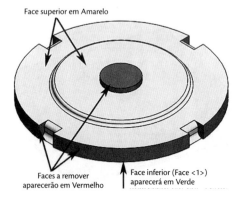

Figura 2.50 – Cores das faces.

9. Vá à **Biblioteca de projetos**, expanda a árvore *forming tools* e selecione a opção **Criar uma nova pasta**. Atribua-lhe o nome **Meus Punções** (Figura 2.51).

Figura 2.51 – Criação de nova pasta na árvore do forming tools.

10. Siga as instruções ilustradas na Figura 2.52. Selecione a pasta criada e clique o cursor do mouse em **Adicionar à biblioteca**. Observe que será exibido o gerenciador do comando à esquerda da tela.
11. Selecione o modelo para que este seja referenciado dentro da janela **Itens a adicionar**.
12. No painel seguinte, nomeie o arquivo como **Estampo Tipo 1**.
13. Clique OK para confirmar. Observe que o modelo será então salvo dentro da pasta.
14. Para inserir o recurso criado em uma chapa, siga o procedimento exemplificado anteriormente.

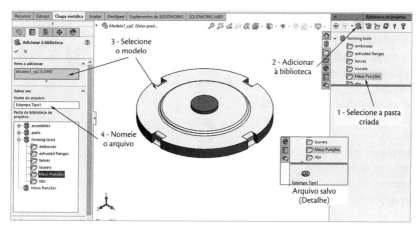

Figura 2.52 – Criação de nova pasta na árvore do forming tools.

2.1.6 Recurso Cantoneira de chapa metálica

Permite a criação de cantoneiras (nervuras) de chapa metálica com recursos específicos nas dobras.

Ao selecionar o recurso na guia **Chapa metálica** (Figura 2.53), seus painéis de configurações são exibidos (veja as Figuras 2.54, 2.57, 2.58 e 2.60).

Figura 2.53 – Recurso Cantoneira de chapa metálica.

1. **Painel Posição** – define a seleção das referências iniciais para a criação da nervura. A primeira janela coletora exibirá as duas faces planas adjacentes selecionadas da dobra ao longo da qual a nervura será criada. Não é possível selecionar faces que pertençam a várias dobras (Figura 2.54-a).
A segunda janela define a aresta linear ou o segmento de esboço (Figura 2.54-b) que controla a orientação do plano de seção da nervura. O plano de seção da nervura é perpendicular à aresta selecionada ou ao segmento de esboço.
A terceira janela define o ponto de esboço, o vértice ou o ponto de referência a ser usado para localizar o plano de seção da nervura.
A *checkbox* **Offset** permite configurar um valor de distanciamento a partir do ponto de referência. É possível ainda inverter a direção do *offset*.

Cantoneiras (nervuras) podem ser criadas em dobras com ângulo menor ou maior que 90 graus (Figura 2.55).

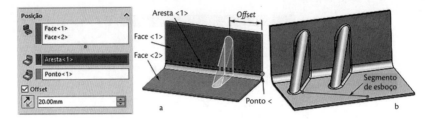

Figura 2.54 – Painel Posição e configurações iniciais do recurso nervura.

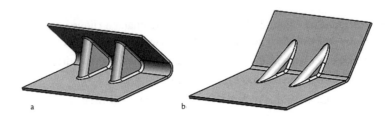

Figura 2.55 – Recurso aplicado a dobras maiores e menores que 90 graus.

2. **Painel Perfil** – permite configurar a nervura por meio da profundidade do recuo, dos comprimentos do perfil de seção ou do seu ângulo de inclinação.

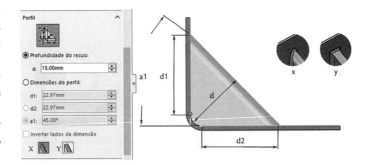

A dimensão **d** corresponde à profundidade do recuo. Para essa opção, o ângulo será sempre 45 graus.

A opção **Dimensão do perfil** permite configurar separadamente as dimensões d1 e d2, ou d1 e a1 (ângulo).

A *checkbox* **Inverter lados da dimensão** permite alternar as dimensões de comprimento d1 e a altura d2 do perfil.

Figura 2.56 – Configurações do painel Perfil.

São identificados aqui por X e Y os botões de configuração de forma do perfil. X gera perfil arredondado e Y gera perfil plano, como mostrado no detalhe da figura.

É possível ainda editar o esboço do recurso e modificar a geometria da nervura para outra diferente da disponível por padrão, como mostra a Figura 2.57.

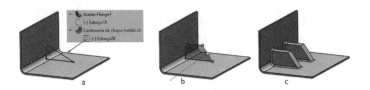

Figura 2.57 – Recurso aplicado a dobras maiores e menores que 90 graus.

3. **Painel Dimensões** – permite configurar outras variáveis da nervura como **Largura do recuo**, **Espessura do recuo**, **Inclinação da face lateral**, **Filete de canto interno** e **Filete de canto externo**.

A Figura 2.58 exemplifica uma nervura com ou sem inclinação de face lateral de 10 graus e largura de recuo de 8 mm. A opção de **Espessura do recuo** especifica a espessura da parede da cantoneira (nervura). Por padrão, essa espessura é a mesma da chapa. É possível substituir esse valor, porém, se ele for maior que a espessura da chapa e as paredes interferirem na peça, a cantoneira falhará.

A opção de **Inclinação da face lateral** é ativada ao pressionar-se o botão **Rascunho de face lateral: ativa/desativar** ao lado da janela de configuração.

A opção **Filete de canto interno** permite ativar ou desativar filetes nos cantos internos da cantoneira (nervura).

A opção **Filete de canto externo** permite ativar ou desativar filetes nos cantos externos da cantoneira (nervura). Por padrão, o raio do filete é igual à espessura da chapa.

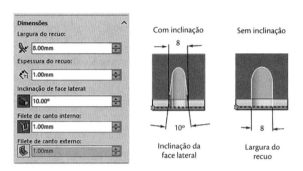

Figura 2.58 – Configurações do painel Dimensões.

4. **Painel Visualização** – permite configurar o nível de visualização da imagem. Observe que, ao se ativar a opção **Visualização completa**, é possível ver os contornos internos da nervura, diferentemente do que ocorre na figura anterior, em que esta opção não estava selecionada.

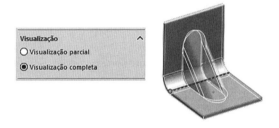

Figura 2.59 – Configurações do nível de visualização do recurso.

2.1.7 Recurso Corte extrudado

Esse recurso é o mesmo utilizado na guia **Recurso** e comumente aplicado a modelos sólidos. Permite a criação de um esboço na superfície da chapa ou em um plano, como mostrado na Figura 2.60, e seu recorte. Note que é possível inverter o lado do corte (**Inverter lado para cortar**), resultando em uma geometria correspondente aos limites do esboço (Figura 2.60-c).

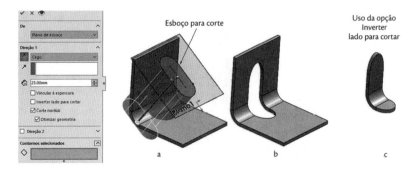

Figura 2.60 – Recurso Corte extrudado.

Neste gerenciador, entretanto, existem ainda outras opções de configuração:

1. **Opção Vincular à espessura** – é somente aplicada a chapas metálicas. Vincula automaticamente a profundidade de um ressalto extrudado à espessura do recurso-base. Essa opção somente fica disponível no painel quando houver recursos de chapa metálica na árvore do gerenciador de projetos. Se a profundidade da extrusão original for alterada, a da nova extrusão também o será. A Figura 2.61 exemplifica essa situação.

    Note que na primeira imagem o corte oblongo gerado com o recurso **Corte extrudado**, sem a opção **Vincular à espessura** e definido como condição final cego com profundidade 1 mm, transpassa a chapa metálica. Imediatamente é feita a edição do recurso **Chapa-base**, modificando-se sua espessura para 3 mm. Observe na segunda imagem que o corte oblongo permanece com sua dimensão anterior (Figura 2.61-b). Já a Figura 2.61-c exibe o que acontece quando a opção foi selecionada na criação do recurso **Corte extrudado**.

    É importante entender que se a opção de condição final for configurada como **Passante**, não aparecerá a opção **Vincular à espessura.**

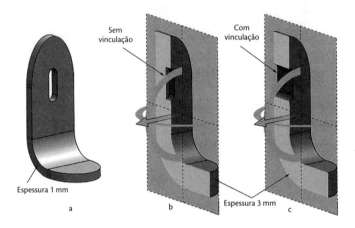

Figura 2.61 – Recurso Corte extrudado.

2. **Opção Corte normal** – somente aplicada a chapas metálicas. Assegura que o corte seja criado em sentido perpendicular à espessura da chapa.

2.1.8 Recurso Furo simples

Esse recurso permite criar furos simples em chapas metálicas. Observe que seu painel de configurações também apresenta a opção de vincular a profundidade do furo à espessura da chapa sempre que a condição final for definida como **Cego**. É possível ainda atribuir conicidade ao furo ajustando-se um ângulo de inclinação. Observe que, na Figura 2.62 (c), a opção **Vincular à espessura** não foi selecionada e a profundidade d1 para o furo foi definida como 1 mm.

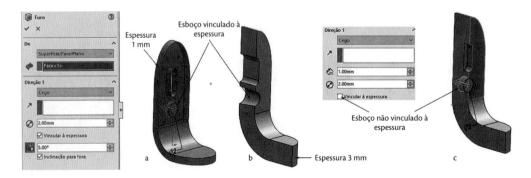

Figura 2.62 – Recurso Furo simples.

2.1.9 Recurso Respiradouro

Esse recurso permite criar uma grande variedade de respiradouros para fluxo de ar, como os utilizados em CPUs de computadores para os *coolers* ou mesmo em pisos de banheiros que também sirvam como coletores de água. Podem ser produzidos por estampo em chapa metálica, fundição ou injeção em termoplásticos.

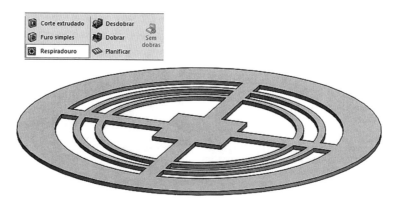

Figura 2.63 – Recurso Respiradouro.

2.1.9.1 Criação de um Respiradouro

Para criar um respiradouro é necessário partir de uma superfície plana em que se desenhará o esboço da geometria pretendida, como mostrado na Figura 2.64, e desenvolver os seguintes passos:

1. Gere o esboço da forma do respiradouro sobre a superfície de uma chapa plana. Observe que, para melhor entendimento do leitor, alguns elementos foram identificados.

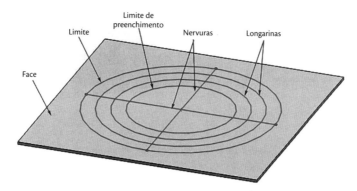

Figura 2.64 – Chapa metálica com esboço.

2. Selecione na guia **Chapa metálica** o recurso **Respiradouro**. Observe que será exibido o gerenciador com um painel **Mensagem**, solicitando que os segmentos de esboço 2D que definem o limite do respiradouro sejam selecionados. Para esse caso, selecione o círculo de maior raio. Note que sua referência será exibida dentro da caixa coletora.

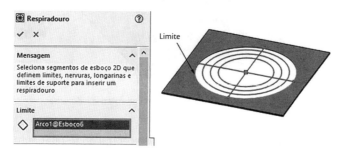

Figura 2.65 – Especificação do limite do respiradouro.

O painel seguinte trata das **Propriedades de geometria** do respiradouro. Entretanto, saltaremos para os dois próximos painéis: **Área de fluxo** e **Nervuras**.

3. **Painel Área de fluxo** – observe que o sistema, com base no **Limite**, calcula a área de fluxo do respiradouro (**Área total** em milímetros quadrados e **Área aberta** em percentual).

4. **Painel Nervuras** – note que, no painel **Nervuras**, as linhas de esboço correspondentes no modelo serão exibidas dentro da janela coletora, caso selecionadas. Mais abaixo, em **D2**, será possível especificar a **Largura da nervura**. A variável **D1** permite configurar uma profundidade para a nervura diferente da espessura da chapa. A última opção, **Offset das nervuras a partir superfície**, permite configurar uma distância acima ou abaixo da superfície.

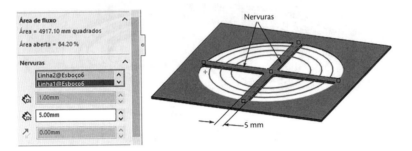

Figura 2.66 – Especificação das nervuras.

5. **Painel Longarinas** – da mesma forma que no painel anterior, estando selecionados os esboços correspondentes às longarinas, estes assumirão a espessura configurada em **D2**. As variáveis **D1** e **Offset das longarinas a partir da superfície** têm função análoga ao painel **Nervuras**.

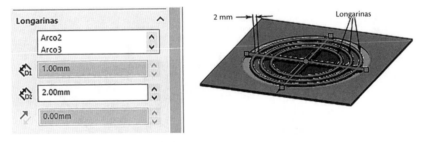

Figura 2.67 – Especificação das longarinas.

6. **Painel Propriedades de geometria** – nesse painel é possível configurar o ângulo de inclinação das paredes das longarinas e nervuras, bem como os raios dos filetes, como mostram a Figura 2.68 e seus detalhes X e Y.

Figura 2.68 – Painel Propriedades de geometria e detalhes.

7. **Painel Limites de preenchimento** – gera o preenchimento central do respiradouro, como mostra a Figura 2.69.
8. Clique OK para finalizar.

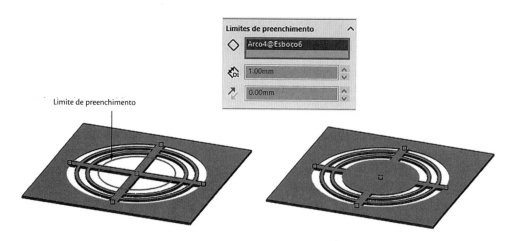

Figura 2.69 – Painel Limites de preenchimento.

2.1.10 Recurso Rasgo

Esse recurso permite criar rasgos em chapas metálicas ou em modelos que posteriormente serão convertidos para chapa metálica. A Figura 2.70 mostra um rasgo de 2 mm realizado em uma chapa metálica plana. Já a Figura 2.71 exibe um modelo retangular em extrusão fina em que foi gerado um esboço para rasgo e posterior execução do recurso, finalizando com a conversão do modelo em chapa metálica.

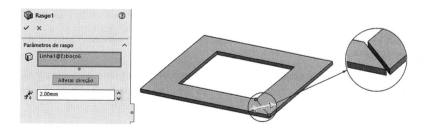

Figura 2.70 – Recurso Rasgo em uma chapa metálica.

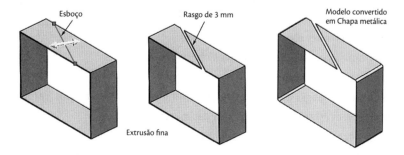

Figura 2.71 – Recurso Rasgo em modelo extrudado e convertido em chapa metálica.

2.1.11 Recurso Vincar chapa metálica

Aplicações industriais que utilizam chapas finas lisas e de grandes dimensões, como portas, fechamentos laterais, seções de tubulação retangular para ventilação etc., normalmente utilizam chapas metálicas vincadas. Seu objetivo é aumentar a rigidez da chapa.

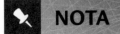

NOTA

O recurso **Vincar chapa metálica** não é uma entidade geométrica e não altera a geometria da peça. Tem como propósito fornecer uma representação gráfica com as informações necessárias à sua fabricação.

Há várias geometrias possíveis para esse tipo de operação, como a conformação de frisos que geram chapas para cobertura, por exemplo, as telhas de zinco. O SolidWorks 2017 possui o recurso para vincar chapas produzindo o vinco do tipo cruzamento em X.

1. Acesse o recurso na guia **Chapa metálica** para abrir o gerenciador e selecione a face da chapa que deseja vincar. Note que sobre a face da chapa aparecerão duas linhas cruzadas (diagonais) e, ao centro, um vetor de direção indicando a direção do vinco.
2. Para modificar a direção clique em **Inverter direção**.

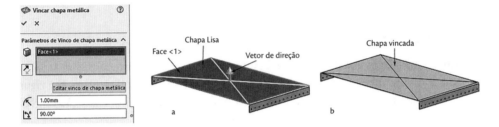

Figura 2.72 – Recurso Vincar chapa metálica.

3. Para editar o vinco, clique em **Editar vinco de chapa metálica**. Será exibida a caixa de diálogo **Esboço de perfil**, com o esboço no modo de edição.

    No esboço na área de gráficos, clique duas vezes em um ponto final para exibir o gerenciador de propriedades do ponto. Em **Relações existentes**, clique com o botão direito do mouse no relacionamento que restringe o ponto e selecione **Excluir**.
    Mova o ponto ao longo de uma aresta do esboço.
    Na caixa do diálogo **Esboço do perfil**, verifique se o esboço é válido.
    Em **adicionar relações**, clique em **Fixo** para que o esboço fique totalmente definido.
    Na caixa de diálogo **Esboço do perfil**, clique em **Concluir**.

4. **Raio de quebra** – raio a ser usado para criar o vinco. Esse valor é o raio de dobra virtual usado em notas e tabelas de dobra.
5. **Ângulo de quebra** – ângulo a ser usado para criar o vinco.

Algumas características importantes do recurso **Vincar chapa metálica:**

1. É possível planificar uma chapa vincada.
2. Também é possível adicionar flanges de arestas, flanges contínuos ou flanges varridos à aresta de uma chapa vincada.
3. Os cantos dos vincos devem estar nas extremidades das arestas.
4. As dimensões de uma peça com vinco não são alteradas.
5. O esboço do vinco pode ser alterado para mover cantos ou alterar relacionamentos.
6. Quando uma peça com vinco é criada, a vista planificada é etiquetada com a direção da dobra, o raio da dobra e o ângulo da dobra.

2.2 TABELA DE DOBRAS, FATOR K E TABELA DE CALIBRES

A finalidade de uma operação de dobra é conformar a chapa sem, entretanto, alterar a sua espessura. A chapa é posicionada na matriz e submetida à pressão por meio de uma punção, sofrendo um esforço de flexão até atingir a conformação desejada.

Para obter uma chapa dobrada conforme determinado perfil, é preciso cortar a chapa com o comprimento correto. Para isso, é necessário determinar as dimensões da peça desenvolvida. Na conformação de uma dobra, todas as fibras do material sofrem solicitação de compressão ou tração, o que implica em alongamento ou encurtamento. As únicas fibras que permanecem inalteradas são as que estão no plano neutro ou, no caso de elementos lineares, as que estão na linha neutra. As fibras aí localizadas não sofrem deformações; portanto, o desenvolvimento dessa linha fornecerá o comprimento exato da peça a ser cortada.

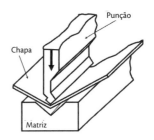

Figura 2.73 – Processo de dobra de uma chapa.

Os softwares de modelagem 3D, como é o caso do SolidWorks, usam essencialmente dois métodos para esse cálculo (comprimento do planificado e posição da linha neutra). Para a determinação da localização da fibra neutra, define-se o parâmetro designado por K ou se recorre a tabelas com valores de compensação por cada dobra efetuada. No segundo método, chamado *bend table* (Tabela de dobra), o software mede a chapa por fora e desconta o correspondente a cada dobra. Para esse caso, conforme exemplificado pela Figura 2.75, o comprimento planificado é dado por L = X + Y − V, em que V é um valor de tolerância que dever ser subtraído da soma total e pode ser obtido a partir de tabelas técnicas criadas e ajustadas pela prática industrial.

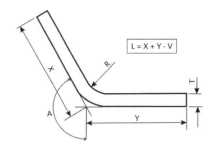

Figura 2.74 – Dimensões e chapa dobrada e equação de L.

Quando se opta pelo método *bend table* (Tabela de dobra) para o cálculo do planificado, os softwares de modelação 3D empregam tabelas internas com valores de tolerância ou dedução de dobra. Para diferentes espessuras, as tabelas contêm valores a descontar para diferentes raios e ângulos de dobras. Se o ângulo e o raio de dobra, especificado no modelo, não existirem na tabela, o cálculo é feito por interpolação entre os dois valores vizinhos. Considerando que cada material apresenta características de deformação únicas, devem ser criadas tabelas diferentes para cada tipo de material. Esse método, por comparação com o método anterior, permite que as tabelas usadas possam ser corrigidas ao longo dos diferentes ensaios práticos, de forma a refletirem cada vez mais o nosso processo real de fabricação, tornando-se, por isso, o método mais aconselhado para quem usa esse processo de fabricação com muita frequência.

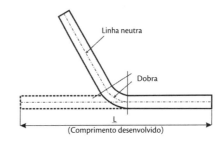

Figura 2.75 – Desdobramento de uma chapa e linha neutra.

Para melhor entendimento e ilustrar o assunto, observe a Figura 2.76, que exibe uma chapa dobrada com espessura de 2 mm, com duas dobras a 90 graus, e a seu lado uma Tabela de dobras da pasta (*bend allowance* significa tolerância de dobras) do SolidWorks, que abordaremos posteriormente. Observe que se trata de uma tabela genérica (que serve para qualquer material) e específica para ângulo de 90 graus, conforme informado na célula Comentário.

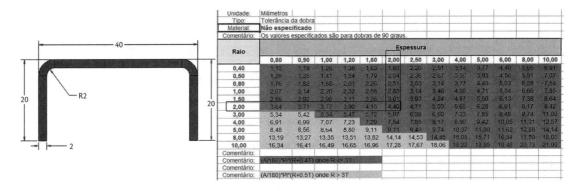

Figura 2.76 – Chapa dobrada e Tabela de dobras.

Nesse exemplo, o SolidWorks utiliza o método *bend table*, com a expressão para o cálculo do comprimento como mostrado na Figura 2.75. Para obter o comprimento L total da chapa:

$$L = 20 + 40 + 20 - V - V$$

Note na tabela que há um campo de seleção contornando a coluna de espessura 2 mm que se propaga para baixo até a linha referente ao raio 2 mm. Observe que o valor de desconto correspondente a V equivale a 4,40 mm por dobra.

O cálculo da planificação seria então:

$$L = 20 + 40 + 20 - V - V$$
$$L = 20 + 40 + 20 - 4,40 - 4,40$$
$$L = 71,20 \text{ mm}$$

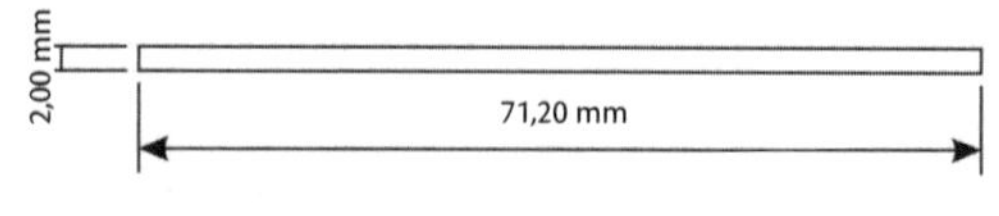

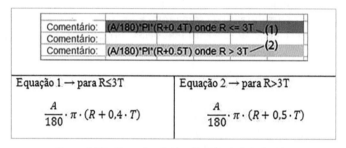

Figura 2.77 – Desdobramento pelo método bend table.

Para entender de onde saíram os valores de tolerância de desconto V, observe que a tabela de dobra da Figura 2.76 exibe em seus comentários, nas células inferiores, duas equações geradoras dos valores de V (Figura 2.78).

A equação 1 é utilizada para valores de R menores ou iguais a 3T, em que T é a espessura da chapa e A, o ângulo de dobra. A equação 2 é utilizada para valores de R maiores que 3T. Note que a equação 2 está marcada em tom de cinza claro, indicando que ela corresponde à zona em cinza-claro também mostrada na tabela.

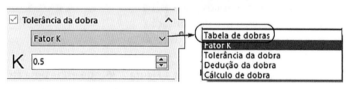

Figura 2.78 – Equações de V pelo método bend table.

Como vimos nos estudos dos recursos existentes na guia **Chapa metálica** do SolidWorks, as operações de dobras e mesmo a própria criação do flange-base exibem um painel para configuração de tolerâncias de dobra. Esse painel dá acesso a uma lista de opções de configuração de tolerância, entre elas a opção **Tabela de dobras**.

Figura 2.79 – Painel Tolerância da dobra.

Uma vez selecionada a opção **Tabela de dobras**, o painel vai se reconfigurar, disponibilizando uma lista de diferentes tipos de tabelas de dobras e permitindo acesso a tabelas personalizadas (criadas pelo próprio usuário) por meio do botão **Procurar**.

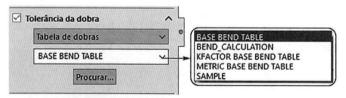

Figura 2.80 – Seleção da tabela base bend table.

As tabelas listadas na lista *dropdown* da Figura 2.80 se encontram armazenadas em Arquivo de Programa/SOLIDWORKS Corp/lang/Portuguese-Brazilian/Sheetmetal Bend Tables/.

O SolidWorks trabalha com tabelas de duas diferentes origens: originadas de arquivos de texto com extensão *.bt1 e originadas de planilhas Excel.

2.2.1 Tabelas originadas de arquivo de texto

O SolidWorks disponibiliza uma tabela de amostra (Tabela tipo SAMPLE) para servir como guia de criação. Essa tabela corresponde à quinta opção (SAMPLE) da figura anterior e seu formato, editado pelo Bloco de notas do Windows, é mostrado na Figura 2.81.

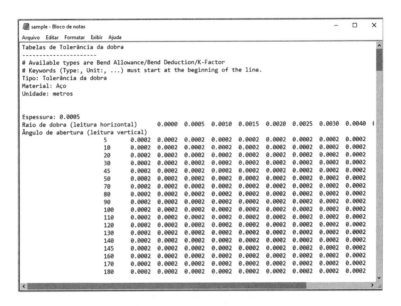

Figura 2.81 – Arquivo de tabela de dobras aberto com Bloco de notas do Windows.

As tabelas de dobras criadas como arquivo de texto possibilitam verificar:

» todos os tipos de tabelas de dobra (dedução de dobra, tolerância de dobra e fator K);
» todas as unidades de medida (metros, milímetros, centímetros, polegadas e pés), bastando definir a unidade de medida na linha Unidades da tabela de dobras.

Para criar sua própria tabela, apenas faça as devidas modificações dos valores desejados na tabela de amostra e salve o arquivo com outro nome. Há, entretanto, alguns itens que devem ser observados com relação à criação desse tipo de tabela originada por arquivo de texto:

» A tabela de dobras de amostra é fornecida apenas para fins informativos. Os valores dessa tabela não representam tolerâncias de dobras reais.
» Se a espessura da peça ou do ângulo de dobra coincidir com os valores da tabela, o SolidWorks interpolará os valores para calcular a tolerância de dobra.

> **NOTAS**
>
> - Quando se compartilha uma peça produzida em **Chapa metálica** em que foi utilizada uma tabela originada por arquivo de texto, a tabela também deverá ser compartilhada.
> - As tabelas de texto podem ser editadas por vários aplicativos e sempre devem ser salvas na extensão *.bt1.

2.2.2 Tabelas originadas de planilhas Excel

Essas tabelas são também conhecidas como **Tabelas Embutidas**, pois são criadas dentro do próprio SolidWorks e correspondem aos demais quatro tipos da lista *dropdown* da Figura 2.80: 1. BASE BEND TABLE, 2. BEND_CALCULATION, 3. KFACTOR BASE BEND TABLE e 4. METRIC BASE BEND TABLE.

Ao abrir a pasta **Sheetmetal Bend Tables** (Figura 2.82), que contém o arquivo de tabelas citadas, você observará que as demais tabelas, também modelos de amostra, são tabelas geradas em formato Excel. Observe ainda que existe a pasta específica **bend allowance** (tolerância de dobra) e **bend deduction** (dedução de dobra). Essas pastas contêm os arquivos de tabelas originais de tolerância e dedução de dobra utilizadas pelo SolidWorks.

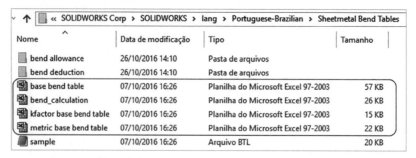

Figura 2.82 – Arquivos da pasta Sheetmetal Bend Tables.

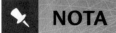 **NOTA**

As tabelas de amostra podem ser utilizadas para criação de suas próprias tabelas. Basta editá-las pelo Excel e preenchê-las, salvando com outro nome.

2.2.3 Tabelas de tolerância de dobra (*bend allowance*)

Como mencionado, a pasta **bend allowance** contém as tabelas de tolerância de dobra utilizadas pelo SolidWorks para o cálculo do desdobramento da chapa. A Figura 2.83 exibe os arquivos das tabelas da pasta **bend allowance**. As Figuras 2.84, 2.85, 2.86 e 2.87 exibem cada uma delas em maiores detalhes com o espectro de espessuras e raios comerciais, tendo ao centro as tolerâncias V de desconto.

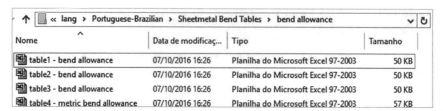

Figura 2.83 – Arquivos da pasta Sheetmetal Bend Allowance.

2.2.3.1 Tabela 1 – Cobre mole e latão mole

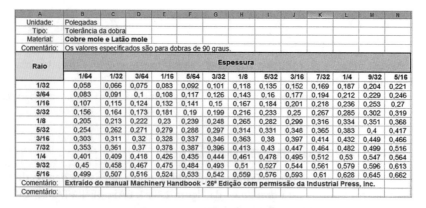

Figura 2.84 – Tabela 1 do Bend Tables Allowance.

Observe que a **Tabela 1** é indicada para chapas de cobre mole e latão mole nas espessuras de 1/64 de polegada até 5/16 de polegada (0,39 mm a 7,96 mm), com raios de dobra cobrindo o mesmo campo de dimensões. Obviamente, as respectivas dimensões de tolerância V exibidas também estão em polegadas.

Outro fator importante a observar é que os valores de tolerância dessa tabela limitam-se a um ângulo de dobra de 90 graus.

2.2.3.2 Tabela 2 – Latão meio duro e chapa de cobre, aço e alumínio

Unidade:	Polegadas												
Tipo:	Tolerância da dobra												
Material:	**Latão meio duro e chapa de cobre, Aço mole e Alumínio**												
Comentário:	Os valores especificados são para dobras de 90 graus.												
Raio	**Espessura**												
	1/64	1/32	3/64	1/16	5/64	3/32	1/8	5/32	3/16	7/32	1/4	9/32	5/16
1/32	0,059	0,069	0,079	0,089	0,099	0,109	0,129	0,149	0,169	0,189	0,209	0,229	0,249
3/64	0,084	0,094	0,104	0,114	0,124	0,134	0,154	0,174	0,194	0,214	0,234	0,254	0,274
1/16	0,108	0,118	0,128	0,138	0,148	0,158	0,178	0,198	0,218	0,238	0,258	0,278	0,298
3/32	0,157	0,167	0,177	0,187	0,197	0,207	0,227	0,247	0,267	0,287	0,307	0,327	0,347
1/8	0,206	0,216	0,226	0,236	0,246	0,256	0,276	0,296	0,316	0,336	0,356	0,376	0,396
5/32	0,255	0,265	0,275	0,285	0,295	0,305	0,325	0,345	0,365	0,385	0,405	0,425	0,445
3/16	0,305	0,315	0,325	0,335	0,345	0,355	0,375	0,395	0,415	0,435	0,455	0,475	0,495
7/32	0,354	0,364	0,374	0,384	0,394	0,404	0,424	0,444	0,464	0,484	0,504	0,524	0,544
1/4	0,403	0,413	0,423	0,433	0,443	0,453	0,473	0,493	0,513	0,533	0,553	0,573	0,593
9/32	0,452	0,462	0,472	0,482	0,492	0,502	0,522	0,542	0,562	0,582	0,602	0,622	0,642
5/16	0,501	0,511	0,521	0,531	0,541	0,551	0,571	0,591	0,611	0,631	0,651	0,671	0,691
Comentário:	**Extraído do manual Machinery Handbook - 26ª Edição com permissão da Industrial Press, Inc.**												
Comentário:													

Figura 2.85 – Tabela 2 do Bend Tables Allowance.

A **Tabela 2**, como especificada na célula **Material**, é destinada a chapas de latão meio duro, cobre, aço mole e alumínio. Assim como a anterior, cobre o mesmo campo de espessura e raios e suas unidades estão em polegadas.

2.2.3.3 Tabela 3 – Latão meio duro e chapa de cobre, aço e alumínio

Unidade:	Polegadas												
Tipo:	Tolerância da dobra												
Material:	**Cobre duro, Bronze, Aço laminado a frio e aço flexível**												
Comentário:	Os valores especificados são para dobras de 90 graus.												
Raio	**Espessura**												
	1/64	1/32	3/64	1/16	5/64	3/32	1/8	5/32	3/16	7/32	1/4	9/32	5/16
1/32	0,06	0,071	0,082	0,093	0,104	0,116	0,138	0,16	0,182	0,204	0,227	0,249	0,271
3/64	0,085	0,096	0,107	0,118	0,129	0,141	0,163	0,185	0,207	0,229	0,252	0,274	0,296
1/16	0,109	0,12	0,131	0,142	0,153	0,165	0,187	0,209	0,231	0,253	0,276	0,298	0,32
3/32	0,158	0,169	0,18	0,191	0,202	0,214	0,236	0,258	0,28	0,302	0,325	0,347	0,369
1/8	0,207	0,218	0,229	0,24	0,251	0,263	0,285	0,307	0,329	0,351	0,374	0,396	0,418
5/32	0,256	0,267	0,278	0,289	0,3	0,312	0,334	0,356	0,378	0,4	0,423	0,445	0,467
3/16	0,305	0,316	0,327	0,338	0,349	0,361	0,383	0,405	0,427	0,449	0,472	0,494	0,516
7/32	0,355	0,366	0,377	0,388	0,399	0,411	0,433	0,455	0,477	0,499	0,522	0,544	0,566
1/4	0,403	0,414	0,425	0,436	0,447	0,459	0,481	0,503	0,525	0,547	0,57	0,592	0,614
9/32	0,452	0,463	0,474	0,485	0,496	0,508	0,53	0,552	0,574	0,596	0,619	0,641	0,663
5/16	0,501	0,512	0,523	0,534	0,545	0,557	0,579	0,601	0,623	0,645	0,668	0,69	0,712
Comentário:													
Comentário:													

Figura 2.86 – Tabela 3 do Bend Tables Allowance.

A **Tabela 3** segue o mesmo principio das duas anteriores, sem, porém, ser destinada a projetos em chapas de cobre duro, bronze, aço laminado a frio e aço flexível.

2.2.3.4 Tabela 4 – Material não especificado (genérico)

Unidade:	Milímetros												
Tipo:	Tolerância da dobra												
Material:	**Não especificado**												
Comentário:	Os valores especificados são para dobras de 90 graus.												
Raio	**Espessura**												
	0,80	0,90	1,00	1,20	1,60	2,00	2,50	3,00	4,00	5,00	6,00	8,00	10,00
0,40	1,13	1,19	1,26	1,38	1,63	1,88	2,20	2,51	3,14	3,77	4,40	5,65	6,91
0,50	1,29	1,35	1,41	1,54	1,79	2,04	2,36	2,67	3,30	3,93	4,56	5,81	7,07
0,80	1,76	1,82	1,88	2,01	2,26	2,51	2,83	3,14	3,77	4,40	5,03	6,28	7,54
1,00	2,07	2,14	2,20	2,32	2,58	2,83	3,14	3,46	4,08	4,71	5,34	6,60	7,85
1,50	2,86	2,92	2,98	3,11	3,36	3,61	3,93	4,24	4,87	5,50	6,13	7,38	8,64
2,00	3,64	3,71	3,77	3,90	4,15	4,40	4,71	5,03	5,65	6,28	6,91	8,17	9,42
3,00	5,34	5,42	5,34	5,47	5,72	5,97	6,28	6,60	7,23	7,85	8,48	9,74	11,00
4,00	6,91	6,99	7,07	7,23	7,29	7,54	7,85	8,17	8,80	9,42	10,05	11,31	12,57
5,00	8,48	8,56	8,64	8,80	9,11	9,11	9,42	9,74	10,37	11,00	11,62	12,88	14,14
8,00	13,19	13,27	13,35	13,51	13,82	14,14	14,53	14,45	15,08	15,71	16,34	17,59	18,85
10,00	16,34	16,41	16,49	16,65	16,96	17,28	17,67	18,06	18,22	18,85	19,48	20,73	21,99
Comentário:													
Comentário:	(A/180)*PI*(R+0.4T) onde R <= 3T												
Comentário:													
Comentário:	(A/180)*PI*(R+0.5T) onde R > 3T												

Figura 2.87 – Tabela 4 do Bend Tables Allowance.

Gerenciador Chapa metálica – Parte 2

A **Tabela 4** – utilizada no exemplo da Figura 2.87 – tem suas unidades em milímetros e cobre um campo de medidas de espessuras comerciais e raios de dobra, de 0,8 mm até 10 mm. Assim como as anteriores, tem seus valores especificados para dobra de 90 graus.

Outro aspecto a considerar com relação à Tabela 4 é que ela é genérica, portanto, serve para todos os tipos de materiais de chapas. Podemos, por exemplo, compará-la com as tabelas anteriores e verificar a diferença na tolerância V para duas chapas de medidas aproximadas.

Utilizaremos então uma chapa de espessura 5/32 (3,97 mm) com as Tabelas 1, 2 e 3 com raio de dobra de igual dimensão e uma chapa de espessura 4 mm da Tabela 4 com raio de igual dimensão.

Note na comparação ao lado que a maior diferença em V será de –0,39mm por dobra para essa espessura e raio. Ou seja, uma chapa de cobre ou latão mole de espessura 5/32 de polegada (3,97 mm) com duas dobras a 90 graus medirá 0,78 mm a menos que uma chapa de espessura 4 mm desdobrada com a utilização da Tabela 4.

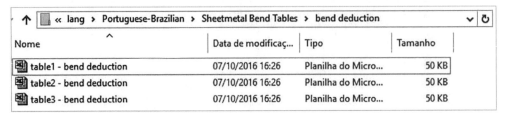

	Chapa	Raio	V	V (mm)
Tabela 1	5/32	5/32	0,331	8,41
Tabela 2	5/32	5/32	0,345	8,76
Tabela 3	5/32	5/32	0,356	9,04
Tabela 4	4	4	8,80	8,80
		Diferenças		Tab1 - Tb4 = -0,39
				Tab2 - Tb4 = -0,04
				Tab3 - Tb4 = -0,24

Figura 2.88 – Comparação de V entre tabelas.

2.2.4 Tabelas dedução de dobra (*bend deduction*)

As tabelas de dedução de dobra utilizam outra formulação para originar os valores de tolerância (dedução) por dobra (V') a serem descontadas do somatório de medidas lineares para o desdobramento da chapa. Para essas tabelas, a tolerância (dedução) será dada por:

$$V' = 2 \cdot (\text{raio} + \text{espessura}) - V$$

Em que V é o valor originado nas Tabelas 1, 2 e 3 (*bend allowance*).

Podemos observar que o sistema oferece três tabelas de dedução. Cada qual gera V' com base nos valores de V das três primeiras tabelas.

« lang › Portuguese-Brazilian › Sheetmetal Bend Tables › bend deduction

Nome	Data de modificaç...	Tipo	Tamanho
table1 - bend deduction	07/10/2016 16:26	Planilha do Micro...	50 KB
table2 - bend deduction	07/10/2016 16:26	Planilha do Micro...	50 KB
table3 - bend deduction	07/10/2016 16:26	Planilha do Micro...	50 KB

Figura 2.89 – Arquivos da pasta Sheetmetal Bend Deduction.

As Figuras 2.90, 2.91 e 2.92 exibem, para o mesmo campo de espessuras, raios e materiais com seus respectivos valores de dedução V'.

2.2.4.1 Tabela 1 – Cobre mole e latão mole

A	B	C	D	E	F	G	H	I	J	K	L	M	N
Unidade:	Polegadas												
Tipo:	Dedução da dobra												
Material:	**Cobre mole e Latão mole**												
Comentário:	Os valores especificados são para dobras de 90 graus.												
Raio	**Espessura**												
	1/64	**1/32**	**3/64**	**1/16**	**5/64**	**3/32**	**1/8**	**5/32**	**3/16**	**7/32**	**1/4**	**9/32**	**5/16**
1/32	0,036	0,059	0,081	0,105	0,127	0,149	0,195	0,240	0,286	0,331	0,376	0,421	0,467
3/64	0,042	0,065	0,088	0,111	0,133	0,155	0,201	0,246	0,292	0,337	0,382	0,427	0,473
1/16	0,049	0,073	0,095	0,118	0,140	0,163	0,208	0,254	0,299	0,345	0,389	0,435	0,480
3/32	0,063	0,086	0,108	0,132	0,154	0,176	0,222	0,267	0,313	0,358	0,403	0,448	0,494
1/8	0,076	0,100	0,122	0,145	0,167	0,190	0,235	0,281	0,326	0,372	0,416	0,462	0,507
5/32	0,090	0,113	0,135	0,159	0,181	0,203	0,249	0,294	0,340	0,385	0,430	0,475	0,521
3/16	0,103	0,127	0,149	0,172	0,194	0,217	0,262	0,308	0,353	0,399	0,443	0,489	0,534
7/32	0,116	0,139	0,161	0,185	0,207	0,229	0,275	0,320	0,366	0,411	0,456	0,501	0,547
1/4	0,130	0,154	0,176	0,199	0,221	0,244	0,289	0,335	0,380	0,426	0,470	0,516	0,561
9/32	0,144	0,167	0,189	0,213	0,235	0,257	0,303	0,348	0,394	0,439	0,484	0,529	0,575
5/16	0,157	0,181	0,203	0,226	0,248	0,271	0,316	0,362	0,407	0,453	0,497	0,543	0,588
Comentário:	**Calculado usando os valores de tolerância de dobra extraídos do manual Machinery Handbook - 26ª Edição com**												
Comentário:	**permissão da Industrial Press, Inc. A fórmula usada foi**												
Comentário:	**Dedução da dobra = 2*(Raio + Espessura) - Tolerância da dobra**												

Figura 2.90 – Tabela 1 do Bend Tables Deduction.

Para melhor compreensão do leitor, observemos que, para essa nova tabela, considerando a mesma chapa utilizada na comparação exibida anteriormente na Figura 2.76, de espessura 5/32 e raio 5/32, o valor de V' será 0,294.

Se aplicarmos a formula de V' indicada acima, poderemos verificar esse valor:

$$V' = 2 \cdot (\text{raio} + \text{espessura}) - V$$

» Raio = 5/32;
» Espessura = 5/32;
» V = 0,331 (tabela *bend allowance*)

Substituindo:

$$V' = 2 \cdot (5/32 + 5/32) - 0,331 = 0,294$$

Podemos verificar, então, que para essa espessura de chapa e esse raio a dedução V' de desdobramento por cada ângulo de 90 graus é de 0,294 polegada (7,46 mm) contra os 8,41 mm da Tabela 1 *Bend allowance*. Portanto, o desdobramento com a Tabela 1 resulta aproximadamente 1 mm menor por cada dobra de 90 graus.

2.2.4.2 Tabela 2 – Latão meio duro e chapa de cobre, aço e alumínio

	A	B	C	D	E	F	G	H	I	J	K	L	M	N	O
Unidade:	Polegadas														
Tipo:	Dedução da dobra														
Material:	**Latão meio duro e chapa de cobre, Aço mole e Alumínio**														
Comentário:	Os valores especificados são para dobras de 90 graus.														
Raio	**Espessura**														
	1/64	1/32	3/64	1/16	5/64	3/32	1/8	5/32	3/16	7/32	1/4	9/32	5/16		
1/32	0,035	0,056	0,077	0,099	0,120	0,141	0,184	0,226	0,269	0,311	0,354	0,396	0,439		
3/64	0,041	0,062	0,084	0,105	0,126	0,147	0,190	0,232	0,275	0,317	0,360	0,402	0,445		
1/16	0,048	0,070	0,091	0,112	0,133	0,155	0,197	0,240	0,282	0,325	0,367	0,410	0,452		
3/32	0,062	0,083	0,104	0,126	0,147	0,168	0,211	0,253	0,296	0,338	0,381	0,423	0,466		
1/8	0,075	0,097	0,118	0,139	0,160	0,182	0,224	0,267	0,309	0,352	0,394	0,437	0,479		
5/32	0,089	0,110	0,131	0,153	0,174	0,195	0,238	0,280	0,323	0,365	0,408	0,450	0,493		
3/16	0,101	0,123	0,144	0,165	0,186	0,208	0,250	0,293	0,335	0,378	0,420	0,463	0,505		
7/32	0,115	0,136	0,157	0,179	0,200	0,221	0,264	0,306	0,349	0,391	0,434	0,476	0,519		
1/4	0,128	0,150	0,171	0,192	0,213	0,235	0,277	0,320	0,362	0,405	0,447	0,490	0,532		
9/32	0,142	0,163	0,184	0,206	0,227	0,248	0,291	0,333	0,376	0,418	0,461	0,503	0,546		
5/16	0,155	0,177	0,198	0,219	0,240	0,262	0,304	0,347	0,389	0,432	0,474	0,517	0,559		
Comentário:	**Calculado usando os valores de tolerância de dobra extraídos do manual Machinery Handbook - 26ª Edição com**														
Comentário:	**permissão da Industrial Press, Inc. A fórmula usada foi**														
Comentário:	**Dedução da dobra = 2*(Raio + Espessura) - Tolerância da dobra**														

Figura 2.91 – Tabela 2 do Bend Tables Deduction.

2.2.4.3 Tabela 3 – Latão meio duro e chapa de cobre, aço e alumínio

	A	B	C	D	E	F	G	H	I	J	K	L	M	N	O
Unidade:	Polegadas														
Tipo:	Dedução da dobra														
Material:	**Cobre duro, Bronze, Aço laminado a frio e aço flexível**														
Comentário:	Os valores especificados são para dobras de 90 graus.														
Raio	**Espessura**														
	1/64	1/32	3/64	1/16	5/64	3/32	1/8	5/32	3/16	7/32	1/4	9/32	5/16		
1/32	0,06	0,071	0,082	0,093	0,104	0,116	0,138	0,16	0,182	0,204	0,227	0,249	0,271		
3/64	0,085	0,096	0,107	0,118	0,129	0,141	0,163	0,185	0,207	0,229	0,252	0,274	0,296		
1/16	0,109	0,12	0,131	0,142	0,153	0,165	0,187	0,209	0,231	0,253	0,276	0,298	0,32		
3/32	0,158	0,169	0,18	0,191	0,202	0,214	0,236	0,258	0,28	0,302	0,325	0,347	0,369		
1/8	0,207	0,218	0,229	0,24	0,251	0,263	0,285	0,307	0,329	0,351	0,374	0,396	0,418		
5/32	0,256	0,267	0,278	0,289	0,3	0,312	0,334	0,356	0,378	0,4	0,423	0,445	0,467		
3/16	0,305	0,316	0,327	0,338	0,349	0,361	0,383	0,405	0,427	0,449	0,472	0,494	0,516		
7/32	0,355	0,366	0,377	0,388	0,399	0,411	0,433	0,455	0,477	0,499	0,522	0,544	0,566		
1/4	0,403	0,414	0,425	0,436	0,447	0,459	0,481	0,503	0,525	0,547	0,57	0,592	0,614		
9/32	0,452	0,463	0,474	0,485	0,496	0,508	0,53	0,552	0,574	0,596	0,619	0,641	0,663		
5/16	0,501	0,512	0,523	0,534	0,545	0,557	0,579	0,601	0,623	0,645	0,668	0,69	0,712		
Comentário:	**Calculado usando os valores de tolerância de dobra extraídos do manual Machinery Handbook - 26ª Edição com**														
Comentário:	**permissão da Industrial Press, Inc. A fórmula usada foi**														
Comentário:	**Dedução da dobra = 2*(Raio + Espessura) - Tolerância da dobra**														

Figura 2.92 – Tabela 3 do Bend Tables Deduction.

> **NOTA**
>
> Você pode acessar manualmente as tabelas de tolerância de dobra (*bend allowance*) e de dedução de dobra (*bend deduction*) para leitura de V e V' e inserção manual no painel. Acesse: Arquivo de Programa/SOLIDWORKSCorp/lang/Portuguese-Brazilian/Sheetmetal Bend Tables/ ou consulte-as diretamente neste livro.

2.2.5 Tabela cálculo de dobra (*bend calculation*)

A tabela de cálculo de dobra é utilizada pelo SolidWorks sempre que a opção BEND_CALCULATION é selecionada no painel **Tolerância de dobra personalizada** (Figura 2.93). Entretanto, é bom observar que essa tabela é específica para utilização com chapas de aço e pode ser utilizada com qualquer espessura, porém, a unidade de medida da tolerância está em centímetros. Isso pode ser facilmente modificado ao se clicar no canto direito da linha em que consta a unidade, de modo a abrir a lista *dropdown* de opções e seleciona-se a desejada. Em seguida, deve-se salvar a tabela com novo nome, pois, quando abertas, as tabelas ficam no modo de somente leitura (Figura 2.93).

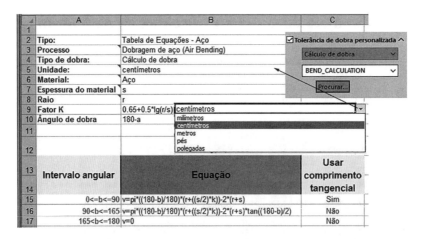

Figura 2.93 – Tabela Bend calculation.

2.2.6 Fator K

O fator K é uma razão que representa a distância "t" da linha neutra à superfície interna da chapa metálica com relação à sua espessura. Ele pode ser também obtido pela equação 1, uma função logarítmica que relaciona o raio de dobra R com a espessura T.

A tolerância de dobra do fator K é calculada com base na equação 1, que, em síntese, representa o comprimento desdobrado "Ba" da linha neutra (Equação 2).

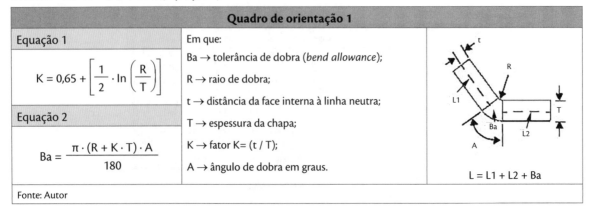

Fonte: Autor

A questão aqui é como determinar "t", uma vez que essa posição de linha neutra não corresponde necessariamente à metade da espessura T. Por padrão, o SolidWorks define K = 0,5, portanto, considera t = T/2.

Em verdade, a dimensão "t" varia em conformidade com a espessura da chapa, ângulo de dobra e o tipo de material. O raio mínimo de dobra permitido (R_{min}) é uma função K e T.

Para efeitos de dimensionamento limite com base na Teoria de Resistência dos Materiais, para a determinação de K e R_{min} aconselha-se o uso das expressões a seguir:

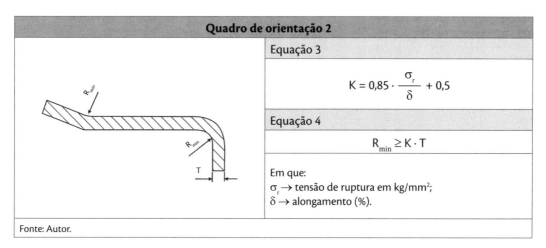

Quadro de orientação 2

Equação 3

$$K = 0,85 \cdot \frac{\sigma_r}{\delta} + 0,5$$

Equação 4

$$R_{min} \geq K \cdot T$$

Em que:
$\sigma_r \rightarrow$ tensão de ruptura em kg/mm²;
$\delta \rightarrow$ alongamento (%).

Fonte: Autor.

O Quadro de orientação 3, que demonstra o uso das equações 3 e 4, apresenta as propriedades σ_r e δ para alguns materiais comumente utilizados na indústria.

Quadro de orientação 3		
Material	Tensão de ruptura σ_r (kg/mm²)	Alongamento δ (%)
Alumínio	0,91	40
Cobre	2,3	45
Latão (70% Cu + 30% Ni)	3,06	68
Aço	3,87	25
Alongamento obtido para material recozido em ensaio de tração para L = 50 mm.		
Fonte: Calliester, 2002.		

Com base nessa informação e utilizando as expressões dos quadros de orientação 2 e 3, pode-se obter para esses materiais seus respectivos valores de fator K e raio mínimo para dobradura (R_{min}).

Quadro de orientação 4											
Material	K	Espessura									
		(16)	(14)	(13)	(12)	(11)	(1/8)	(10)	(9)	(8)	MSG
		1,52	1,90	2,28	2,66	3,04	3,17	3,42	3.80	4.18	mm
Alumínio	0,69	1,0	1,3	1,6	1,8	2,1	2,2	2,4	2,6	2,9	Raio mínimo (R_{min})
Cobre	0,88	0,5	1,7	2,0	2,3	2,7	2,8	3,0	3,3	3,7	
Latão	0,88	0,51	1,7	2,0	2,3	2,7	2,8	3,0	3,3	3,7	
Aço	0,58	0,9	1,1	1,3	1,5	1,8	1,8	2,0	2,2	2,4	
Fonte: Autor.											

Apesar dos valores de R_{min} e K apresentados no quadro de orientação acima, a prática tem recomendado os seguintes valores para R_{min} e K:

Quadro de orientação 5	
Material	Raio mínimo (mm)
Alumínio	(0,8 a 1) T
Ligas de alumínio	(0,9 a 3) T
Cobre	(0,8 a 1,2) T
Latão	(1 a 1,8) T
Aço	(1 a 3) T
Zinco	(1 a 2) T
Fonte: Autor.	

Quadro de orientação 6						
R_{min}/T	≥ 0,5	≥ 0,65	≥ 1	≥ 1,5	≥ 2,4	≥ 4
K	0,5	0,6	0,7	0,8	0,9	1
Fonte: Autor.						

Assim, para a mesma chapa dobrada da Figura 2.7 e calculando o desdobramento pelo fator K, obteremos para a dimensão L:

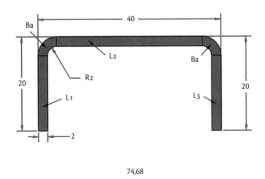

Figura 2.94 – Desdobramento pelo método fator K.

$R_{min}/T = 1 \rightarrow K = 0,7 \rightarrow$ (quadro de orientação 6)

Como $L = L_1 + L_2 + L_3 + 2 \cdot Ba$

$L_1 = 20 - 4 = 16$

$L_2 = 40 - 8 = 32$

$L_3 = L_1$

Utilizando a equação 2 para determinar Ba:

$$Ba = \frac{\pi \cdot (R + K \cdot T) \cdot A}{180} = \frac{\pi \cdot (2 + (0,7 \cdot 2)) \cdot 90}{180} = 5,34$$

Teremos:

$L = 16 + 32 + 16 + 2(5,34) = 74,68$ mm

2.2.7 Tabelas de calibres

Além das tabelas de dobras e a opção de utilização do fator K, o SolidWorks oferece também a possibilidade da utilização de **tabelas de calibres** de chapas comerciais. As tabelas de calibres disponíveis no SolidWorks estão armazenadas em Arquivo de Programa/SOLIDWORKSCorp/lang/Portuguese-Brazilian/Sheetmetal Gauge Tables/. Assim como as tabelas de dobra, são geradas em formato Excel, podendo, portanto, ser alteradas e salvas com outro nome na mesma pasta ou onde o usuário desejar. É necessário somente direcionar sua utilização com o comando **Procurar**. A Figura 2.95 exibe os arquivos de tabelas de calibres disponíveis.

Figura 2.95 – Arquivos de tabelas de calibres.

Para melhor ilustrar esse tópico, observe um esboço para criação de um *flange-base*. A opção **Usar calibre de chapa metálica** do painel **Calibre de chapa metálica** é selecionada. Note que a lista *dropdown* **Selecionar tabela** é disponibilizada, permitindo acesso à seleção dos oito tipos de tabelas de calibres. Selecionada a opção de tabela BEND ALLOWANCE MM SAMPLE (Tolerância de dobras simples em mm), o painel inferior **Parâmetros de chapa metálica** imediatamente se reconfigura, exibindo a referência à tabela **Calibre 5** com espessura 1 mm e raio de dobra 1 mm. Note ainda que esse arquivo de tabela disponibiliza, segundo a sua lista *dropdown*, as tabelas **Calibre 4** e **Calibre 3** (Figuras 2.96 e 2.97).

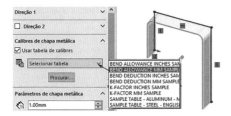

Figura 2.96 – Acesso à seleção de tabelas de calibres.

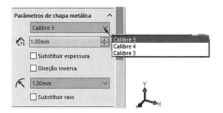

Figura 2.97 – Seleção de tabelas de calibres.

Observe na Figura 2.98 a tabela **Calibre 5** aberta no Excel, indicando nas células (A1) **Processo** e (A5) **Material** o processo de obtenção da dobra como *air bending* e o material como aço. Veja que atende, especificamente, a dobras de ângulos de 15 até 90 graus e raios de 1 até 4. Lembramos ao leitor que a tolerância para ângulos e raios é exibida na tabela, mas, dentro do intervalo, são calculados por interpolação.

	A	B	C	D	E
1	Tipo:	Tabela de Calibres de Aço			
2	Processo	Dobragem de aço (Air Bending)			
3	Tipo de dobra:	Tolerância da dobra			
4	Unidade:	milímetros			
5	Material:	Aço			
6					
7					
8	Nº do calibre	Calibre 5			
9	Espessura:	1			
10	Ângulo			Raio	
11		1,00	2,00	3,00	4,00
12	15	0,25	0,26	0,27	0,28
13	30	0,25	0,26	0,27	0,28
14	45	0,25	0,26	0,27	0,28
15	60	0,25	0,26	0,27	0,28
16	75	0,25	0,26	0,27	0,28
17	90	0,25	0,26	0,27	0,28

Figura 2.98 – Tabela Calibre 5.

NOTA

Air bending (dobramento livre) é o processo de dobramento em que não há necessidade de mudar nenhum equipamento ou ferramenta para obter ângulos de dobras diferentes porque os ângulos da curvatura são determinados pelo curso de punção.

As forças requeridas para dar forma à peça são relativamente pequenas, mas o controle exato do curso da punção é necessário para obter o ângulo desejado da curvatura.

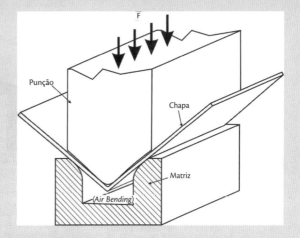

Figura 2.99 – Dobramento livre (Air bending). Fonte: Autor.

As tabelas para **Calibre 4** e **Calibre 3** atendem também o material Aço e são destinadas para espessura 1,5 mm e 2 mm, respectivamente.

Nº do calibre	Calibre 4			
Espessura:	1,5			
Ângulo	Raio			
	1,00	2,00	3,00	4,00
15	0,30	0,31	0,32	0,33
30	0,30	0,31	0,32	0,33
45	0,30	0,31	0,32	0,33
60	0,30	0,31	0,32	0,33
75	0,30	0,31	0,32	0,33
90	0,30	0,31	0,32	0,33

Nº do calibre	Calibre 3			
Espessura:	2			
Ângulo	Raio			
	1,00	2,00	3,00	4,00
15	0,40	0,41	0,42	0,43
30	0,40	0,41	0,42	0,43
45	0,40	0,41	0,42	0,43
60	0,40	0,41	0,42	0,43
75	0,40	0,41	0,42	0,43
90	0,40	0,41	0,42	0,43

Figura 2.100 – Tabelas Calibre 4 e Calibre 3.

Caso você decida mudar o calibre para, por exemplo, **Calibre 3** (chapa de 2 mm), siga o procedimento:

1. Selecione **Chapa metálica** na árvore do projeto e clique o botão direito do mouse para acessar **Editar recurso**. Note que novamente o painel **Parâmetros de chapa metálica** será aberto.
2. Abra a lista *dropdown* de calibre e selecione **Calibre 3**. Observe que, se você desejar, também pode alterar o raio de dobra para um dos outros valores cobertos pela tabela de calibres (Figura 2.101).

É possível, ainda, substituir o valor do **Raio de dobra** por outro – por exemplo, raio de 3,5 mm. O raio deve ser sempre R ≤ 4. Figura 2.102.

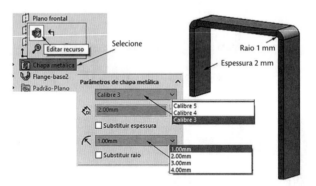

Figura 2.101 – Alteração de Calibre e Raio de dobra.

Figura 2.102 – Substituição somente do Raio de dobra.

Embora exista uma *checkbox* com a opção de **Substituição da espessura**, ela somente pode ser feita pela troca do calibre. Qualquer tentativa dentro da janela de espessura D1 resulta em erro. A modificação da espessura causará, entretanto, a reavaliação da tolerância de dedução de dobra utilizando o fator K (Figura 2.103).

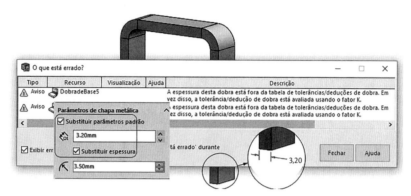

Figura 2.103 – Arquivos de tabelas de calibres.

2.2.8 Criação de tabela de dobras e calibres

Para criar sua própria tabela, siga o procedimento:

1. Acesse o comando **Inserir** → **Chapa metálica** → **Tabela de dobras** → **Novo**. Será exibida a caixa de seleção Tabela de dobras.
2. Selecione em **Unidades** a unidade de trabalho e, em **Tipo**, o tipo de tabela que deseja criar.
3. Clique **Procurar** para selecionar a pasta em que deseja salvar sua tabela após a finalização e **OK** para confirmar.

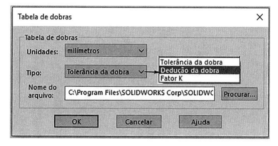

Figura 2.104 – Caixa Tabela de dobras.

Ao confirmar o comando, o SolidWorks abrirá uma janela exibindo o ambiente do Excel com um dos modelos de tabela listados na Figura 2.76 que corresponda à sua seleção na lista **Tipo**. O modelo aqui exibido corresponde à seleção para criação de tabela do tipo fator K.

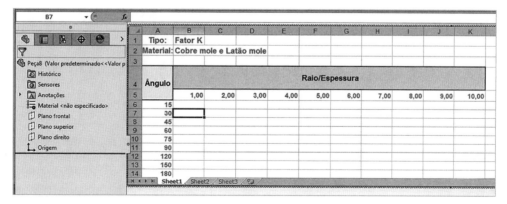

Figura 2.105 – Tabela para criação de fator K.

4. Complete os dados das células e salve a tabela com o nome que desejar. O SolidWorks não permitirá que você salve sua tabela dentro das subpastas **Bend allowance** ou **Bend deduction**, bem como da pasta **Calibres Sheetmetal Gauge Tables**.

3

Curva de gomos, bifurcação flangeada, churrasqueira, chassi

⏻ PARA COMEÇAR

Este capítulo tem por objetivo apresentar ao leitor quatro técnicas para construção de elementos industriais produzidos em chapas metálica, aproveitando também outros recursos do SolidWorks, bem como disponibilizar uma série de dez exercícios.

3.1 CURVA DE GOMOS A 90 GRAUS

Há diversas técnicas para se criar uma curva de gomos em chapa metálica. Dentre elas, esta talvez seja uma das mais trabalhosas, pois, como resultado final, queremos uma curva de gomos com as soldas dos gomos intercaladas, uma para a curvatura interna e outra para a curvatura externa, como mostrado na Figura 3.1. Para isso, criaremos a curva gomo a gomo.

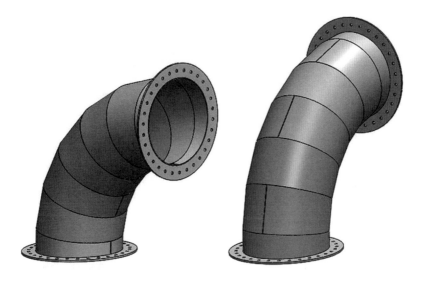

Figura 3.1 – Curva de gomos em chapa metálica.

3.1.1 Criação dos esboços

1. Selecione o **Plano Frontal**. Crie e dimensione um esboço base como mostrado na Figura 3.2.
2. Renomeie o arquivo **Esboço1** como **Esboço base**. Em seguida, crie três planos de esboço que passem pelos pontos 2 a 4 e pelo Eixo1 criado entre os planos ortogonais direito e superior, conforme Figura 3.3.

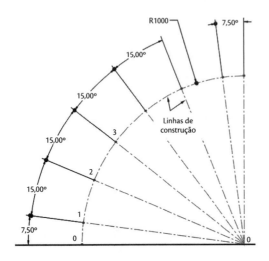

Figura 3.2 – Esboço básico no Plano Frontal.

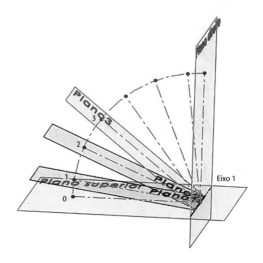

Figura 3.3 – Criação dos Planos de Trabalho.

Na sequência, com o comando **Círculo**, de diâmetro 600 mm, e um pequeno recorte de distância 4 mm devidamente posicionado, conforme especificação dos desenhos das Figuras 3.5 a 3.8, você criará as seis arestas base necessárias para gerar os três primeiros gomos da Curva.

1. Esboço das Arestas 1 e 2 para formação do Gomo1.

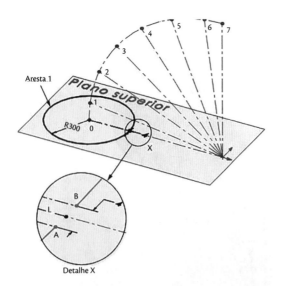

Figura 3.4 – Detalhes da Aresta1.

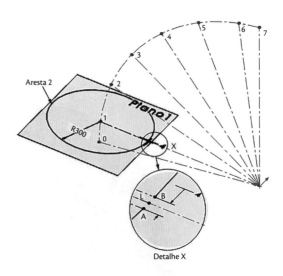

Figura 3.5 – Detalhes da Aresta2.

2. Esboço das Arestas 3 e 4 para formação do Gomo2.

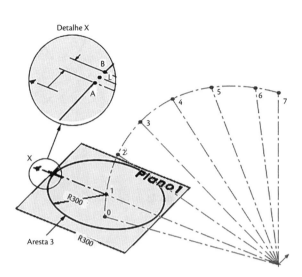

Figura 3.6 – Detalhes da Aresta3.

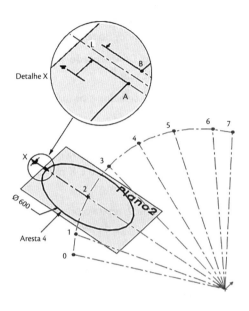

Figura 3.7 – Detalhes da Aresta4.

3. Esboço das Arestas 5 e 6 para formação do Gomo3.

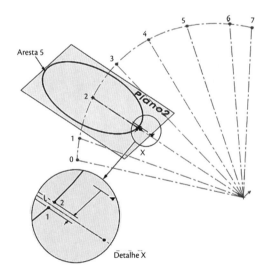

Figura 3.8 – Detalhes da Aresta5.

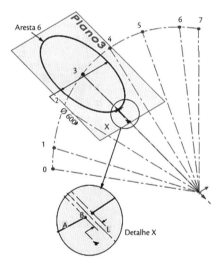

Figura 3.9 – Detalhes da Aresta6.

NOTA

Observe com cuidado a posição do recorte de solda em cada aresta criada, uma vez que disso depende a correta criação dos *lofts* que formarão os gomos.

3.1.2 Criação dos gomos

1. Na guia **Chapa metálica** do SolidWorks 2017, selecione o recurso **Dobra com loft** para exibir o gerenciador do recurso.

2. Mude para opção **Conformado** no painel **Método de fabricação**.

3. No painel **Perfis,** selecione na árvore do projeto Aresta1 e Aresta2.

4. No painel **Espessura**, defina-a como 4 mm e pressione o botão **Direção** para que o *loft* seja gerado para fora. Clique OK para confirmar. Você criou o Gomo1.

5. Para formar o Gomo2, repita o procedimento e selecione na árvore do projeto Aresta3 e Aresta4 (Figura 3.11).

6. Faça o mesmo para o Gomo3 selecionando agora Aresta5 e Aresta6 (Figura 3.13).

Procure observar sempre se o *loft* está sendo gerado para fora do esboço.

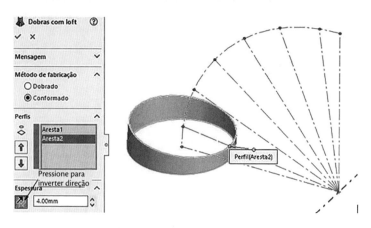

Figura 3.10 – Criação do Gomo1.

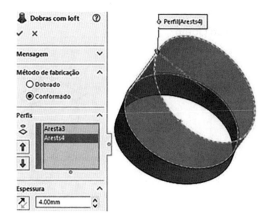

Figura 3.11 – Criação do Gomo2.

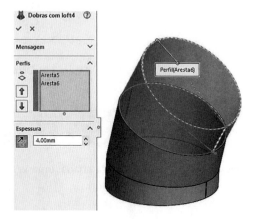

Figura 3.12 – Criação do Gomo3.

Os quatro gomos restantes serão obtidos com a utilização do recurso **Padrão circular**, já que, se observarmos a Figura 3.1 no início do exercício, perceberemos que o Gomo1 e o Gomo7 se repetem, assim como o Gomo2 e o Gomo4 também são iguais; o mesmo acontece com o Gomo3 e o Gomo5 (Figura 3.13).

Para criar o Gomo4 e o Gomo6, selecione na guia **Recursos** o recurso **Padrão circular** para exibir seu gerenciador de propriedades.

1. Clique em Eixo1 como referência de giro, configure o ângulo em 30° e especifique três instâncias.
2. Ative a *checkbox* da opção **Corpos** e clique sobre o Gomo2 na área gráfica. Observe a direção do giro. Para girar no sentido horário pressione o botão **Inverter direção**.
3. Clique OK para confirmar (Figura 3.14).

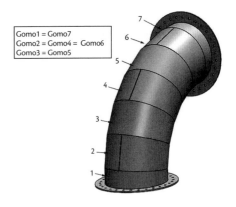

Figura 3.13 – Igualdade entre gomos.

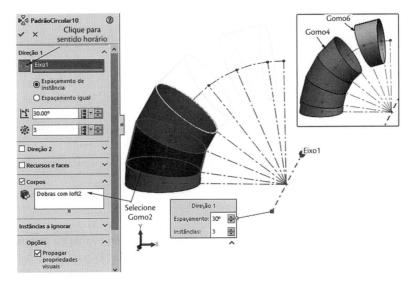

Figura 3.14 – Criação do Gomo4 e Gomo6.

4. Repita o procedimento selecionando, desta vez, o Gomo3 e configure o ângulo como 30° e duas instâncias (Figura 3.15).

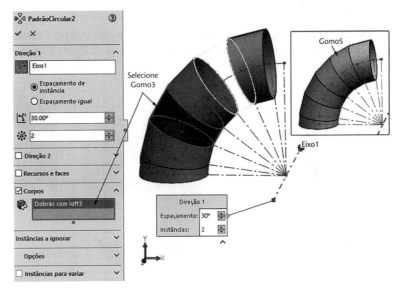

Figura 3.15 – Criação do Gomo5.

5. Por fim, repita mais uma vez o procedimento, selecionando agora Gomo1. Configure o ângulo como 82,5° e duas instâncias (Figura 3.16).

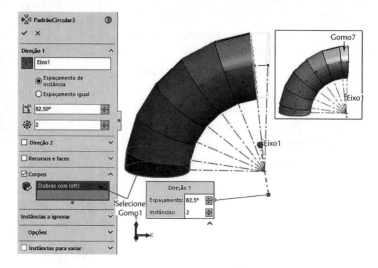

Figura 3.16 – Criação do Gomo7.

Precisamos agora criar os flanges de conexão da **Curva de gomos**. Cada flange terá espessura de 12 mm com diâmetro interno de 612 mm e externo de 812 mm.

Os furos de fixação serão em número de 32, com diâmetro de 20 mm, e seu centro em relação ao centro do flange terá raio de 356 mm.

3.1.3 Criação dos flanges

1. Na guia **Chapa metálica** clique em flange-base. No **Plano direito**, com centro no ponto7 do esboço base, trace um círculo de diâmetro 612 mm. Utilize o comando **Offset de entidades** para gerar o círculo externo com distância 100 mm (o que resultará num círculo de diâmetro de 812 mm) e desmarque a opção **Inverter do painel Offset de entidades** (Figura 3.17).
2. Ainda com o esboço aberto, desenhe um pequeno círculo de diâmetro 20 mm entre os dois círculos anteriores e com centro a uma distância de 352 mm do ponto7 (central).
3. Clique agora em **Padrão de esboço circular** e crie a partir do pequeno círculo um padrão com 32 círculos equidistantes (360°). Confirme para fechar o esboço e configurar a espessura da chapa.
4. No painel **Parâmetros de chapa metálica**, substitua o parâmetro padrão por uma dimensão de 12 mm e clique OK para confirmar. Verifique que a extrusão ocorra para o lado da curva. A Figura 3.18 exemplifica essa aplicação.

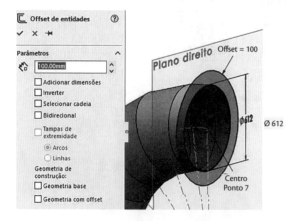

Figura 3.17 – Esboço inicial do flange.

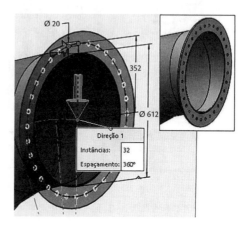

Figura 3.18 – Posicionamento do esboço do flange.

5. Utilize agora o recurso **Converter em chapa metálica** e converta o flange para chapa. Ajuste a **Espessura** para T1 = 12 mm.
6. Para fazer o flange inferior, crie um plano a 45 graus em relação ao Plano Direito e Eixo1 e utilize o recurso **Espelhamento**, pois o recurso **Padrão circular** deixaria o flange inferior fora da posição desejada, como mostra a Figura 3.19.
7. Faça o **Espelhamento** do flange superior sobre o plano criado. Observe no detalhe que a posição do flange inferior agora está correta (Figura 3.20).
8. Salve seu modelo para prosseguir na fase de Detalhamento.

Figura 3.19 – Flange inferior criado com recurso Padrão circular.

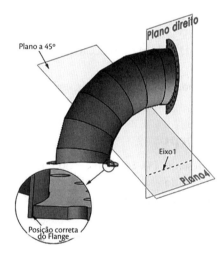

Figura 3.20 – Flange inferior em posição correta.

3.1.4 Detalhamento em Folha de Desenho

Na construção de nosso modelo da curva de gomos, trabalhamos com multicorpos e, como vimos, temos em sua formação três tipos de gomos que se repetem (Gomo1, Gomo2 e Gomo3), assim como o flange, que também se repete. Vejamos agora como representar no desenho de detalhes essas chapas e seu correspondente desenvolvimento.

1. Na guia **Arquivo** selecione **Criar desenho a partir de peça** para acessar a janela de seleção **Formato/tamanho de folha**.
2. Selecione o formato de folha desejado. Caso queira verificar outros formatos, clique em **Procurar** ou em **Tamanho personalizado de folha**, caso prefira dimensões diferenciadas. Será então exibida a tela gráfica de composição de detalhamento do modelo (Figura 3.21).

Figura 3.21 – Seleção do formato para o detalhamento do modelo.

3. Selecione e arraste para o canto esquerdo superior da folha a vista frontal do modelo. Digite ESC para sair do comando, pois o SolidWorks já disponibiliza para inserção imediata a vista seguinte, correspondente à direção para a qual se movimentar o cursor do mouse.

Nesse tipo de projeto, você pode apresentar somente a vista frontal do modelo. Caso queira, insira a vista direita também e passe para o detalhamento dos gomos e do flange (Figura 3.22).

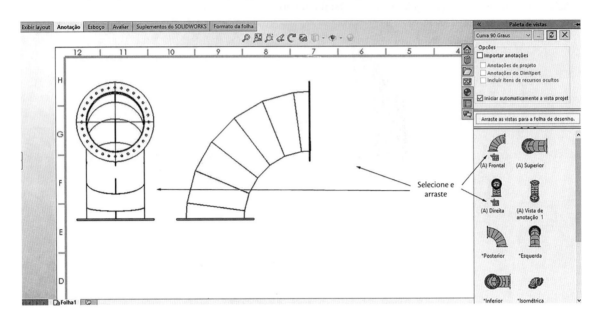

Figura 3.22 – Inserção da vista direita e vista frontal.

Por tratar-se de um modelo **Multicorpos,** será preciso inserir, separadamente, cada um dos corpos (gomos e flange) para detalhar fora do modelo.

3.1.4.1 Inserção separada dos corpos

1. Na guia **Inserir**, selecione vista do desenho (1). Em seguida, no menu *dropdown* que se abrirá, selecione a opção **Relativo ao modelo** (2). Note que no lado esquerdo da tela será exibido o **Gerenciador de propriedades** com o painel **Vista relativa**, contendo uma mensagem relativa à ação a ser executada.

2. Conforme a segunda parte da mensagem, clique o cursor do mouse na área de gráfico para definir o local de inserção do primeiro corpo (4) (Figura 3.23).

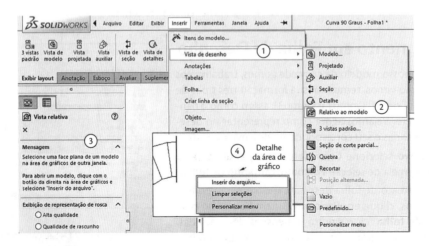

Figura 3.23 – Acesso à configuração para inserção do primeiro corpo (Gomo1).

3. Será aberta a janela de seleção, exibindo a pasta aberta do modelo salva. Clique nele para abrir. Entretanto, se o modelo já estiver aberto, apenas alterne a janela de trabalho. Observe que o **Gerenciador de propriedades** exibirá agora o painel **Escopo** e o painel **Orientação** (Figura 3.24).

4. No painel **Escopo**, mude a configuração para **Corpos selecionados** e selecione na área de gráficos o Gomo1, clicando sobre ele. Observe que sua descrição aparecerá na janela do painel.

5. No painel **Orientação**, selecione na lista *dropdown* a opção **Frontal** para a **Primeira orientação**. Para a janela **Face/plano da primeira orientação**, selecione na árvore do modelo o **Plano frontal**.

6. Para a segunda orientação, selecione na lista *dropdown* a opção **Direita**. Para a janela **Face/plano da segunda orientação**, selecione na árvore do modelo o **Plano direito**.

7. Clique OK para confirmar. A Figura 3.24 exibe as seleções dessa configuração.

8. O **Gerenciador** alternará para **Configuração de referência** permitindo mudança de escala, estilo etc. (Figura 3.25).

9. Clique OK para finalizar se não quiser fazer modificação alguma. Note que o Gomo1 foi então inserido no formato (Figura 3.26).

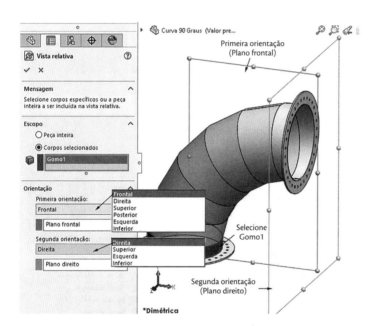

Figura 3.24 – Configuração de inserção do Gomo1.   Figura 3.25 – Configuração de referência.

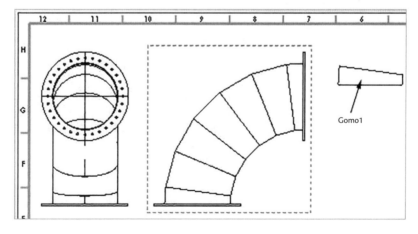

Figura 3.26 – Inserção do Gomo1.

10. Repita esse procedimento para o Gomo2 e Gomo3.
11. Para finalizar, faça a inserção do flange, definindo como **Primeira orientação** a opção **Frontal** com referência no **Plano superior** e como **Segunda orientação**, a opção **Direita** com referência no **Plano direito**.
12. Clique OK para confirmar. A Figura 3.27 ilustra o formato com todos os corpos inseridos e mais bem posicionados em virtude das inserções ainda necessárias.

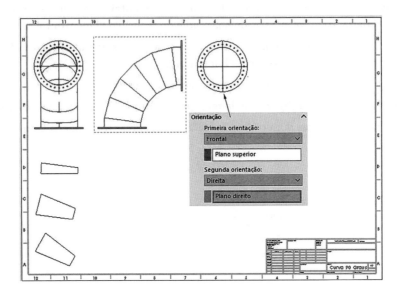

Figura 3.27 – Inserção dos corpos Gomo1, Gomo2, Gomo3 e Flange.

3.1.4.2 Identificação dos corpos

Nossa próxima etapa consiste em inserir no formato a geometria desdobrada das chapas dos gomos com seus respectivos dimensionamentos de comprimento e largura.

Em primeiro lugar insira uma **Lista de corte de soldagem**.

1. Na guia **Anotação**, clique em **Tabelas** e selecione a **Lista de corte de soldagem** (Figura 3.28). O **Gerenciador de propriedade** solicitará que você selecione uma vista do desenho para especificar o modelo para a criação de uma **Lista de corte de soldagem** (Figura 3.28).
2. Clique na **Vista Frontal** do desenho. O **Gerenciador de propriedades** solicitará que você configure as opções desejadas. Clique OK para continuar.
3. A Lista aparecerá presa ao cursor do mouse.
4. Posicione-a logo acima da legenda do formato, ajustando a largura das colunas de modo a se obter a mesma dimensão de comprimento da legenda, como mostra a Figura 3.29.

Figura 3.28 – Comando para inserção de Lista de corte e soldagem.

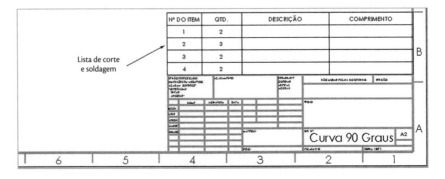

Figura 3.29 – Lista de corte e soldagem inserida sobre a Legenda do formato.

Note que aparecem preenchidas automaticamente somente as colunas Nº DO ITEM e QTD (quantidade). As demais serão preenchidas no processo restante do exercício.

Para identificarmos as correspondências da Lista com a vista selecionada, precisamos inserir balões de identificação.

5. Clique em **Balão** na guia **Anotação**. Será exibido o **Gerenciador de propriedades** com as opções de configuração para identificação.

6. Clique em seguida no flange inferior e posicione o **Balão**. Depois, no Gomo1, faça o mesmo. Na sequência, repita o procedimento com o Gomo2 e o Gomo3. Em seguida, aplique **Balão** em cada um dos corpos inseridos separadamente (Figura 3.30). Observe agora que a numeração dos itens com suas respectivas quantidades correspondem à **Lista de corte e soldagem** inserida. Item 1 são dois gomos (Gomo1 e Gomo7); Item 2 são três gomos (Gomo2, Gomo4 e Gomo6); Item 3 são dois gomos (Gomo3 e Gomo5); Item 4 são dois flanges.

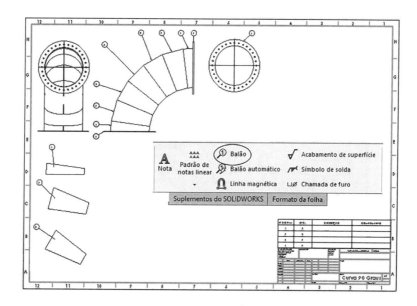

Figura 3.30 – Inserção dos balões de identificação.

A próxima etapa consiste em inserir no formato os perfis planificados dos gomos. Para isso, siga o procedimento.

3.1.4.3 Planificação dos gomos

1. Na guia **Exibir layout**, clique em **Vista de modelo** para abrir o gerenciador de mesmo nome e, depois, em **Avançar** para exibir as próximas vistas do gerenciador. Em seguida, clique em **Corpos selecionados**. As Figuras 3.31 e 3.32 ilustram esse procedimento. Note que será aberta a tela gráfica com o modelo da curva de gomo.

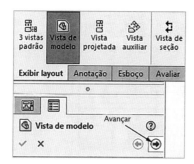

Figura 3.31 – Gerenciador Vista de modelo.   **Figura 3.32** – Opção Corpos selecionados.

2. Na sequência do exercício, selecione no modelo o corpo a ser planificado – no caso, o Gomo1 – e clique OK para confirmar (Figura 3.33). Note que o sistema retornará ao gerenciador. Deslize então o cursor lateral até o painel **Orientação**, ative a opção **Padrão plano** (Figura 3.34) e deslize mais um pouco o cursor para baixo, até o painel **Exibição de padrão plano**. Configure o ângulo para 90 graus e clique OK para confirmar.

3. Posicione o perfil planificado como mostra a Figura 3.35.

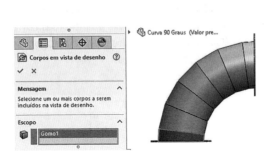

Figura 3.33 – Seleção de corpo (Gomo1).   Figura 3.34 – Gerenciador Vista de modelo.

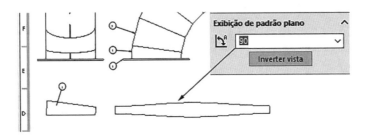

Figura 3.35 – Rotação e posicionamento da planificação do Gomo1.

4. Repita o procedimento para o Gomo2 e o Gomo3 (Figura 3.36).

5. Você pode ainda alinhar as três planificações selecionando-as e clicando o botão direito do mouse para acessar o menu flutuante e escolher a opção **Alinhamento → Alinhar vertical pelo centro.**

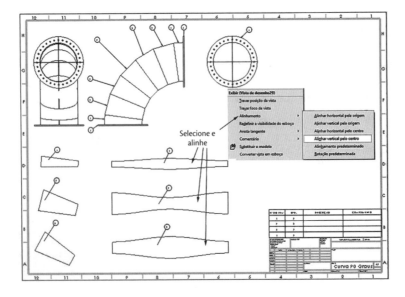

Figura 3.36 – Alinhamento das planificações.

3.1.4.4 Dimensionamento das planificações

1. Utilize **Dimensão inteligente** e insira a dimensão de comprimento da chapa e sua largura mínima. Observe, entretanto, que não é possível atribuir a dimensão de largura máxima em virtude de o perfil planificado ser formado por duas curvas que não são esboços, por isso, não há como selecionar o ponto médio (Figura 3.37).

2. Para solucionar esse problema, esboce duas linhas horizontais, uma sobre a curva superior e outra sob a curva inferior; converta-as em linhas de construção. Em seguida, selecione a linha e a curva superiores e aplique uma relação **Tangente**. Repita o procedimento para a linha e a curva inferiores (Figura 3.38).

3. Insira agora a dimensão de largura máxima da planificação (Figura 3.39).

4. Repita esses procedimentos para as planificações do Gomo2 e do Gomo3 (Figura 3.40).

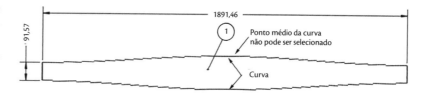

Figura 3.37 – Dimensionamento de comprimento e largura mínima da planificação.

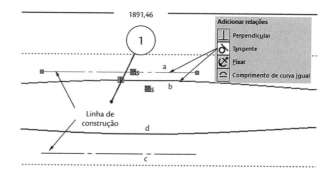

Figura 3.38 – Inserção e posicionamento de linhas de construção.

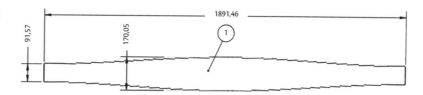

Figura 3.39 – Dimensionamento da largura máxima da planificação.

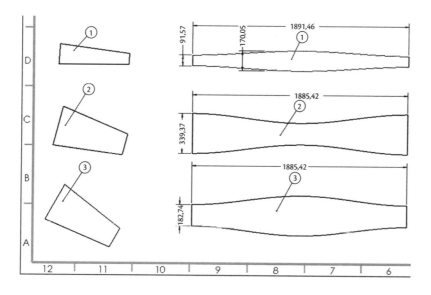

Figura 3.40 – Planificações dos gomos dimensionadas.

3.1.4.5 Dimensionamento das planificações para oxicorte

Apesar de o corte *laser* ser hoje uma opção bastante interessante em termos da relação custo-benefício, algumas indústrias de pequeno porte ainda utilizam o oxicorte (corte por maçarico) para cortes grandes de chapas com espessura acima de 3 mm. No caso do corte das planificações da curva de gomos, o dimensionamento deverá possibilitar o traçado manual para posterior corte com maçarico. Dessa forma, você pode dimensionar as planificações pelo seguinte processo:

1. Esboce uma linha de construção que passe aproximadamente pelo meio da chapa planificada e dimensione seu afastamento com metade do valor do comprimento total (Figura 3.41).

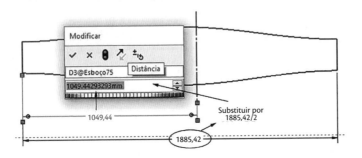

Figura 3.41 – Dimensionamento do comprimento médio da planificação.

2. Aplique um padrão de esboço linear com 10 instâncias, com distância entre elas equivalente a 1/10 do comprimento médio da chapa. Para esse exemplo, a distância será de 10,97 (Figura 3.42).

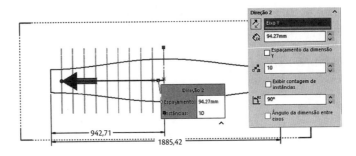

Figura 3.42 – Aplicação de Padrão de esboço linear.

3. Depois de criado o padrão de esboço linear, clique o cursor do mouse sobre a planificação e ative o comando **Converter entidades** (1). Em seguida, ative o comando **Aparar entidades** e apare todas as arestas das linhas de construção que ultrapassem as curvas limites (Figura 3.43).

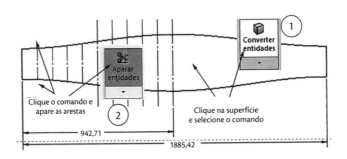

Figura 3.43 – Aparagem das arestas das linhas de construção.

4. Finalmente, faça o dimensionamento horizontal e vertical da planificação (Figura 3.44).

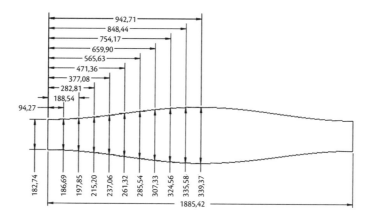

Figura 3.44 – Dimensionamento final da planificação.

3.1.4.6 Configuração final da lista de corte de soldagem

Para finalizar este exemplo precisamos agora vincular as dimensões principais das planificações e seus nomes à *Lista de corte de soldagem*.

1. Alterne para o modelo da **Curva de gomos** e observe na árvore do modelo a **Lista de corte** (Figura 3.45).
2. Selecione o item Gomo1 (nesse exemplo, já renomeamos os itens da lista) e clique o botão direito do mouse para acessar o menu flutuante.
3. Selecione **Propriedades** para exibir o quadro de propriedades dos itens da **Lista de corte**.

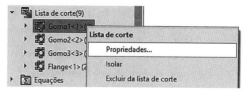

Figura 3.45 – Acesso às propriedades do Gomo1.

Observe que o quadro mostra em uma janela lateral à esquerda a lista de corte com seus itens e, de acordo com a seleção do cursor do mouse, são exibidas todas as propriedades construtivas.

» **Coluna Nome da propriedade** – permite acesso a uma lista *dropdown* com diversas opções de configuração, como as descritas na coluna e outras mais.

» **Coluna Tipo** – permite selecionar em uma lista *dropdown* entre Texto, Data, Número e Sim ou Não.

» **Coluna Valor/expressão em texto** – permite selecionar em uma lista *dropdown* opções como Espessura, Material, Massa etc.

» **Coluna Valor calculado** – é preenchida automaticamente pelo sistema em conformidade com a coluna anterior.

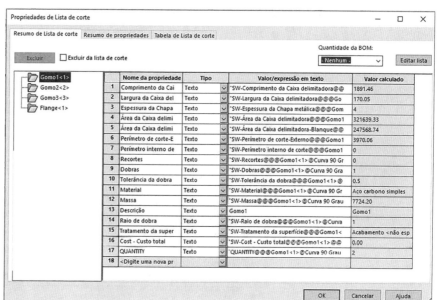

Figura 3.46a – Quadro de propriedades da Lista de corte.

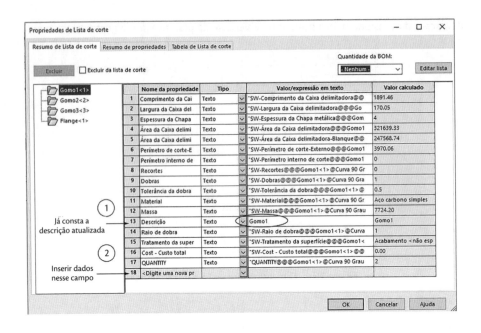

Figura 3.46b – Quadro de propriedades da Lista de corte do Gomo1.

Observe ainda que nas linhas 1, 2 e 3 já aparecem listadas as dimensões principais da planificação do Gomo1, assim como na linha 11 é descrito o material de fabricação, que também já foi selecionado para esse exemplo.

Os campos de nosso interesse estão na linha 13 (Descrição) e na linha 10, que deverá ser incluída e especificada como simplesmente **Dimensões**.

Note que na linha 13 (1) a variável da coluna **Valor/expressão em texto** já está definida como Gomo1, nome do primeiro corpo em chapa metálica criado no modelo. Isso ocorre porque, como já mencionado, renomeamos os itens da lista de corte da árvore do modelo. Vamos então passar para a linha 18 (2).

4. Clique no botão **Editar lista**, no canto direito superior do quadro, para abrir a janela de edição.

5. Insira a palavra DIMENSÕES e clique OK para confirmar (Figura 3.47).

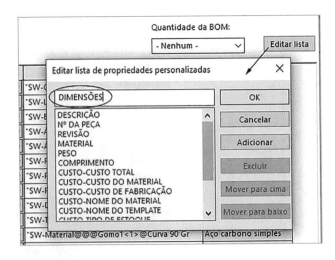

Figura 3.47 – Caixa de edição do quadro de propriedades.

86 | SolidWorks® 2017 – Chapas e Perfis – Projeto no Contexto

6. Clique agora o cursor do mouse na célula da coluna **Nome da propriedade** da linha 18 para abrir a lista *dropdown* e selecione DIMENSÕES. Na célula **Tipo,** selecione a opção **Texto** (Figura. 3.48).

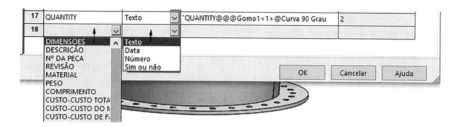

Figura 3.48 – Configuração do Nome da propriedade e Tipo.

7. Vá agora para a célula da coluna **Valor/expressão em texto** para ativá-la e copie para dentro dela, separando com "x", as descrições das células das colunas 1, 2 e 3. Teremos, então, as formas: Célula1 x Célula2 x Célula3. Ou seja, COMPRIMENTO X LARGURA X ESPESSURA. Note que na coluna **Valor calculado** aparecerá **1891,46 x 170,05 x 4**. Observe que o quadro de propriedades do Gomo1 apresenta agora o campo DIMENSÕES com o **Valor/expressão em texto** e as dimensões da chapa metálica planificada (Figura 3.49).

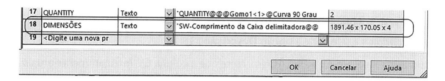

Figura 3.49 – Configuração da propriedade DIMENSÕES do Gomo1.

8. Clique agora o cursor do mouse em Gomo2 e repita o procedimento. Faça o mesmo para o Gomo3 e flange respectivamente. Clique OK para finalizar (Figuras 3.50, 3.51 e 3.52).

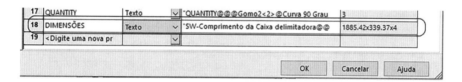

Figura 3.50 – Configuração da propriedade DIMENSÕES do Gomo2.

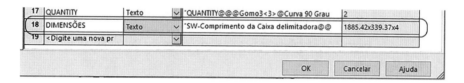

Figura 3.51 – Configuração da propriedade DIMENSÕES do Gomo3.

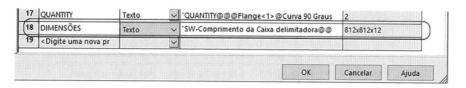

Figura 3.52 – Configuração da propriedade DIMENSÕES do flange.

9. Retorne para o formato do desenho e vamos agora editar a **Lista de corte de solda**.

10. Renomeie a coluna COMPRIMENTO para DIMENSÕES e insira uma nova coluna à direita nomeando-a como MATERIAIS. O processo de inserção de nova coluna é ilustrado na Figura 3.53. A Figura 3.54 ilustra a **Lista de corte de soldagem** editada.

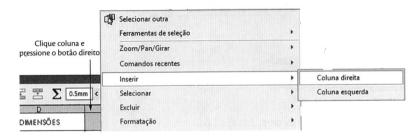

Figura 3.53 – Inserção de nova coluna à direita.

Figura 3.54 – Nova configuração da Lista de corte de soldagem.

Para então vincular os dados do **Quadro de propriedades** à **Lista de corte de soldagem**, siga o procedimento:

11. Selecione com o cursor do mouse a coluna C referente à DESCRIÇÃO e clique o botão direito para abrir o gerenciador **Coluna**.

12. Marque a opção **Propriedade do item na lista de corte** (1). Em seguida, clique na primeira janela abaixo (1) para expandir a lista *dropdown* e selecione a opção **Descrição** (3).

13. Na janela **Título** digite a palavra DESCRIÇÃO (4). Note que a coluna C é imediatamente atualizada (5) (Figura 3.55).

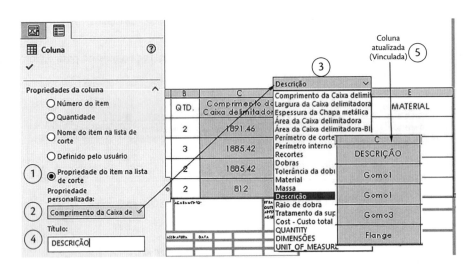

Figura 3.55 – Estabelecimento do vínculo da coluna Descrição.

14. Repita esse procedimento nas duas próximas colunas. A Figura 3.56 exibe o resultado final.

Nº do item	QTD.	Descrição	Dimensões	Material
1	2	Gomo1	1891.46 x 170.05 x 4	Aço carbono simples
2	3	Gomo2	1885.42 x 339.37 x 4	Aço carbono simples
3	2	Gomo3	1885.42 x 339.37 x 4	Aço carbono simples
4	2	Flange	812 x 812 x 12	Aço carbono simples

Figura 3.56 – Lista de corte de soldagem completa.

3.2 BIFURCAÇÃO FLANGEADA

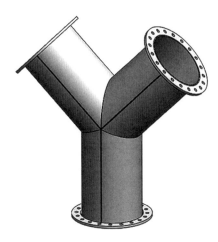

Figura 3.57 – Bifurcação em Y.

3.2.1 Criação do Tubo1 (tubo inferior)

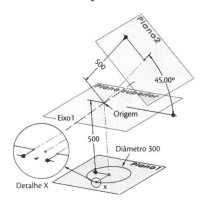

Figura 3.58 – Esboço base, Planos e Esboço1.

1. Para iniciar esse modelo, crie no **Plano frontal** o esboço base com duas linhas de construção com comprimento de 500 mm. A linha superior deve estar a um ângulo de 45° do plano superior, como mostra a Figura 3.58. Crie ainda o Eixo1 (**Inserir geometria de referência**) entre o plano direito e o plano superior.

2. Na extremidade de cada linha, crie posteriormente um plano normal a ela. O Plano1 estará abaixo e normal na linha inferior; o Plano2, acima e normal na linha superior.

3. Para criar o tubo vertical inferior (Tubo1), proceda de modo análogo ao exemplo anterior. Selecione o Plano1 como plano de esboço e desenhe um círculo de diâmetro 300 mm. Faça em seguida um pequeno recorte de 4mm.

4. Na aba **Chapa metálica**, selecione **Flange-base/Aba** para extrudar o esboço como chapa metálica. Especifique a espessura **T1** como 4 mm e utilize o ponto de origem como referência **D1** para altura da extrusão, ou seja, 500 mm.

5. Ponha em seguida o modelo em **Vista frontal** e faça um esboço para corte, como mostrado no Detalhe 1 da Figura 3.59.

6. Utilize o Recurso **Corte extrudado** para efetuar o recorte no **Tubo1**, como mostra os Detalhes 2 e 3 da Figura 3.59. Utilize a opção de **Corte Passante – Ambos**.

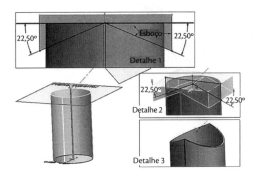

Figura 3.59 – Corte do Tubo1.

3.2.2 Criação do flange inferior e Tubo2

1. Para criar o flange, coloque o Tubo1 em modo **Oculto** para melhor visualização de seu trabalho.
2. Esboce no Plano1 um círculo de diâmetro 312 mm e aplique um **Offset de entidades** de 50 mm para fora.
3. A uma distância de 181 mm do centro, esboce um círculo de diâmetro 18 mm para os parafusos.
4. Aplique no círculo pequeno um **Padrão circular de esboço** de 30 instâncias a 360°.
5. Com o esboço ainda ativo, selecione na aba **Chapa metálica** o recurso **Flange-base/Aba** para extrudar o esboço como chapa metálica. Especifique a espessura **T1** como 12 mm. Clique OK para confirmar (Figura 3.60). Execute ainda na aresta interna do flange o recurso **Chanfro** com dimensão 5x45°.
6. Para criar o Tubo2, execute o mesmo procedimento realizado para o Tubo1. Selecione, porém, o Plano2 como plano de esboço. A referência para distância de extrusão será a **Origem**, ou D1 = 500 mm e espessura T1 = 4 mm (Figura 3.61).

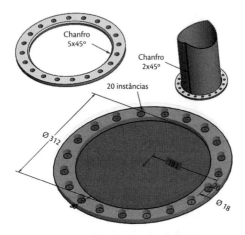

Figura 3.60 – Criação do flange.

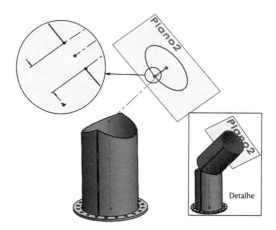

Figura 3.61 – Criação do Tubo2.

7. O processo de recorte do Tubo2 é muito parecido com o utilizado para o Tubo1. Execute o esboço no plano frontal, como mostra a Figura 3.62. Em seguida, utilize o recurso **Corte extrudado** com a opção de **Corte Passante – Ambos**.
8. Crie o Eixo1 (3) entre o Plano1 e o Plano3. Por último, crie o Plano4 paralelo ao Plano3, a uma distância de 400 mm.

3.2.3 Criação do flange do Tubo2

1. A criação do flange para o Tubo2 será feita pela a aplicação do recurso **Padrão circular** da aba **Recursos**. Utilize como referência de giro o Eixo1. A opção será padrão de **Corpos**, com duas instâncias com ângulo de 135° (Figura 3.63).

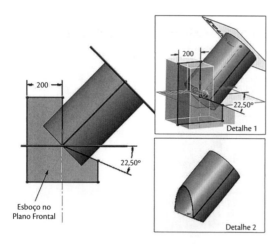

Figura 3.62 – Recorte do Tubo2.

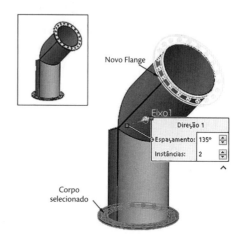

Figura 3.63 – Criação do flange do Tubo2.

3.2.4 Criação do Tubo3 e flange

1. Para a criação do Tubo3 e flange usaremos o recurso de **Espelhamento de corpos** sobre o plano direito, como mostra a Figura 3.64.

Figura 3.64 – Criação do Tubo3 e flange.

2. A sequência de operações para o desenho de detalhamento com planificação das chapas dos tubos é análoga à do exemplo anterior.

Na Figura 3.65, é apresentada a **Lista de corte de soldagem** das chapas. Note que foi incorporada a coluna MASSA/Pç (g). A unidade disponibilizada pelo SolidWorks é grama por peça.

Nº do Item	Qtd.	Descrição	Dimensões	Material	Massa/Pç (g)
1	1	Tubo inferior	950,99 x 500 x 4	Liga 1060	4716,64
2	3	Flange	412 x 412 x 12	Liga 1060	1644,03
3	2	Tubo superior	950,99 x 500 x 4	Liga 1060	4429,56

Figura 3.65 – Lista de corte de soldagem.

3. A Figura 3.66 mostra o detalhamento em Formato A1 e Escala 1/5.

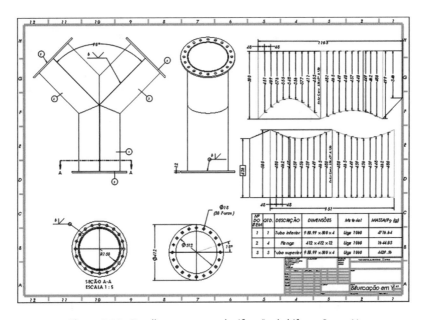

Figura 3.66 – Detalhamento com planificação da bifurcação em Y.

3.3 CHURRASQUEIRA

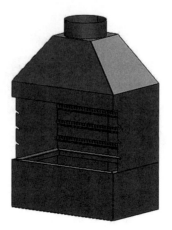

Figura 3.67 – Churrasqueira.

O modelo proposto acima é composto de sete corpos (1. Corpo da churrasqueira; 2. Corpo da coifa; 3. Colar; 4. Manga; 5. Cantoneira menor; 6. Cantoneira maior; 7. Suporte pontas espetos).

3.3.1 Criação do corpo da churrasqueira

1. Esboce no plano superior um retângulo central com dimensões de 500 x 600 mm e um pequeno recorte do 2 mm na aresta direita. Em seguida, selecione na guia **Chapa metálica** o recurso **Flange-base/Aba** e configure a espessura T1 = 1,52 mm, altura D1 = 800 mm, R = 2 mm e fator K = 0,58 (Figura 3.68). Note que o recorte ficará na parte traseira.
2. Ponha o modelo em vista frontal e no plano direito execute o esboço para corte, como mostra a Figura 3.69 e 3.70.

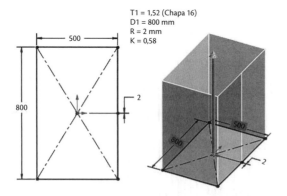

Figura 3.68 – Criação do flange-base1 (corpo1).

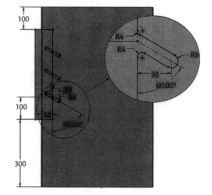

Figura 3.69 – Esboço para corte.

3. Realize o corte com a opção **Passante – Ambos** do painel **Direção1** (Figura 3.70). Note no detalhe da figura como ficará o corte.
4. Aplique em seguida o recurso **Vista de seção** do menu suspenso na tela gráfica para ter visão interna do modelo e crie um flange de aresta, selecionando a aresta inferior da chapa. Estenda-o com um comprimento D = 498 mm, como mostra a Figura 3.71.

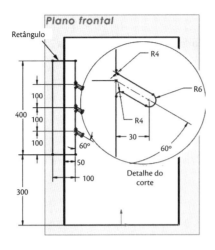

Figura 3.70 – Corte do Esboço.

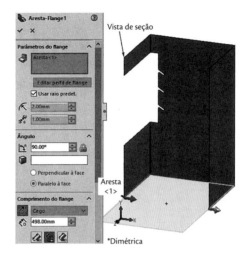

Figura 3.71 – Criação do fundo inferior.

3.3.2 Criação do corpo da coifa

1. Com referência na face superior da espessura da chapa crie o Plano1 e, a uma distância de 300 mm acima, crie o Plano2 (Figura 3.72).
2. Desenho no Plano1 e no Plano2, respectivamente, os esboços conforme mostra a Figura 3.73. Observe que ambos possuem a aresta direita com um pequeno recorte de 2 mm para aplicação do recurso **Dobra com loft** (Figura 3.73).

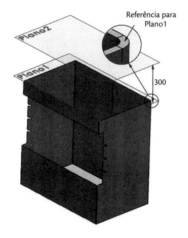

Figura 3.72 – Criação do Plano1 e do Plano2.

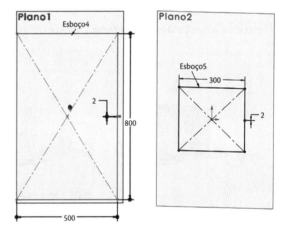

Figura 3.73 – Esboços base para o *loft*.

3. Depois de finalizados o Esboço4 e o Esboço5, aplique o recurso **Dobra com loft**. Note que o *loft* será formado como mostra a Figura 3.74.

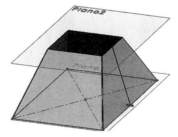

Figura 3.74 – Corpo da coifa.

3.3.3 Criação do colar

1. Selecione o recurso **Flange-base/Aba** e desenhe no Plano2 o Esboço6, como mostra a Figura 3.75, um quadrado de aresta 300 mm com um círculo ao meio com diâmetro 270 mm.
2. Clique OK para criar a chapa metálica. Cuide apenas para que a extrusão da espessura de 1,52 mm fique para cima.

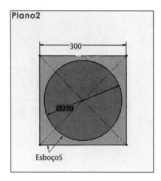

Figura 3.75 – Esboço do Colar.

3.3.4 Criação da manga

1. Para criar a manga, esboce um círculo de diâmetro 300 mm na face superior do colar e concêntrico a seu furo.
2. Faça um pequeno corte de 2 mm, como mostra o **Detalhe do corte** da Figura 3.76, e depois selecione o recurso **Flange-base/Aba**, aplicando D1 = 100 mm.
3. Selecione a opção **Direção inversa** e clique OK para confirmar (Figuras 3.76 e 3.77).

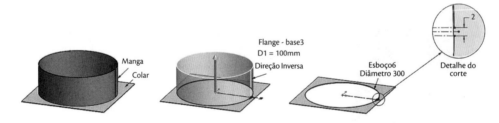

Figura 3.76 – Esboço e criação da manga.

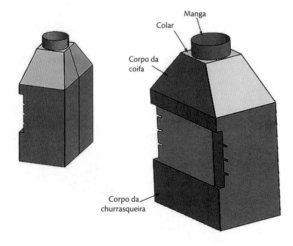

Figura 3.77 – Corpos criados.

3.3.5 Criação da cantoneira menor

1. Para criar a cantoneira menor, esboce um retângulo de canto, tomando como referência de esboço a face superior da espessura da chapa na posição, como mostra a Figura 3.78. Cuide para que seus cantos do lado junto à parede fiquem na posição das arestas de dobra, como indicam os Detalhes 1 e 2. A largura do retângulo deverá ser de 54 mm.

2. Em seguida, crie um Flange de aresta com direção para baixo e distância D = 30 mm.

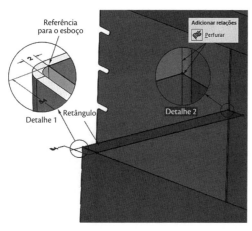

Figura 3.78 – Esboço para criação da cantoneira menor.

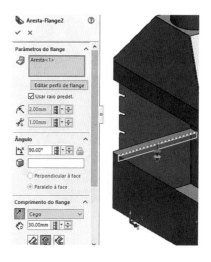

Figura 3.79 – Criação do Flange de aresta.

3. É necessário agora fazer um recorte de 45° em ambas as extremidades da cantoneira. Assim, esboce sobre sua superfície dois triângulos de 70 mm x 45° (ver Detalhe), como mostra a Figura 3.80, e utilize o recurso **Corte extrudado**.

4. Para criar a cantoneira do lado oposto aplique o recurso de **Espelhar**, usando como referência o plano frontal. Lembre-se de que será espelhamento do corpo.

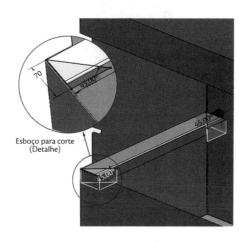

Figura 3.80 – Esboço para o recorte de 45°.

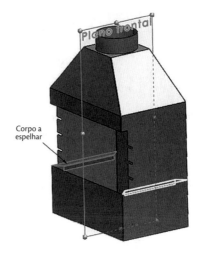

Figura 3.81 – Espelhamento do corpo.

3.3.6 Criação da cantoneira maior

1. O processo de criação da cantoneira maior é análogo ao visto anteriormente. Use a face superior da cantoneira menor como referência de esboço e esboce um retângulo de canto, como mostrado na Figura 3.83.
2. Para posicionar os cantos junto à parede exatamente na linha de aresta das dobras, use uma relação de **Perfurar**. Apenas clique no canto e pressione a tecla Ctrl, selecionando em seguida a aresta. Clique então na relação **Perfurar**.
3. Depois de criada a chapa metálica, crie o **Flange de aresta** com dimensão de 30 mm.

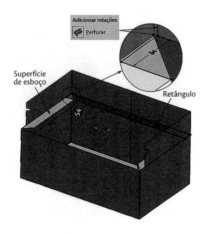

Figura 3.82 – Esboço da cantoneira maior.

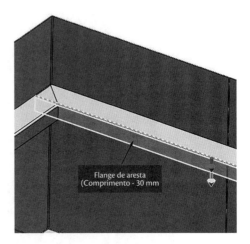

Figura 3.83 – Flange de aresta da cantoneira maior.

4. Faça os esboços das extremidades de 70 mm x 45° e proceda o **Corte extrudado** (Figura 3.84).
5. A cantoneira do lado oposto é obtida por espelhamento sobre **Plano direito** (Figura 3.85).

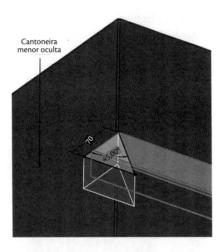

Figura 3.84 – Recorte das extremidades da cantoneira maior.

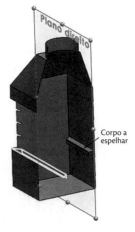

Figura 3.85 – Espelhamento da cantoneira maior.

3.3.7 Criação do suporte pontas dos espetos

1. Para melhor visualização, use novamente o recurso **Vista de seção** e esboce sobre a superfície interna da traseira um retângulo central com dimensões de 40 x 780 mm. Deixe seu centro posicionado verticalmente em relação à superfície da Cantoneira maior a uma distância de 65 mm, como mostra a Figura 3.86.
2. Com o esboço ativo selecione **Flange-base/Aba** para criar uma chapa metálica. Desmarque o *checkbox* **Mesclar corpos** e marque a opção **Inverter direção** para que a extrusão de formação da chapa não se dê para dentro da outra. A espessura permanece 1,52 mm.

3. Selecione o recurso **Desvio** e clique na chapa recém-criada. Selecione sua superfície como superfície de esboço e esboce sobre ela uma linha de ponta a ponta, com uma distância de 10 mm da aresta inferior (Figura 3.87). Clique OK para sair do esboço.
4. O software solicitará que você selecione a face que permanecerá fixa. Selecione a parte da face que fica abaixo da linha de esboço (Figura 3.87).
5. Clique OK para confirmar. O desvio será criado conforme mostra o detalhe na figura.

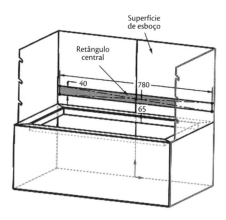

Figura 3.86 – Esboço do flange-base para o suporte.

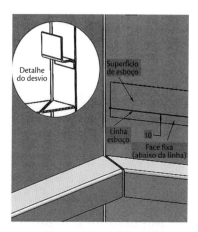

Figura 3.87 – Criação do desvio.

6. A última etapa agora consiste na criação dos recortes para inserção das pontas dos espetos. Assim, da forma como mostra a Figura 3.88, selecione a fossa externa do perfil do desvio recém-criado e esboce e dimensione uma ranhura reta no ponto central, com o centro sobre a aresta e o eixo inclinado a 15°. O centro deve estar a 20 mm da aresta vertical do suporte.
7. Em seguida, crie um **Padrão de esboço linear** com espaçamento igual a 200 mm e 38 instâncias. Aplique o recurso **Corte extrudado**. Os rasgos serão criados ao longo de todo o suporte maior.
8. Para finalizar o modelo, aplique um Padrão linear de corpos com espaçamento igual a 100 mm e três instâncias. Utilize a aresta vertical da dobra como referência de direção (Figura 3.89).

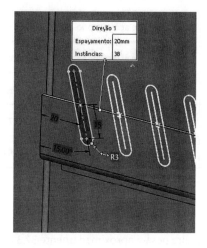

Figura 3.88 – Esboço dos rasgos.

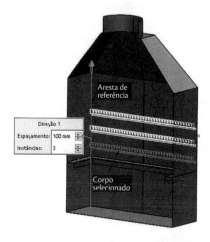

Figura 3.89 – Padrão linear de corpos.

9. A Figura 3.90 e as seguintes mostram o desenho de detalhes dos sete corpos que compõem o modelo. A Figura 3.91 exibe a lista de corte de soldagem com os dados de Item, Descrição, Dimensão, Material e Massa unitária em gramas.

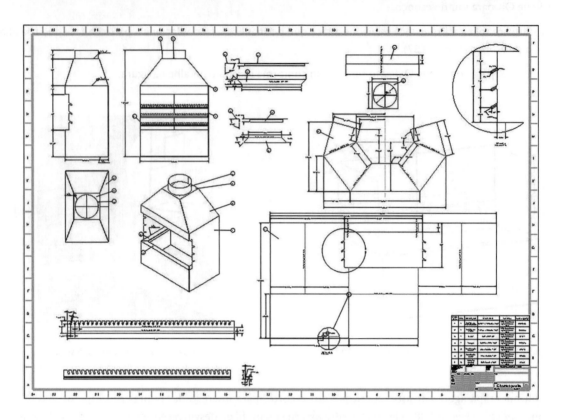

Figura 3.90 – Desenho de detalhes da churrasqueira.

Nº do Item	Qtd.	Descrição	Dimensões	Material	Massa (g)/Pç
1	1	Corpo da churrasqueira	2600,11 x 1298,53 x 1,52	1023 chapa de aço carbono (SS)	25252,04
2	1	Corpo da coifa	1406,6 x 783,45 x 1,52	1023 chapa de aço carbono (SS)	7888,34
3	1	Colar	300 x 300 x 1,52	1023 chapa de aço carbono (SS)	391,11
4	1	Manga	842,23 x 100 x 1,52	1023 chapa de aço carbono (SS)	1005,06
5	2	Cantoneira menor	496 x 84,53 x 1,52	1023 chapa de aço carbono (SS)	425,15
6	2	Cantoneira maior	796 x 84,53 x 1,52	1023 chapa de aço carbono (SS)	727,35
7	3	Suporte pontas espetos	780 x 56,49 x 1,52	1023 chapa de aço carbono (SS)	475,49

Figura 3.91 – Lista de corte de soldagem.

Com base na massa unitária, chegamos à conclusão de que a churrasqueira pesará aproximadamente 37,3 kg. Entretanto, ainda falta considerar o peso dos tijolos refratários.

3.4 CHASSI

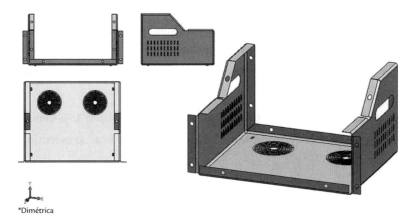

Figura 3.92 – Chassi.

3.4.1 Procedimentos de criação passo a passo

1. Esboce no plano frontal um retângulo central com dimensões de 440 x 800 mm e exclua a aresta superior. Em seguida, selecione na aba **Chapa metálica** o recurso **Flange-base/Aba** e configure o painel para T1 = 1,27 mm e R = 10 mm. Utilize fator K = 0,58 e defina a extrusão da Direção1 com plano médio de dimensão D1 = 640 mm (Figura 3.93).
2. Crie na face lateral direita um esboço dimensionado, como mostra a Figura 3.94, e aplique o recurso **Corte extrudado**, configurando-o como **Passante**.

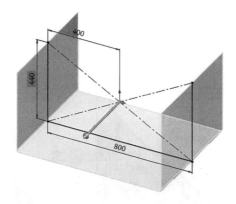

Figura 3.93 – Esboço do flange-base.

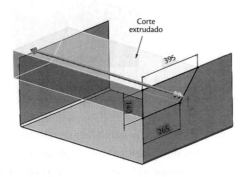

Figura 3.94 – Esboço e corte das laterais.

3. Selecione agora na aba **Chapa metálica** o recurso **Flange de aresta** e configure os painéis **Comprimento do flange** e **Posição do flange**, conforme mostra a Figura 3.95. Cuide para que as Arestas <3> e <11> não sejam selecionadas nesse processo de criação. Sua criação ocorrerá posteriormente. Clique OK para confirmar.

A Aresta<3> será criada por meio do recurso **Flange contínuo**, pois precisamos de uma zona livre de *offset* com dimensão D2 = 40 mm para não gerar interferência no desdobramento do flange da Aresta<4>.

4. Selecione a Aresta<3> como referência para criar o Plano1 e esboce uma linha horizontal com 50 mm (ver detalhe do flange na Figura 3.96).

5. Configure **Posição do flange** e **Iniciar/finalizar offset**, como mostra a Figura 3.96. Clique OK.

Deixe para criar o flange da Aresta<11> por meio de **Espelhamento** ao final do exercício.

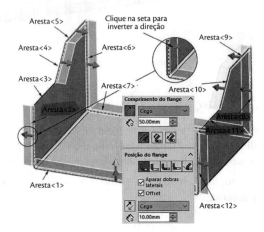

Figura 3.95 – Criação dos Flanges de aresta.

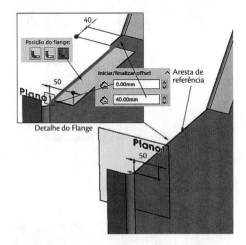

Figura 3.96 – Criação do Flange contínuo na lateral esquerda.

6. Selecione agora a face frontal do flange da Aresta<1> como face de referência e esboce como mostrado na Figura 3.97 os cinco furos (somente no lado esquerdo do modelo). Depois, aplique o recurso **Corte extrudado**, observando para configurar o corte como **Passante**, e desmarque a *checkbox* de opção **Corte normal**. Clique OK para criar os furos.

Assim como no item 6, a furação do lado direito também será obtida por espelhamento ao final do exemplo.

7. Insira no canto inferior interno, ao fundo, o recurso **Louver** da pasta *forming tools* da Biblioteca de projetos. Configure a distância de seu centro em relação às arestas internas da parede, conforme mostra a Figura 3.98.

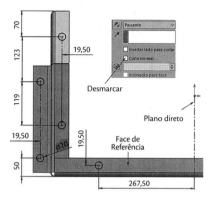

Figura 3.97 – Esboço e furação no lado esquerdo do plano direito.

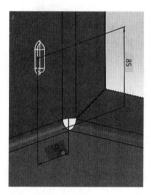

Figura 3.98 – Inserção de Louver (forming tools).

8. Aplique no **Louver** um recurso de **Padrão linear**, definindo a Direção 1 com espaçamento igual a 50 mm e três instâncias e a Direção 2 com espaçamento igual a 30 mm e instância igual a 10 mm (Figura 3.99). Clique em OK.
9. Insira na base, no canto traseiro e frontal, na Biblioteca de projetos, um *bridge lance*. Rotacione 90°. Clique em OK.

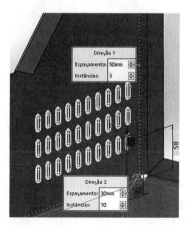

Figura 3.99 – Criação de padrão linear do Louver.

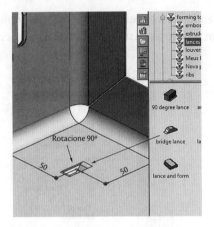

Figura 3.100 – Inserção de bridge lance (forming tools).

10. Esboce, dimensione e recorte na face lateral esquerda uma **Ranhura de ponto central**, como mostra as Figuras 3.101 e 3.102.

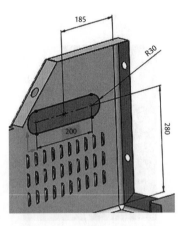

Figura 3.101 – Esboço de ranhura na lateral esquerda.

Figura 3.102 – Recorte da ranhura.

11. Posicione o modelo em vista superior. Selecione a face interna do fundo como face de referência para esboço.
12. Esboce utilizando comandos de **Offset de entidades**, distanciados a 10 mm, nove círculos concêntricos. Com o comando **Linha** e **Padrão de esboço circular**, insira seis linhas dispostas a 60° umas das outras interligando os círculos (Figura 3.103). Clique em OK para fechar o esboço.

13. Aplique o recurso **Respiradouro** configurando a dimensão das nervuras em D2 = 4 mm e longarinas em D2 = 5 mm (Figura 3.104).

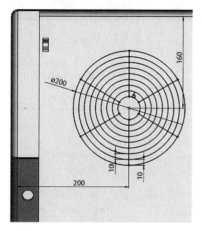

Figura 3.103 – Esboço de Respiradouro.

Figura 3.104 – Respiradouro.

14. Para finalizar o modelo, vamos agora aplicar o espelhamento para gerar todos os recursos similares no lado direito, obtendo assim o flange da Aresta<11>, o padrão de Louvers, os furos, os *bridge lances* e o respiradouro.
15. Clique o recurso **Espelhar** e selecione o plano direito como plano de referência.
16. Expanda a árvore do projeto e selecione todos os recursos criados a partir do Plano1.
17. Clique em **OK** para confirmar (Figura 3.105).
18. A Figura 3.106 exibe o modelo em chapa metálica desdobrado.

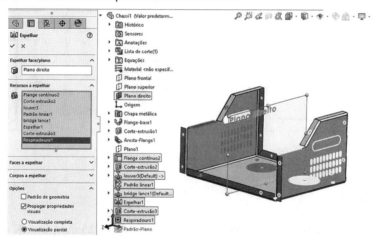

Figura 3.105 – Espelhamento de todos os recursos criados no lado esquerdo do plano direito.

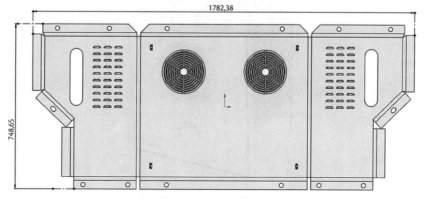

Figura 3.106 – Desdobrada (vista superior).

3.5 EXERCÍCIOS PROPOSTOS

3.5.1 Dado

Construa o modelo do dado a seguir, em chapa metálica com T1 = 1,27 mm, R = 0,6 mm, fator K = 0,58.

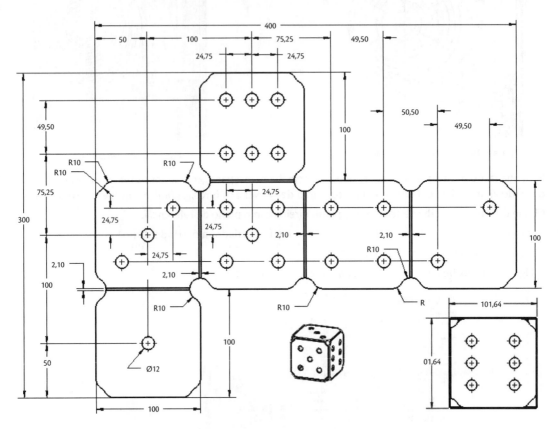

Figura 3.107 – Dado em chapa metálica.

3.5.2 *Case* para *cooler*

Construa suporte para *cooler* em chapa metálica com T1 = 1 mm, R = 0,25 mm, fator K = 0,58.

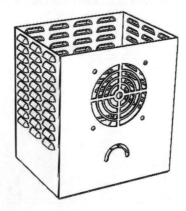

Figura 3.108 – Suporte para *cooler*.

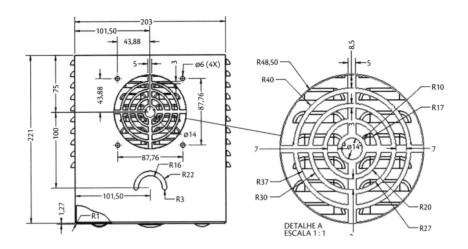

Figura 3.108a – Vista frontal e detalhe do respiradouro.

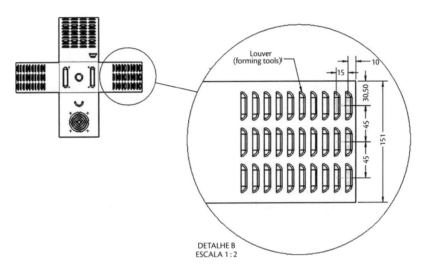

Figura 3.108b – Detalhe dos Louvers laterais.

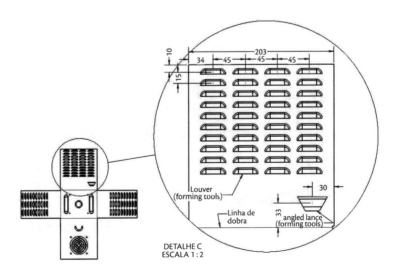

Figura 3.108c – Detalhe dos Louvers posteriores.

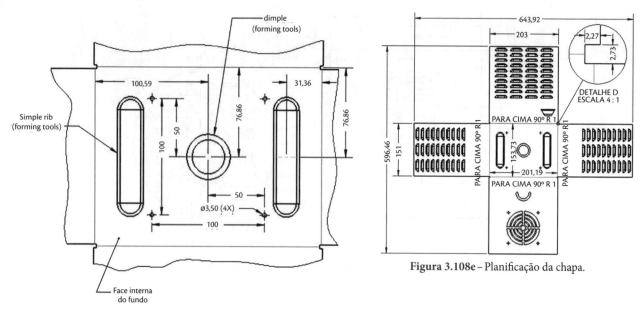

Figura 3.108d – Detalhe interno do fundo.

Figura 3.108e – Planificação da chapa.

3.5.3 Pá de escavadeira

Construa a pá de escavadeira com espessuras T1 conforme a Lista de corte de soldagem. Todas as chapas, exceto a do item 7, são de 12,7 mm. A chapa do item 7 tem T1 = 50,8 mm.

Os componentes do item 5 são extrusões sólidas simples. Use fator K = 0,58. Todas as dimensões construtivas necessárias ao projeto estão apresentadas nas figuras a seguir.

> **NOTA**
>
> Você pode fazer o download deste e dos demais exercícios do livro, assim como dos modelos apresentados nos exemplos passo a passo.

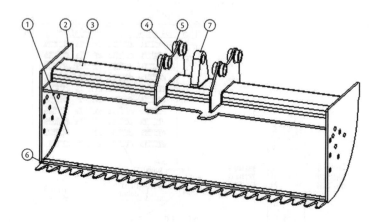

Figura 3.109 – Pá de escavadeira.

Nº do Item	Qtd.	Descrição	Dimensões	Material	Massa (g)/Pç
1	1	Concha	2000 x 827,02 x 12,7	A 18 I 1020	165260,62
2	2	Lateral	631,21 x 581,21 x 12,7	A 18 I 1020	294469,6
3	1	Suporte base	2000 x 759,98 x 12,7	A 18 I 1020	130086,66
4	2	Alça dos atuadores	525,44 x 96215,66 x 12,7	A 18 I 1020	9652,22
5	4	Camisa	73 x Diâmetro 80	A 18 I 1020	1263,02
6	1	Garfo	2000 x 784,5 x 12,7	A 18 I 1020	23928,09
7	1	Alça central	212,86 x 194,6 x 50,8	A 18 I 1020	10597,45

Figura 3.110 – Lista de corte de soldagem.

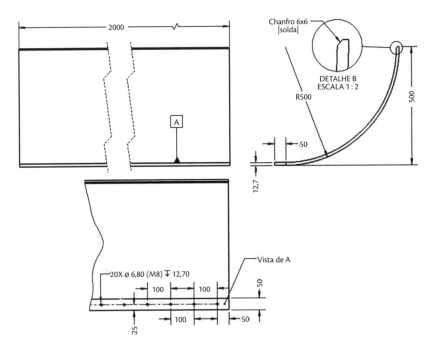

Figura 3.111 – Concha.

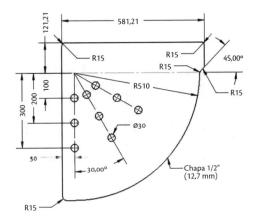

Figura 3.112 – Lateral.

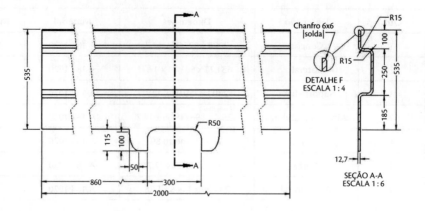

Figura 3.113 – Suporte base.

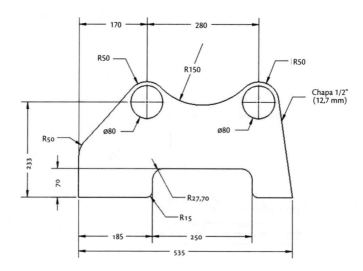

Figura 3.114 – Alça dos atuadores.

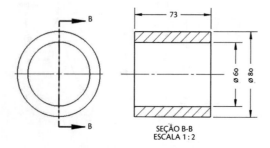

Figura 3.115 – Camisa.

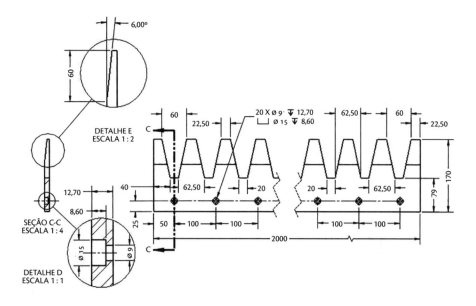

Figura 3.116 – Garfo.

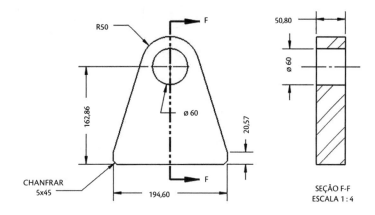

Figura 3.117 – Alça central.

Perfis, cordão solda e de filete, tabela de soldagem: exemplos e exercícios propostos

PARA COMEÇAR

Este capítulo tem por objetivo apresentar ao leitor os recursos para criação, corte e soldagem de perfis normatizados utilizados pelo SolidWorks no desenvolvimento de projetos estruturais, bem como a inserção de tabela de soldagem. Finaliza com alguns exemplos de aplicação desenvolvidos passo a passo e exercícios propostos.

4.1 PERFIS NORMATIZADOS

O SolidWorks 2017 possui uma extensa biblioteca de perfis normatizados segundo as normas (Ansi Inch, AS, BSI, CISC, DIN, GB, ISO, JIS, Unistrut). Eles estão armazenados na pasta **Weldment profiles**, em <dir_instalação>/Arquivo de programas/SolidWorksCorp/lang/portuguese-brazilian/weldments profiles e são acessados rapidamente pelo gerenciador de propriedades do comando **Componente estrutural** na guia **Soldagens** (Figura 4.1). Entretanto, por configuração de instalação, somente aparecem disponíveis dois padrões (ANSI polegada e ISO) com alguns poucos perfis. Observe na Figura 4.1 que o perfil **Padrão** Iso do **Tipo** tubo rígido somente disponibiliza no campo **Tamanho** três dimensões de tubo. O mesmo ocorre para o padrão Ansi polegada.

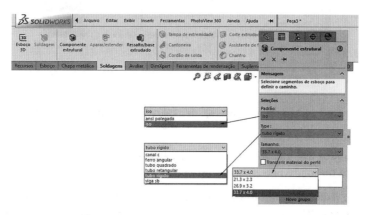

Figura 4.1 – Guia soldagens e gerenciador de propriedades Componente estrutural.

Para instalar os demais padrões é necessário fazer o download dos demais perfis normatizados. Para isso, vá à guia de acesso da Biblioteca de projetos e expanda o item **Conteúdo do SolidWorks**. Note que quatro pastas são exibidas (**Blocks**, **CircuitWorks**, **Routing** e **Weldments**). Abra a pasta **Weldments** e observe que surgem oito ícones, cada um deles referente a uma norma específica. Para fazer o download, clique no ícone, pressionando ao mesmo tempo a tecla Ctrl. O download solicita o destino e baixa os arquivos compactados no formato *.zip (Figura 4.2).

1. Descompacte-os e mova-os para a pasta **Weldments** ou, por exemplo, para dentro de uma pasta com um nome específico, como **Perfis Normatizados SW**, e guarde-a em seu diretório principal.

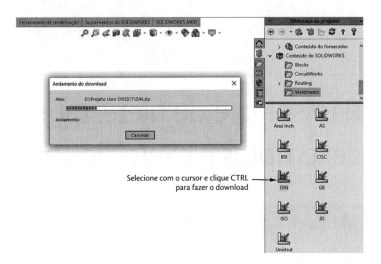

Figura 4.2 – Download de perfis normatizados.

Para visualizar melhor o caminho em que estão armazenados os arquivos de perfis de soldagem, siga o procedimento:

1. Clique em **Ferramentas → Opções → Opções de sistema → Locais de arquivos**. Observe que a caixa de diálogo **Opções de sistema – Locais de arquivos** exibe o controle de lista do tipo *dropdown* **Exibir pastas para**.
2. Clique nele para expandi-lo e selecione a opção **Perfis de soldagem**. Na janela seguinte surge o endereço de localização da pasta de perfis em seu computador. A Figura 4.3 mostra essa visualização.

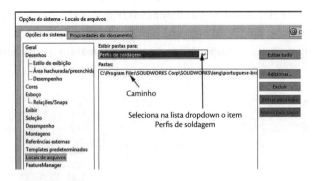

Figura 4.3 – Acesso ao endereço de localização dos perfis de soldagem.

A pasta **Perfis Normatizados SW** que você criou e na qual guardou os arquivos descompactados deverá então ser adicionada ao sistema de busca do SolidWorks para que este possa localizá-la.

3. Clique então o botão **Adicionar** da caixa **Locais de arquivos** e busque o local onde sua pasta foi guardada. Ao encontrar, note que o SolidWorks solicitará a confirmação de inclusão do novo caminho (alteração). A Figura 4.4 ilustra esse processo.

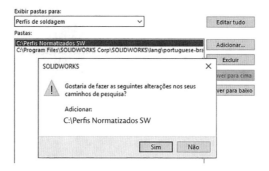

Figura 4.4 – Adição do novo caminho com os arquivos de perfis normatizados obtidos pelo download.

Outro ponto interessante do SolidWorks – também existente nas versões anteriores – é a possibilidade de inserção e posterior análise de soldas aplicada em perfis e/ou chapas. Ou seja, em uma estrutura de perfis soldados, quando submetida a uma análise por elementos finitos (FEA) mediante uso do aplicativo **Simulation**, é possível, com grande precisão, obter os níveis de tensão no cordão de solda, bem como seu fator de segurança.

4.1.1 Perfis ISO do download

Acesse agora o gerenciador de propriedades **Componente estrutural** e observe o novo arquivo de perfis **ISO_**[1] e a quantidade de tamanhos disponíveis (Figura 4.5).

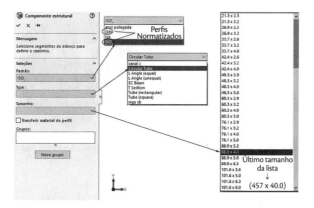

Figura 4.5 – Novo arquivo ISO_ adicionado ao gerenciador Componente estrutural.

Note que neste novo arquivo **ISO_** as denominações aparecem em inglês. Além disso, o tubo rígido do arquivo **iso** anterior é aqui denominado *circular tube* e disponibiliza tamanhos de 21,3 x 2,3 até 457 x 40,0. As Figuras 4.6 a 4.14 exemplificam a geometria desses perfis.

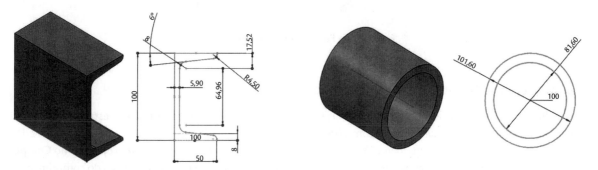

Figura 4.6 – Perfil Canal C (CH100 x 10).

Figura 4.7 – Perfil Circular Tube (101.6 x 81.60).

---

1 Utilizamos aqui uma pequena barra subscrita para que o sistema mantenha os novos perfis ISO separados dos anteriores ISO.

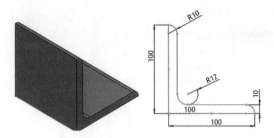

Figura 4.8 – Perfil L Angle equal (100 x 100 x 10).

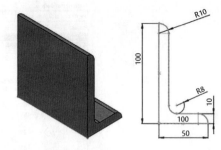

Figura 4.9 – Perfil L Angle uniqual (100 x 50 x 10).

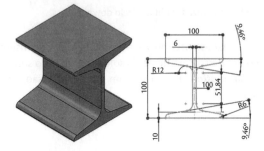

Figura 4.10 – Perfil SC Beam (SC100).

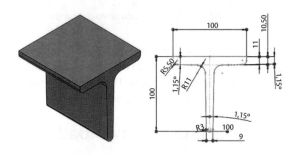

Figura 4.11 – Perfil T section (T100 x 100).

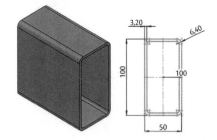

Figura 4.12 – Perfil Tube rectangular (100 x 50 x 3.20).

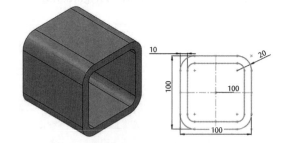

Figura 4.13 – Perfil Tube square (100 x 100 x 10).

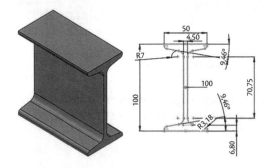

Figura 4.14 – Perfil Viga SB (SB100 x 50 x 4.5).

4.1.2 Perfis normatizados via *toolbox*

Além dos perfis da pasta **Weldments** acessados via gerenciador de propriedades **Componentes estruturais**, na Biblioteca de projetos estão disponíveis na *toolbox* pastas com vários componentes, regularizados segundo as normas BSI, CISC, DIN, GB, IS, ISO, JIS, KS, Metric ANSI etc. Diferentemente dos perfis anteriores, que aparecem na **árvore do projeto** como **Componente estrutural**, estes aparecem como Base-Extrude (esboço básico extrudado) e permitem a rápida edição do comprimento com o uso do recurso *Instant 3D*, após um clique do mouse na face da seção transversal. A Figura 4.15 exemplifica um **perfil ISO Tubo flexível retangular**. Note que, após selecionar a face do perfil, aparecem as setas de edição. A seta normal, perpendicular à face, permite variar o comprimento do perfil. As setas X e Y permitem variações da dimensão nesses eixos.

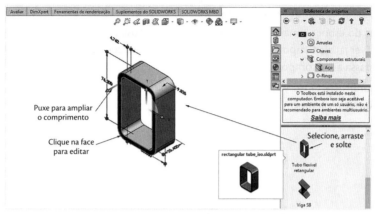

Figura 4.15 – Inserção de perfis através da toolbox.

4.2 APLICAÇÕES DE PERFIS A ESBOÇOS 2D

As aplicações de perfis a um projeto estrutural se processa nas seguintes condições:

» Os perfis são aplicados a esboços 2D ou 3D abertos ou fechados.
» Os esboços definem o caminho do perfil.
» Após sua aplicação, ajustes são necessários, como:

- tratamento de canto;
- localização do perfil;
- aparagem;
- adição de peças;
- inserções de cordões de solda;
- inserções de tampas e cantoneira.

4.2.1 Aplicação prática

A Figura 4.16 exemplifica um esboço 2D para a criação de uma treliça simples cujo propósito é sustentar um pequeno telhado da fachada de um prédio comercial. Note que utilizaremos para esse exemplo um perfil da nova pasta ISO_ do **Tipo Tube (rectangular)** e **Tamanho** 100 x 50 x 3,2 mm.

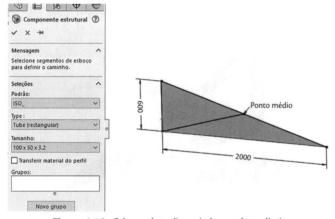

Figura 4.16 – Esboço de treliça criado no plano direito.

Depois de criar o esboço e definir suas dimensões, feche-o.

1. Clique no comando **Componente estrutural** na guia **Soldagens**. O **Gerenciador de propriedades** do comando é exibido, como vimos na Figura 4.16.
2. Clique na lista *dropdown* **Padrão** para selecionar a **Norma** com a qual deseja trabalhar.
3. Na lista *dropdown* **Tipo**, defina o tipo de perfil desejado. Selecione a pasta da norma **ISO_** e escolha tubo retangular.

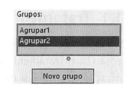

Figura 4.17 – Grupos de composição do modelo.

4. Defina na lista *dropdown* **Tamanho** as dimensões da geometria escolhida. Em nosso caso, 100 x 50 x 3,2.
5. Selecione as linhas do esboço uma a uma. Observe que não é possível selecionar a linha oblíqua central como parte do mesmo grupo (ver janela **Grupos**), sendo necessário, antes de selecioná-la, clicar o botão **Novo grupo** (Figura 4.17). O modelo então passa a ser composto de dois grupos.
6. Clique OK para confirmar. Observe que a maior dimensão da seção transversal do perfil ficou em posição perpendicular ao plano direito (plano em que foi criado o modelo) (Figura 4.18).

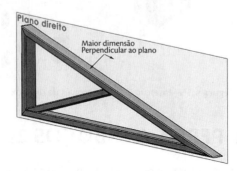

Figura 4.18 – Seção transversal do perfil em relação ao plano de esboço.

Sabemos da Mecânica que a maior resistência à deformação por uma força aplicada normal à superfície da seção transversal de um perfil é obtida quando aplicada sobre a superfície de menor dimensão. Assim, precisamos rotacionar a seção transversal em torno de seu eixo neutro. Para fazer essa rotação, edite o recurso na árvore do modelo e observe que, mais abaixo, no **Gerenciador de propriedades**, aparece a caixa de diálogo **Configurações**. Note mais abaixo a janela **Ângulo de rotação**.

7. Mude o valor do ângulo para 90° e selecione na janela **Grupos** o item Agrupar1 (grupo composto pelos três perfis externos). Ao se clicar em OK, o perfil rotaciona para a nova posição. Repita o procedimento para o grupo Agrupar2 (Figura 4.19). Note que agora a treliça está com os perfis em condição de maior resistência a esforços normais de tração ou compressão.

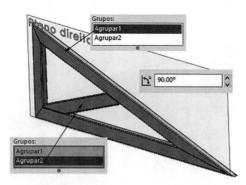

Figura 4.19 – Perfis com rotação de 90°.

4.2.1.1 Tratamento de cantos de perfis em criação de estruturas

Em estruturas de perfis, sempre ocorre o encontro de perfis de diferentes direções ressaltando em um canto. É necessário então fazer tratamento do canto. O SolidWorks 2017 disponibiliza a ferramenta **Tratamento de canto**, que é acessada pela ativação da *checkbox* de opção **Tratamento de canto** (Figura 4.20).

Por padrão, a primeira opção (Aparar 45°) já está selecionada e foi aplicada nas Figuras 4.18 e 4.19. As duas outras opções são: Canto1 e Canto2. Veja sua aplicação nas Figuras 4.21 e 4.22, respectivamente.

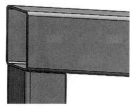

Figura 4.20 – Opção Canto1.

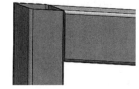

Figura 4.21 – Gerenciador de propriedades Aparar/Estender.

Figura 4.22 – Opção Canto2.

Sempre que a opção Canto1 ou Canto2 é selecionada, o painel disponibiliza outras duas opções de configuração para tratamento de canto. Essas opções definem entre corte simples com junção dos perfis contíguos (Grupo1), com espaçamento de solda G1 = 0,00 ou com G1 > 0,00 (Figura 4.23), e corte de ajuste em que um dos perfis é recortado ajustando-se à geometria do outro perfil (Figura 4.24).

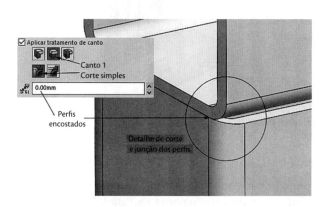

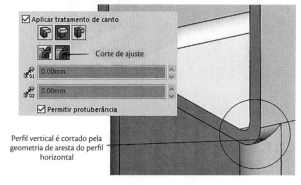

Figura 4.23 – Corte simples com ajuste de distância entre os perfis.

Figura 4.24 – Corte de ajuste.

O ajuste de espaçamento de solda G2 é ativado quando o ajuste deve ocorrer entre perfis de grupos diferentes (Agrupar1 com Agrupar2). Selecione na janela **Grupos** o item Agrupar2 e configure o espaçamento de solda G2, conforme Figura 4.25.

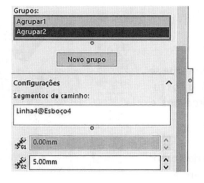

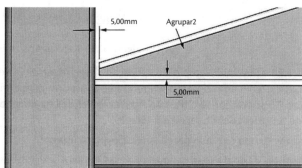

Figura 4.25 – Espaçamento e solda G2.

NOTAS

» Especificar um espaçamento de solda reduz o comprimento do segmento, como é refletido na lista de corte, e mantém a extensão total de cada segmento.
» O Espaçamento de solda G1 também está disponível para **Tratamento de canto** do tipo Corte 45°.
» A opção **Permitir protuberância** (Figura 4.24) permite ao componente estrutural estender o comprimento do esboço. Isso é útil quando um componente estrutural (A) é usado para aparar outro componente estrutural (B), mas A não corta completamente B. Isso permite que a parte de B cortada por A se estenda para o comprimento do esboço.
» A opção **Perfil espelho** inverte o perfil do grupo em relação ao seu eixo horizontal ou eixo vertical.

4.2.1.2 Alinhamento de perfis em relação a um *vetor* de referência

No painel de configurações do mesmo **Gerenciador de propriedades de perfis**, é possível configurar o alinhamento do grupo a qualquer vetor selecionado (aresta, linha de construção etc.). Para isso, selecione o vetor ao qual o perfil deve se alinhar e escolha entre **Alinhar eixo horizontal** e **Alinhar eixo vertical**. A Figura 4.26 exemplifica essa aplicação. Note que a imagem do grupo de perfis em (b) aparece depois da confirmação alinhada verticalmente com a referência.

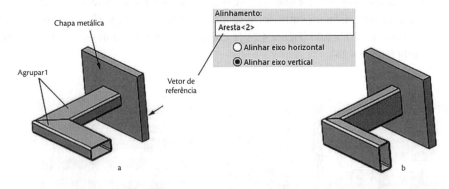

Figura 4.26 – Alinhamento de perfis.

4.2.1.3 Aparagem de perfis em criação de estruturas

Em estruturas de perfis, sempre que ocorre o encontro de perfis de diferentes direções em um ponto, é necessário fazer aparagens de suas extremidades ou mesmo estendê-las para o caso de se provocar o encontro. Para fazer a aparagem de perfis, utilizamos a ferramenta **Aparar/estender** da barra guia **Soldagens** (Figura 4.27).

Figura 4.27 – Recurso Aparar/estender.

A Figura 4.28 exibe um exemplo de aplicação desse recurso. Observe que se deseja aparar as extremidades do tubo redondo que aparecem para dentro dos tubos quadrados. Ao selecionar-se o recurso **Aparar/estender** na guia **Soldagens**, o gerenciador de propriedades do recurso é exibido.

1. Selecione o tubo redondo para a janela **Corpos a aparar**.
2. Em **Limites da aparagem**, marque a opção **Corpos** e selecione os dois tubos quadrados que foram transpassados. Observe que aparecerão na janela.
3. Clique OK para confirmar.

Figura 4.28 – Recurso Aparar/estender.

Outro exemplo de aplicação desse recurso é mostrado na Figura 4.29. Observe na imagem (a) que um tubo retangular transpassa um tubo circular. Deseja-se fazer uma aparagem do perfil retangular, mantendo-se somente a porção que aparece internamente no tubo circular. Para isso, segue-se o procedimento:

1. Clique no recurso **Aparar/estender** para acessar seu gerenciador de propriedades.
2. Selecione o tubo retangular como **Corpos a aparar**.
3. Ative a opção **Face/Plano** do painel **Limites de aparagem**. Em seguida, selecione a face interna do tubo. Observe que aparecerão três caixas de ajuste identificando Corpo 1 e, ao lado, a descrição "manter" (Figura 4.29-b).
4. Clique o cursor do mouse sobre as palavras "manter" da primeira e terceira caixas. Note que sua configuração será modificada para "descartar" (Figura 4.29-c).
5. Ative a *checkbox* **Espaçamento de solda** e configure a medida para 4,00 mm.
6. Clique OK para confirmar. A Figura 4.29(d) exibe o resultado final.
7. Observe ainda no **Detalhe – vista frontal ampliada** o espaçamento de solda de 4,00 mm, conforme foi configurado (Figura 4.29-e).

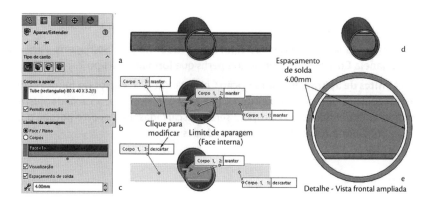

Figura 4.29 – Recurso aplicado com opção Face/Plano e Limites de aparagem.

4.3 APLICAÇÕES DE PERFIS A ESBOÇOS 3D

O processo de aplicação de perfis a esboços 3D é similar ao utilizado para os esboços 2D. A diferença, entretanto, ocorre em relação à ordem de aparagem dos grupos.

4.3.1 Ordem de aparagem com dois grupos concorrentes ao mesmo ponto

A Figura 4.30 exibe um esboço 3D. Será aplicado no esboço o perfil quadrado 50 x 50 x 3,1 mm. O primeiro grupo a ser criado é o dos perfis da base (Figura 4.31).

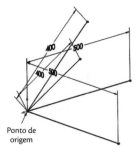

Figura 4.30 – Esboço 3D.

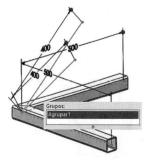

Figura 4.31 – Perfis inferiores (Grupo 1).

O segundo grupo compõe os perfis superiores (Figura 4.32). Observe que esse grupo também aparecerá identificado como Agrupar1. Observe em seguida, na janela de detalhe (Figura 4.34), a saliência do grupo 2 no ponto de origem e que precisa ser aparada. Isso acontece porque o tratamento de canto aplicado por padrão pelo SolidWorks é o Corte 45°. O grupo 1, portanto, é capaz de aparar o grupo 2. Porém, para essa configuração de quatro perfis conectados ao mesmo ponto de origem, formando dois grupos, serão necessárias três aparagens.

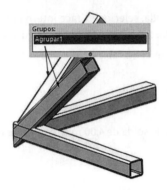

Figura 4.32 – Perfis superiores (Grupo 2). **Figura 4.33** – Detalhe para aparagem.

1. Para realizar as aparagens, selecione o recurso **Aparar/estender** na guia **Soldagens**. Faça a primeira aparagem selecionando para a janela **Corpos a aparar** os dois perfis que formam o Grupo 2.

2. Configure o painel **Limites de aparagem** com a opção Corpos e clique o cursor do mouse dentro da janela para ativá-la. Selecione em seguida os dois perfis do Grupo 1 (Figura 4.34). Note que a caixa de ajuste dinâmico conectada ao modelo indica que as extremidades do Grupo 2 serão descartadas. Isso ocorre porque o gerenciador do painel **Tipo de canto** está configurado como **Aparar extremidades**.

3. Clique OK para confirmar.

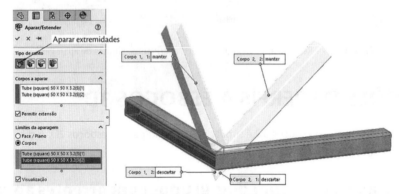

Figura 4.34 – Recurso Aparar/estender.

4. Observando rapidamente o resultado, você pode ficar tentado a imaginar que está tudo pronto (Figura 4.35). Entretanto, para melhor compreensão, ocultamos o Grupo 1 e mostramos em detalhe a face inferior do corte do Grupo 2. Observe que os dois perfis se sobrepõem um ao outro (Figura 4.36). Para solucionar esse problema temos de fazer uma nova aparagem.

Figura 4.35 – Primeira aparagem. **Figura 4.36** – Sobreposição mútua dos perfis do Grupo 2.

5. Se você realizou esse procedimento de conferência, exiba novamente o Grupo 1 e selecione o recurso **Aparar/estender**.
6. Para o painel **Corpos a aparar**, selecione somente um dos perfis do Grupo 2. Para o painel **Limites de aparagem**, selecione os outros três perfis: o segundo perfil do Grupo 2 e os dois perfis do Grupo 1.
7. Clique OK para confirmar (Figura 4.37).
8. Oculte novamente o Grupo 1 e observe o resultado da aparagem na face inferior (Figura 4.38).

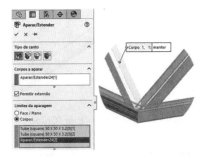

Figura 4.37 – Segunda aparagem.

Figura 4.38 – Aparagem 1 da sobreposição mútua.

9. Repita o procedimento, selecionando agora para o painel **Corpos a aparar** o segundo perfil do Grupo 2. Para o painel **Limites de aparagem**, selecione o perfil já aparado do Grupo 2 e os perfis do Grupo 1 (Figura 4.39).
10. Clique OK para confirmar. Note que agora o segundo perfil também está aparado, não interferindo mais dentro do primeiro. A imagem mostra ainda o trecho final da árvore do modelo, em que é possível ver o Grupo 1, o Grupo 2 e as três aparagens (Figura 4.40).

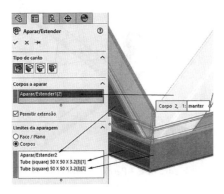

Figura 4.39 – Terceira aparagem.

Figura 4.40 – Aparagem 2 do segundo perfil.

A Figura 4.41 exibe os detalhes de corte para a fabricação do modelo.

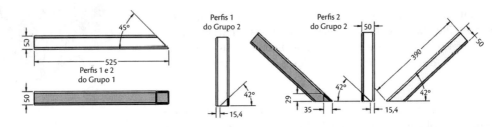

Figura 4.41 – Detalhes de corte para a fabricação.

4.3.2 Ordem de aparagem com três grupos concorrentes ao mesmo ponto

Esse problema é bastante comum em projetos de treliças espaciais. A Figura 4.42 exibe um esboço 3D em que será aplicado o perfil Tubo circular de Ø 48.3 x 3,2 mm. O Grupo 1 a ser criado é o grupo formado pelo perfil de 1.000 mm (Figura 4.43).

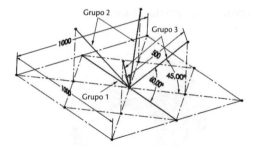

Figura 4.42 – Esboço 3D.

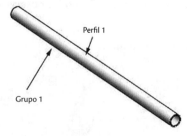

Figura 4.43 – Perfil inferior (Grupo 1).

O Grupo 2 é composto por dois dos perfis superiores (Figura 4.44). Observe que este grupo também aparecerá identificado como Agrupar1.

O terceiro grupo (Grupo 3) será formado finalmente pelos outros dois perfis superiores (Figura 4.45); da mesma forma, identifica-se como Agrupar1.

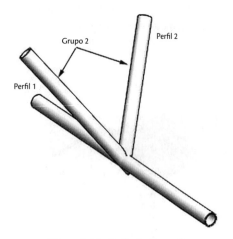

Figura 4.44 – Perfis do Grupo 2.

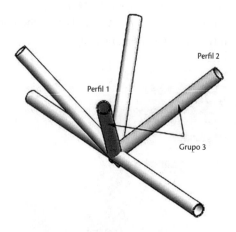

Figura 4.45 – Perfis do Grupo 3.

Como no modelo anterior, utilizaremos a aparagem para obter os cortes de soldagem eliminando as pontas dos perfis dos Grupos 2 e 3 (Figura 4.46). Observe que a figura é apresentada em forma de seção parcial, a fim de possibilitar a visão da sobreposição mútua dos perfis convergentes ao ponto comum (origem), como mostrado no esboço da Figura 4.46.

Sabemos de antemão que na primeira aparagem o Grupo 1 deve aparar o Grupo 2 e o Grupo 3. Precisamos então conhecer a ordem das aparagens posteriores a fim de obtermos o corte de soldagem dos demais perfis, que, para esse modelo, em virtude dos ângulos iguais definidos e da geometria do tubo, serão iguais.

1. De forma análoga ao modelo anterior, selecione o recurso **Aparar/estender** na guia **Soldagens** e, para o painel **Corpos a aparar**, selecione os perfis dos Grupos 2 e 3.

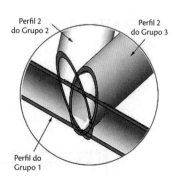

Figura 4.46 – Sobreposição mútua dos perfis.

2. Para o painel **Limites de aparagem**, selecione o perfil do Grupo 1 e clique OK para confirmar. A Figura 4.47 exibe o resultado dessa primeira aparagem. Note que nessa primeira aparagem os perfis dos Grupos 2 e 3 foram aparados em relação ao perfil do Grupo 1. Podemos constatar essa afirmação observando as janelas de detalhe apresentadas junto à figura. Note que os perfis do Grupo 2 e 3 não mais transpassam a parede do perfil do Grupo 1. Essa foi a primeira aparagem.

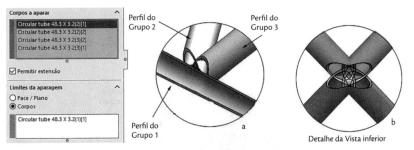

Figura 4.47 – Aparagem dos perfis do Grupo 2 e do Grupo 3 em relação ao Grupo 1 (primeira aparagem).

Será necessário agora iniciar as aparagens dos perfis do Grupo 2 em relação aos perfis do Grupo 3 e do Grupo 1. Assim:

1. Repita o procedimento anterior selecionando em seguida, para o painel **Corpos a aparar**, o primeiro perfil do Grupo 2. Para o painel **Limites de aparagem**, selecione todos os demais perfis. Clique OK para confirmar. A Figura 4.48 exibe os dois painéis do **Gerenciador de propriedades** com essa configuração.

2. Proceda em seguida à aparagem do segundo perfil do Grupo 2. Selecione o primeiro perfil do Grupo 2 para o painel **Corpos a aparar**. Para o painel **Limites de aparagem**, selecione todos os demais perfis. Clique OK para confirmar. Veja o **Gerenciador de propriedades** na Figura 4.49.

Figura 4.48 – Aparagem do Perfil 1 (Grupo 2). **Figura 4.49** – Aparagem do Perfil 2 (Grupo 2).

3. Na sequência, faça a aparagem do primeiro perfil do Grupo 3. Selecione-o para o painel **Corpos a aparar**; para o painel **Limites de aparagem**, selecione todos os demais perfis. Clique OK para confirmar. Veja o **Gerenciador de propriedades** na Figura 4.50.

4. Por fim, faça a aparagem do segundo perfil do Grupo 3. Selecione-o para o painel **Corpos a aparar**; para o painel **Limites de aparagem**, selecione todos os demais perfis. Clique OK para confirmar. Veja o **Gerenciador de propriedades** na Figura 4.51.

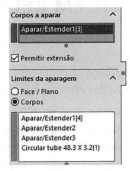 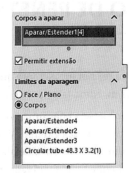

Figura 4.50 – Aparagem do Perfil 1 (Grupo 3). **Figura 4.51** – Aparagem do Perfil 2 (Grupo 3).

Observe agora o detalhe da vista inferior do modelo com o Grupo 1 oculto (Figura 4.52). Note que os perfis 1 e 2 dos Grupos 1 e 2 não mais se sobrepõem um ao outro, como víamos no detalhe (b) da Figura 4.47.

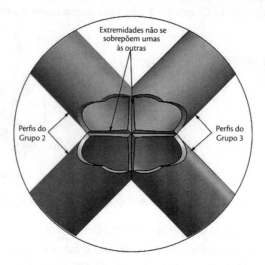

Figura 4.52 – Vista inferior dos perfis dos Grupos 2 e 3.

Na prática, em situações como essa, estudada para projeto de treliças espaciais, é mais confiável e recomendável fabricar em chapa metálica elementos de união dotados de orelhas de fixação. Também é recomendável cortar a seção transversal dos tubos em sentido perpendicular a seu eixo e fazer um pequeno recorte para inserção da orelha e posterior solda (Figura 4.53).

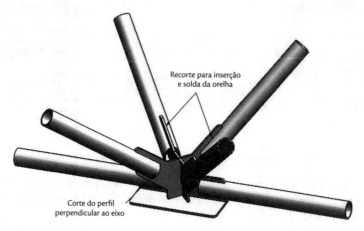

Figura 4.53 – Elemento de união para perfis de treliça espacial.

4.4 PONTO DE PENETRAÇÃO DE UM PERFIL EM RELAÇÃO AO ESBOÇO

Como você deve ter notado, sempre que se atribui um perfil a um esboço, o esboço coincide com o eixo neutro longitudinal do perfil. Assim, como fazer para criar uma estrutura com base em suas medidas externas ou internas?

Imagine que você deseja criar uma simples moldura retangular com dimensões internas de 300 x 500 mm utilizando um perfil quadrado de 30 x 30 x 2,6 mm. Você desenha seu esboço com as dimensões de 300 x 400 mm e atribui o perfil a ele. Então, verifica a dimensões internas e observa o apresentado na Figura 4.54: as dimensões internas ficaram menores. Isso se deve justamente ao que foi mencionado: os perfis, por padrão, ajustam-se aos esboços por seu eixo neutro longitudinal, como pode ser visto na Figura 4.54(b).

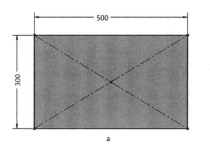 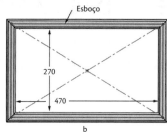

Figura 4.54 – Criação de moldura sobre esboço.

Qual seria a solução, então? Talvez você fique tentado a responder que bastaria somar ao esboço a dimensão de uma seção transversal do perfil. Nesse caso, o esboço deveria então ser dimensionado como 350 x 550 mm. Se a seção transversal fosse retangular ou qualquer geometria em que $L_1 < L_2$, deveria escolher aquela que lhe interessa para somar as dimensões do esboço.

Felizmente, no SolidWorks você não precisa utilizar esse procedimento: basta apenas modificar o ponto de penetração da seção transversal.

O ponto de penetração define o local do perfil relativo ao segmento de esboço usado para criar o componente estrutural.

O ponto de penetração predeterminado é a origem do esboço na peça de recurso de biblioteca de perfil. Qualquer vértice ou ponto de esboço especificado no perfil pode também ser usado como ponto de penetração.

A Figura 4.55 exibe o mesmo perfil com quatro diferentes pontos de penetração. Note que, com base na afirmação do parágrafo anterior, há 29 pontos de penetração nesse perfil.

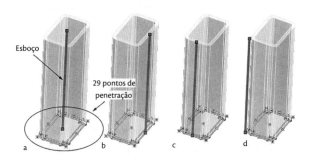

Figura 4.55 – Mudança do ponto de penetração.

4.4.1 Modificação do ponto de penetração

Para alterar um ponto de penetração:

1. Clique com o botão da direita em um componente estrutural e selecione **Editar recurso**.
2. No **Gerenciador de propriedades**, em **Configurações**, clique em **Localizar perfil**. A exibição aumenta o zoom no perfil do componente estrutural.
3. Selecione quaisquer vértices ou pontos de esboço no perfil. Observe que o perfil é deslocado para alinhar o novo ponto de penetração com o segmento de esboço de componente estrutural.

Com esse procedimento, nossa moldura de 300 x 500 mm ficará semelhante à da Figura 4.56.

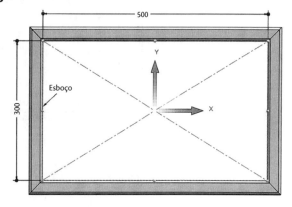

Figura 4.56 – Moldura com modificação do ponto de penetração.

4.5 PERFIS DE SOLDAGEM PERSONALIZADOS

O SolidWorks permite que o usuário desenvolvedor de projetos crie seus próprios perfis de soldagem ou edite e gere adaptações nos já existentes, guardando-os em local apropriado para posterior utilização.

Para criar um perfil de soldagem, use o processo de edição de um perfil existente. Assim, evita-se a possibilidade de erros. Siga o procedimento:

1. De dentro do SolidWorks, navegue até a pasta de arquivos de perfis que você baixou e salvou no diretório raiz com C:/Perfis Normatizados SW.
2. Abra a pasta de arquivo ISO e selecione uma das subpastas de arquivos de perfis. Por exemplo, a pasta **Circular Tube**. Configure a caixa **Abrir** como **Todos os arquivos (*.*)**.
3. Abra a subpasta **Circular Tube** e note que será mostrada toda a lista de perfis ISO.
4. Selecione um deles, por exemplo, o arquivo 60.3 x 3.2.sldlfp. Em seguida, clique em **Abrir** para editá-lo na tela do SolidWorks (Figura 4.57).

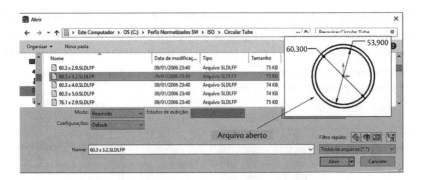

Figura 4.57 – Abertura de perfil da pasta ISO.

5. Antes de proceder à edição do arquivo, navegue até o diretório de instalação e crie as pastas C:/Perfis Especiais/PNC/PNC1 e depois salve o arquivo aberto na pasta **PNC1** com o nome **PNC3060**. Utilize a opção **Salvar como cópia e abrir** (Figura 4.58).

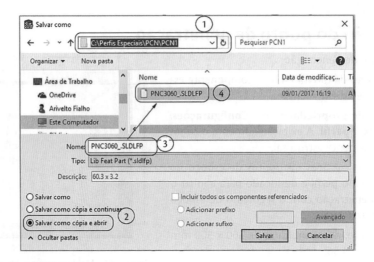

Figura 4.58 – Perfil salvo como cópia e aberto.

126 SolidWorks® 2017 – Chapas e Perfis – Projeto no Contexto

6. Edite o esboço modificando-o para a geometria mostrada na Figura 4.59.

   Quando você cria um componente estrutural de soldagem usando o perfil, a origem do esboço se torna o ponto de penetração predeterminado.

   Você pode selecionar qualquer vértice ou ponto de esboço como um ponto de penetração alternativo.

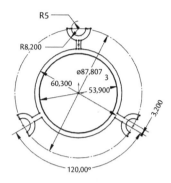

Figura 4.59 – Esboço do perfil novo.

7. Feche o esboço e salve.

 NOTA

O nome dado à peça de recurso de biblioteca é exibido na lista **Tamanho** do gerenciador de propriedades de **Componente estrutural** quando você cria um componente estrutural de soldagem. Por exemplo, se o nome dado ao perfil for 1x1x.125.sldlfp, 1x1x.125 será exibido em **Tamanho**. Se o nome dado à peça for PNC3060.sldlfp, a referência PNC3060 será exibida em **Tamanho**.

4.5.1 Identificação e inclusão de perfis personalizados na biblioteca de perfis de soldagem

1. O passo seguinte é fazer com que o SolidWorks enxergue a existência dessa pasta. Para isso, precisamos inserir seu endereço na Biblioteca de perfis.

2. Clique em **Ferramentas → Opções → Opções de sistema → Locais de arquivos**. Observe que a caixa de diálogo **Opções de sistema – Locais de arquivos** exibe o controle de lista do tipo *dropdown* **Exibir pastas para:**.

3. Clique nele para expandi-lo e selecione a opção **Perfis de soldagem**. Note que, na janela seguinte, surgem os endereços de localização das pastas de perfis em seu computador. Note também que a pasta criada no início do capítulo aparece (Figura 4.60).

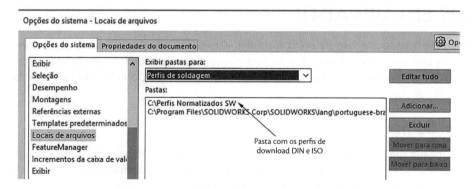

Figura 4.60 – Acesso ao endereço de localização dos perfis de soldagem.

4. Clique então o botão **Adicionar** da caixa **Locais de arquivos** e busque o local onde sua pasta foi guardada. Ao encontrá-la, observe que o software a listará na janela de endereço de pastas. Clique OK para confirmar e note que o SolidWorks solicitará nova confirmação de inclusão do novo caminho (alteração). A Figura 4.61 ilustra esse processo.

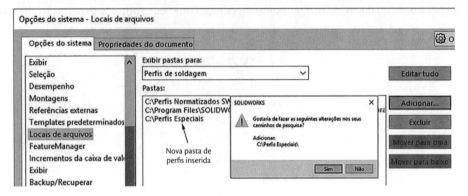

Figura 4.61 – Adição do novo caminho com o arquivo de perfil PNC3060 criado.

4.5.2 Utilização de perfis personalizados salvos

Feche a pasta do arquivo original ainda aberta e a do esboço editado.

1. Inicie **Novo esboço** criando uma simples linha reta e acesse o recurso **Componente estrutural** na guia **Soldagens**.
2. No **Gerenciador de propriedades**, no painel **Seleções**, busque na lista **Padrão** a pasta PCN. Em **Tipo** (*Type*), selecione a pasta PCN1 e, em **Tamanho**, selecione PNC3060.
3. Aplique no esboço da linha (Figura 4.62).

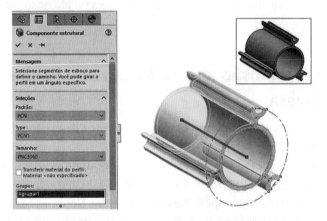

Figura 4.62 – Aplicação do novo perfil a um esboço de linha simples.

4.6 TUBOS ENCURVADOS

Alguns projetos estruturais com uso de perfis tubulares empregam tubos encurvados, que podem ser obtidos por meio de dispositivo de encurvamento manual a frio ou automático a quente e resultam em uma peça única ou em partes, por processo de soldagem de tubos curvos (curvas comercias) e tubos lineares. O SolidWorks permite criar os dois tipos de estruturas.

4.6.1 Obtenção por partes soldadas

A Figura 4.63 exibe um tubo encurvado criado a partir de um esboço. Essa estrutura é formada pelo perfil do tipo Tubo rígido 33,7 x 4.0. Observe que, no painel **Configurações**, a caixa **Segmentos de caminho** exibe as linhas e arcos que compõem o esboço. Mais abaixo, a opção **Mesclar corpos de segmentos de arco** mostra a *checkbox* como não selecionada. Isso significa que o produto obtido é resultado da composição de cinco partes soldadas.

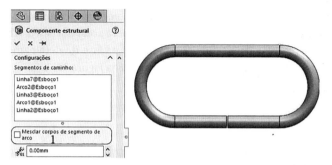

Figura 4.63 – Tubo encurvado obtido pela união por solda de duas curvas e três tubos lineares.

Podemos entender melhor quando verificamos a **Lista de corte** da árvore do modelo. Note na Figura 4.64 que cada item da lista de corte descreve abaixo os subitens (parte de Tubos rígidos) que o compõem.

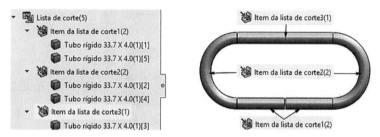

Figura 4.64 – Visualização dos cinco tubos na Lista de corte.

Se solicitarmos as **Propriedades** de qualquer item da lista de corte, será exibido o quadro **Propriedade da Lista de corte**. Podemos, por exemplo, acrescer a propriedade DIMENSÕES na coluna Nome da propriedade e, na coluna Valor/expressão em texto, unir a informação da propriedade DESCRIÇÃO à de COMPRIMENTO para cada um dos itens da lista, assim com acrescer a propriedade PESO (Figura 4.65).

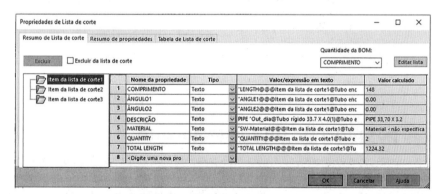

Figura 4.65 – Propriedades de Lista de corte.

Se alternarmos para a guia **Resumo de propriedade**, poderemos ver um rápido resumo de algumas das propriedades dos itens da lista de corte. Na Figura 4.66, por exemplo, podemos ver um resumo da dimensão COMPRIMENTO.

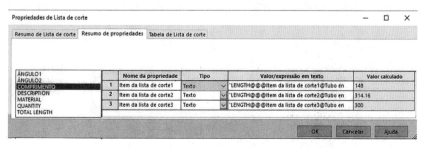

Figura 4.66 – Visualização da propriedade Comprimento.

Se alternarmos em seguida para a guia **Tabela da Lista de corte**, encontraremos inicialmente a tabela vazia. É importante que você clique no pequeno botão com o ícone de uma estrela para acessar a janela **Abrir** e buscar o arquivo "*cut list*", que contém as informações para a inserção da Lista de corte quando na fase de detalhamento for necessário inserir uma **Tabela de Lista de corte de soldagem,** que aparecerá como mostrada na Figura 4.67.

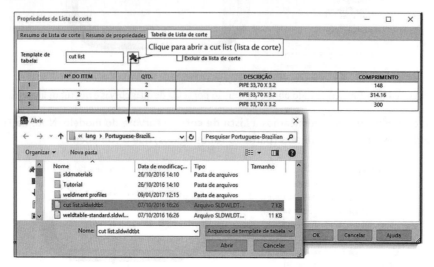

Figura 4.67 – Seleção do arquivo cut list.

Uma questão importante é que, para esse caso, no SolidWorks 2017, o balonamento ainda não reconhece os diferentes elementos de perfil. É preciso alterá-los manualmente.

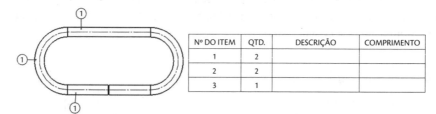

Figura 4.68 – Problema com balonamento.

4.6.2 Obtenção por processo de encurvamento

O mesmo modelo exibido anteriormente na Figura 4.63 pode resultar em uma peça única. Um único perfil tubular rígido submetido a um processo de encurvamento, que poderá ser a frio – com utilização de dispositivo manual dotado de discos de encurvamento com distâncias ajustáveis e alavancas – ou a quente, com utilização de um máquina automática que, depois de calibrada, gera o aquecimento do perfil e seu encurvamento ao se sujeitá-lo à passagem por entre os discos (matrizes) de encurvamento.

Para obtenção dessa condição, é necessário somente marcar a *checkbox* de opção **Mesclar corpos de segmento de arco** do painel **Configurações**. Observe agora a Lista de corte na árvore do modelo e perceba que há somente um item (Figura 4.69).

Figura 4.69 – Uso da opção Mesclar corpos de segmento de arco.

Se solicitarmos as **Propriedades** desse item, será exibido o quadro **Propriedade da Lista de corte**, como mostra a Figura 4.70. Podemos inserir ainda as propriedades PESO e DIMENSÕES.

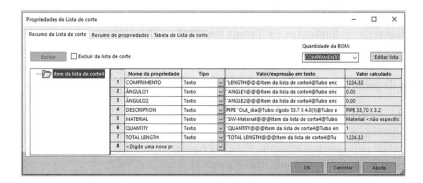

Figura 4.70 – Propriedades de Lista de corte para o novo item.

Já as propriedades da tabela da lista de corte serão:

Figura 4.71 – Nova propriedade do arquivo cut list.

Quando a tabela da lista de corte de soldagem é inserida no desenho de detalhes, aparece como mostrado na Figura 4.72.

Figura 4.72 – Novo balonamento para a peça agora mesclada.

4.7 INSERÇÕES DE TAMPAS NAS EXTREMIDADES DOS PERFIS

Tampas de extremidades são placas de metal soldadas nas aberturas de tubos quadrados ou retangulares, usadas para fechar as aberturas dos tubos, protegendo contra pó, detritos ou outras substâncias contaminadoras. O acesso ao recurso está na guia **Soldagens** (Figura 4.73).

Figura 4.73 – Acesso ao recurso Tampa de extremidade.

4.7.1 Gerenciador de propriedades Tampa de extremidade

Para adicionar uma tampa de extremidade, siga os passos:

1. Clique em **Tampa de extremidade** na guia **Soldagens** ou no menu *dropdown* **Inserir → Soldagens → Tampa de extremidade**. É exibido o **Gerenciador de propriedades** do recurso (Figura 4.74).

2. No **Gerenciador de propriedades**, defina as seguintes opções e clique em OK:
   » **Caixa de diálogo Parâmetros** (permite a seleção da face na qual será aplicada a tampa e sua espessura): clique na face transversal do perfil retangular, como mostra a figura. A espessura padrão do sistema é 5 mm, mas é possível redefini-la como quiser.
   » **Caixa de diálogo Offset**: configura a relação *offset* de distância entre a aresta externa da tampa e a aresta externa do perfil. Por padrão, essa relação é 0.5 (*checkbox* **Usar razão de espessura** ativada), ou seja, a aresta da tampa se estende até metade da espessura da parede do perfil. Desativando-se a *checkbox*, é possível configurar a distância em milímetros.

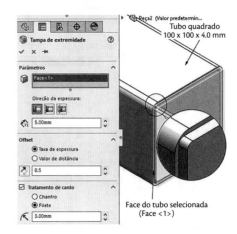

Figura 4.74 – Acesso ao recurso Tampa de extremidade.

   » **Chanfrar cantos:** ativando-se essa *checkbox*, é possível optar por chanfrar os cantos da tampa, entrando com os valores desejados, ou estabelecer um raio para o filete. Note que a tampa da Figura 4.74 possui um filete de raio 3,00 mm.

4.8 INSERÇÕES DE CANTONEIRAS EM PERFIS

As cantoneiras reforçam a área entre dois componentes estruturais que se cortam com as faces. O SolidWorks Premium 2017 possibilita a criação e a aplicação de dois padrões de cantoneiras com ajustes de suas variáveis dimensionais, bem como o chanframento das arestas para solda.

Figura 4.75 – Acesso ao recurso Cantoneira.

Para definir e aplicar uma cantoneira:

1. Clique em **Cantoneira** na guia **Soldagens**. É aberto seu **Gerenciador de propriedades**, como mostra a Figura 4.76.
2. No painel **Face de suporte**, defina as duas faces de contato com as laterais da cantoneira.
3. No painel **Perfil**, selecione inicialmente entre dois perfis de cantoneira:
   » **Perfil poligonal:** forma de uma chapa poligonal com possibilidade de ajuste das dimensões d1, d2, d3, d4 e ângulo a1, além da espessura T1.
   » **Perfil triangular:** forma de uma chapa triangular com possibilidade de ajuste das dimensões d1 e d2, além da espessura T1.
   » **Chanfro:** permite a criação de um chanfro no canto inferior de junção entre a cantoneira e os perfis para possibilitar um cordão de solda abaixo da cantoneira.

Figura 4.76 – Gerenciador de propriedades Cantoneira.

A aplicação da **Espessura** T1 pode ser definida para:
- » Lado interno.
- » Ambos os lados. Esta é a opção padrão do SolidWorks.
- » Lado externo.

No painel **Local**, você pode também definir a aplicação da cantoneira em relação às faces, como:
- » Perfil localizado no ponto inicial.
- » Perfil localizado no ponto médio. Esta é a opção padrão do SolidWorks.
- » Perfil localizado no ponto final.

A Figura 4.77 ilustra algumas das configurações mostradas no **Gerenciador de propriedades**.

É possível ver ainda em detalhe a aplicação do recurso **Chanfro** (Figura 4.77-b) com o objetivo de proporcionar maior penetração à solda. A figura mostra ainda o uso da opção **Perfil localizado no canto** para uma cantoneira triangular (Figura 4.77-c).

Além das opções para criar cantoneiras para componentes estruturais com as faces planares, o recurso **Cantoneira** incluirá as condições de seleções geométricas para criar cantoneiras. Dessa forma, é possível criar cantoneiras entre:
- » Corpos de superfície plana de natureza diferente (Figura 4.78).
- » Corpos de superfície retangular/plana e de superfície cilíndrico-redonda (Figura 4.79).
- » Faces cilindro a cilindro (tubo a tubo) (Figura 4.80).

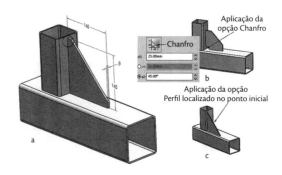

Figura 4.77 – Aplicação do recurso Cantoneira.

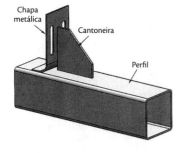

Figura 4.78 – Cantoneira entre perfil e chapa metálica.

Figura 4.79 – Cantoneira entre perfil quadrado e perfil cilíndrico.

Figura 4.80 – Cantoneira entre dois perfis circulares.

4.9 INSERÇÃO DE CORDÃO DE SOLDA

O SolidWorks permite adicionar às estruturas de perfis, ou quaisquer outras entidades que se cortem, três tipos de cordões de solda:
- » cordão de solda de comprimento total;
- » cordão de solda intermitente;
- » cordão de solda em zigue-zague.

Com o cordão de solda, é exibido o símbolo de soldagem, que pode ser editado e complementado com informações adicionais.

A inserção de cordões de solda nos projetos estruturais é feita pela ferramenta **Cordão de solda**, acessada diretamente pela guia **Soldagens** (Figura 4.81) ou pelo menu *dropdown* **Inserir → Ferramentas → Soldagens**.

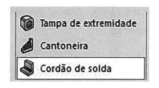

Figura 4.81 – Seleção do comando Cordão de solda.

Quando o recurso é selecionado, o **Gerenciador de propriedades** é exibido (Figura 4.82), mostrando inicialmente dois painéis: o painel **Caminho da solda** e o painel **Configurações.**

O painel **Caminho de solda** somente fica disponível quando o painel seguinte, **Configurações**, estiver com a opção **Geometria de solda** marcada. Ele exibe no canto esquerdo um pequeno botão (Ferramenta de seleção de solda inteligente) que, ao ser clicado, disponibiliza no cursor do mouse um lápis que, arrastado sobre as faces onde se deseja a solda ou sobre aresta de união das faces, estabelece imediatamente o cordão, restando apenas definir sua espessura. A janela **Caminho de solda** registra os caminhos definidos. Uma vez definido o primeiro caminho, clica-se em **Novo caminho de solda** com o lápis e marca-se outro, e assim sucessivamente (Figura 4.82).

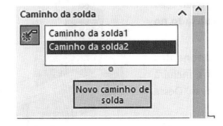

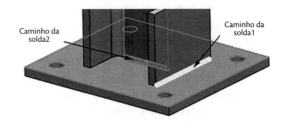

Figura 4.83 – Painel Caminho da solda e exemplo de aplicação.

Figura 4.82 – Gerenciador Cordão de solda.

NOTA

Os caminhos de solda só podem ser criados entre dois corpos. Não é possível definir um caminho de solda entre três ou mais corpos ou entre as faces de um mesmo corpo.

No painel **Configurações**, as opções se aplicam ao caminho individual. Quando você seleciona um item em **Caminho de solda** pode alterar as opções a seguir do caminho de solda selecionado.

Quando a opção **Geometria de solda** está marcada, o painel disponibiliza duas janelas coletoras, A primeira janela é **Soldar a partir de** e a segunda, **Solda para**. Essas janelas exibirão as faces ou arestas marcadas para serem soldadas. Cada janela somente suporta uma face ou aresta de origem e uma face ou aresta de destino.

Use essa opção ao especificar um único corpo com múltiplos corpos e soldas.

Para vários corpos, uma caixa de seleção pode conter várias seleções, enquanto os outros devem conter somente uma seleção.

Para um único corpo, cada caixa de seleção pode conter somente uma seleção.

O software SolidWorks calcula o caminho para as seleções que você faz.

Quando a opção é modificada para **Caminho de solda**, o painel é modificado para a configuração de uma única janela coletora, que permite a seleção das arestas de interface dos corpos a serem soldados (Figura 4.84).

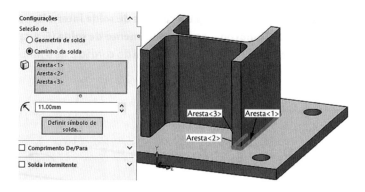

Figura 4.84 – Painel de configurações Geometria de solda e Caminho da solda.

A caixa seguinte permite configurar o raio (**Espessura de solda**). Mais abaixo, há o botão **Definir símbolo de solda**, que dá acesso à caixa **Símbolo de solda ANSI**. Portanto, a simbologia padrão para soldas utilizada pelo SolidWorks está de acordo com a norma ANSI. Vamos estudar essa norma em seguida

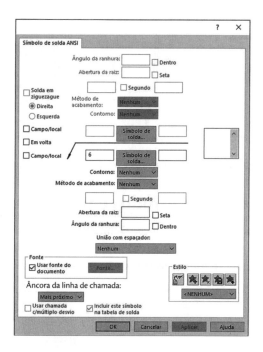

Figura 4.85 – Caixa Símbolo de solda ANSI.

A seleção da opção **Caminho de solda** dá acesso a mais dois painéis no gerenciador:

» **Comprimento De/Para:** permite definir **Comprimento do cordão de solda** com possibilidade de *offset* no começo e comprimento. A Figura 4.86 exibe um cordão de solda com 20 mm de *offset* da extremidade inicial da aresta e comprimento total de 80 mm. O perfil tem 120 mm de largura de aresta na face soldada.

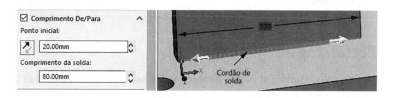

Figura 4.86 – Configurações da opção Comprimento De/Para.

» **Solda intermitente**: permite definir o **Espaçamento para cordões de solda intermitentes**. A opção oferece duas configurações. A primeira é a definição por **Comprimento de espaçamento de solda** (Figura 4.87). Note que a figura exibe o cordão de solda intermitente na aresta do perfil. O comprimento do cordão é de 6 mm, com espaçamentos de 6 mm.

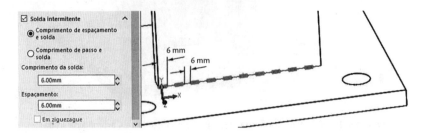

Figura 4.87 – Configurações da opção Comprimento de espaçamento e solda.

A segunda opção é **Comprimento de passo e solda**. Passo é definido como o comprimento da solda mais o espaçamento. É calculado do "centro de um cordão de" ao "centro do próximo cordão de" (Figura 4.88).

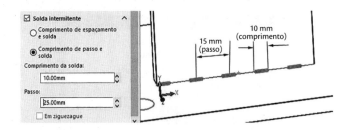

Figura 4.88 – Configurações da opção Solda intermitente.

4.9.1 Solda em Ambos os lados e Todos em volta

Quando, no painel **Configurações**, selecionamos a opção **Geometria de solda** e selecionamos Face<1> e Face<2> para as janelas **Solda de** e **Solda para**, logo abaixo da configuração de espessura de solda (**Tamanho do cordão de solda**) aparece, além da opção padrão **Seleções**, a opção **Ambos os lados** e **Todos em volta**. As Figuras 4.89 e 4.90 exibem a aplicação dessas configurações.

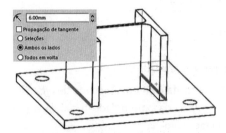
Figura 4.89 – Configuração Ambos os lados.

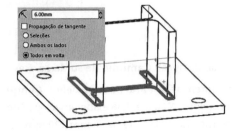
Figura 4.90 – Configuração Todos em volta.

4.9.2 Solda em Zigue-zague

Disponível para cordões de solda definidos como **Ambos os lados**. Os cordões de solda alternam sua posição dos dois lados dos corpos a serem soldados. A Figura 4.91 exibe um exemplo em que o comprimento do cordão foi definido como 10 mm e o espaçamento zigue-zague, como 20 mm.

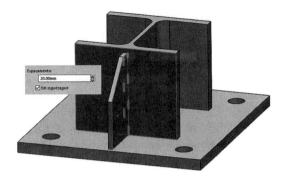

Figura 4.91 – Configuração em zigue-zague.

4.9.3 Seleção de solda inteligente

Já abordamos inicialmente no item 4.8 essa pequena e útil ferramenta, definindo-a como um botão que, ao ser clicado, exibe no cursor do mouse um pequeno lápis. É importante em sua utilização que antes seja ativada a *checkbox* da opção **Propagação de tangente** (1) no painel **Configurações**. Em seguida, clique na ferramenta (2) para ativá-la e arraste o ponteiro sobre as faces onde os cordões de solda devem ser criados. O software cria automaticamente novos caminhos de solda. Você pode fazer um risco contínuo atravessando pela face dos dois corpos (3) ou um risco em uma face de cada corpo. No exemplo da Figura 4.92, o sistema gerou um cordão contínuo (4) em virtude de a **Propagação de tangente** estar ativa e as arestas do perfil vertical serem arredondadas. Note que automaticamente foi gerado o Caminho de solda2 (5).

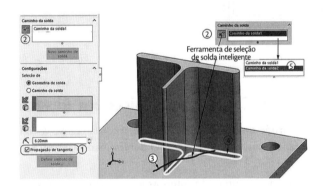

Figura 4.92 – Uso da Ferramenta de seleção de solda inteligente.

4.9.4 Visibilidade do cordão de solda

Depois de definido o cordão de solda e feita a confirmação, o SolidWorks exibirá o símbolo do cordão de solda com todas a informações que você tiver configurado na caixa **Símbolo de solda ANSI**.

O recurso **Cordão de solda** não exibe o cordão depois da confirmação do comando, somente o símbolo, que pode ser ocultado se desejado, acessando-se o menu **Exibir → Ocultar/exibir → Todas as informações**.

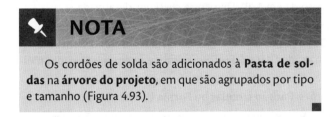

> **NOTA**
>
> Os cordões de solda são adicionados à **Pasta de soldas** na **árvore do projeto**, em que são agrupados por tipo e tamanho (Figura 4.93).

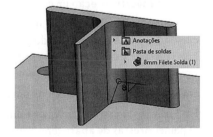

Figura 4.93 – Símbolo de solda e descrição na Pasta de soldas.

4.9.5 Edição de cordão de solda

Os cordões de solda podem ser editados como qualquer outro recurso. É possível fazer esse procedimento por dois métodos:

» Método 1: clique com o botão direito do mouse no cordão de solda, na árvore de projetos, e selecione **Editar recurso** para acessar o gerenciador de propriedades, assim como o botão **Inserir símbolo de solda**.

» Método 2: arraste os cordões de solda que deseja modificar da subpasta de origem para aquela cujo símbolo e espessura de solda você queira tornar iguais. A Figura 4.94 exibe um exemplo em que se deseja que o cordão de solda C1 da subpasta C tenha mesma espessura e símbolo do tipo utilizado na subpasta A. Para isso, arraste o cordão de solda C1 para dentro da subpasta A. Note agora, na Figura 4.95, que a espessura e símbolo mudaram; entretanto, o comprimento de 14 mm com espaçamento de 20 mm da solda intermitente foi mantido. Esse método apenas altera a espessura de solda e seu símbolo.

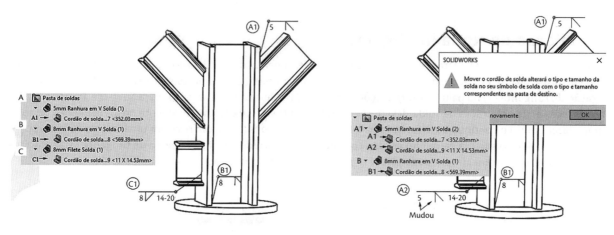

Figura 4.94 – Símbolos de solda na Pasta de solda.   Figura 4.95 – Alteração pelo Método 2.

4.9.6 Inserção de símbolo Carreira de solda em desenhos

Quando você aplica o recurso **Cordão de solda** em um projeto, o cordão não é visível nos componentes 3D, tampouco no desenho de detalhes. Há, entretanto, um recurso disponível denominado **Carreira** que pode ser acessado pelo menu **Inserir → Anotação → Carreira**.

A Figura 4.96 mostra o detalhe do modelo utilizado anteriormente para gerar a Figura 4.94. Note que, no desenho de detalhes, foi realizado um corte de seção transversal A-A, porém, observando a seção A-A, verifica-se que não aparece marcação alguma que identifique a existência de um cordão de solta ao longo de todo o perímetro do perfil.

Os cordões de solda podem ser editados como qualquer outro recurso. É possível fazer esse procedimento por dois métodos:

Para adicionar essa marcação:

1. Selecione **Inserir → Anotação → Carreira**. Será exibido o gerenciador de propriedades do recurso. Note que a janela coletora **Tamanho do cordão de solda** (Espessura) já vem definida como 8,00 mm, pois esta é a espessura aplicada no projeto.
   A opção **Inverte direção** inverte a direção do cordão de solda em 180°. Deixe essa *checkbox* desativada.

2. No painel **Parâmetros**, clique na primeira janela (**Selecione arestas**) para ativá-la. Em seguida, selecione com o cursor do mouse o perímetro do perfil da Seção A-A. Observe que a janela inferior a registrará como **Contínuo**. Essa janela define as arestas ou cordões de solda a serem usados para definir a carreira. Se forem selecionadas múltiplas arestas, elas precisam ser contínuas.

3. Em **Forma de carreira**, selecione uma entre as duas opções: **Padrão circular** ou **Forma linear**.

4. Em **Posição da carreira**, selecione uma entre as três opções: posição superior, posição média e posição inferior.
   O painel **Arestas de aparagens** é aplicado a outras situações (ver Figura 4.97).

5. Clique OK para confirmar. A Figura 4.98 ilustra o resultado final.

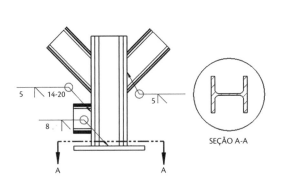

Figura 4.96 – Estrutura soldada exibindo simbologia ANSI. **Figura 4.97** – Gerenciador de propriedades Carreira. **Figura 4.98** – Carreira aplicada à Seção A-A.

4.9.6.1 Atualização dinâmica do símbolo Carreira de solda em desenhos

Caso você modifique no projeto 3D seu cordão de solda, automaticamente ele será atualizado no desenho (Figura 4.99). Entretanto, a notação de solda do desenho não será atualizada (Figura 4.100). Ela não é vinculada ao modelo. Para modificá-la no desenho, é necessário fazê-la manualmente.

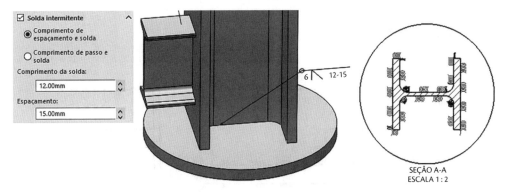

Figura 4.99 – Carreira aplicada à Seção A-A.

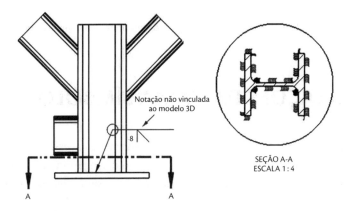

Figura 4.100 – Notação da solda não atualizada (não vinculada) no desenho.

4.9.6.2 Inserção de símbolo Carreira de solda intermitente

Quando não se trata de uma atualização do cordão de solda, como mostrado no item anterior, e você deseja inserir a visualização do cordão intermitente configurado em seu projeto 3D, acesse o recurso **Inserir → Anotação → Carreira**. Para exibir o gerenciador de propriedades do recurso:

1. Selecione na lista **Tipo de cordão** do painel **Parâmetros** a opção **Intermitente**. Observe que o gerenciador se modificará com novas opções (Figura 4.101).

2. Nas janelas seguintes, configure os valores para **Tamanho do cordão de solda**, **Comprimento do cordão de solda** e **Espaçamento do cordão de solda**.

3. Clique na aresta do perfil que deseja inserir a **Carreira**.

4. Faça os ajustes necessários de **Forma de carreira** e **Posição de carreira**. Note que, nessa aplicação, quando você seleciona a aresta do perfil, apenas a aresta selecionada é coletada, uma por vez (se não for um perfil de geometria constante como a circular). Será preciso então repetir a seleção para uma nova aresta, e assim sucessivamente, até cobrir todas as arestas do perfil.

5. Clique OK para confirmar. Observe ainda que o Gerenciador apresenta a opção **Exibir dimensões**. Essa opção permite exibir no desenho as dimensões de comprimento do cordão e espaçamento (Figura 4.102).

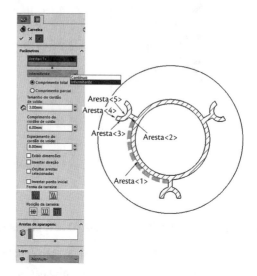

Figura 4.101 – Inserção de símbolo de Carreira intermitente.

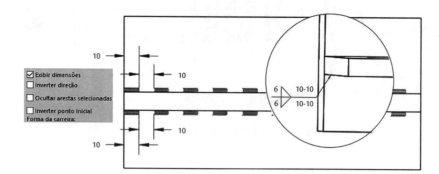

Figura 4.102 – Exibição de dimensões de solda intermitente em símbolo de Carreira.

4.10 CONFIGURAÇÕES DA CAIXA SÍMBOLO DE SOLDA ANSI

Quando o botão **Definir símbolo de solda** é selecionado, o sistema dá acesso à caixa **Símbolo de solda ANSI**, que possui todas as informações de configuração para qualquer tipo de solda, segundo a norma ANSI. Recomenda-se ao usuário a consulta à norma ANSI para maior compreensão da utilização dos símbolos gráficos de solda, ou mesmo à norma ABNT – similar à primeira.

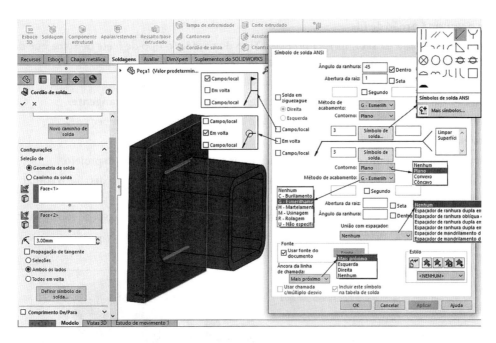

Figura 4.103 – Configurações da caixa Símbolo de solda.

4.11 PRINCIPAIS TIPOS DE ELETRODOS

Apenas com propósito ilustrativo, trazemos no Quadro 4.1 a relação dos eletrodos mais utilizados, com sua respectiva resistência mínima de cordão de solda ao esforço de tração. Lembramos que o tamanho a ser definido é uma função da resistência admissível do cordão do filete (Rfil), da resistência mínima à tração do metal de solda (Fw) e do comprimento do cordão (L).

Quadro 4.1 – Relação de resistência à tração e tamanho de perna do cordão		
Metal da solda	Resistência à tração Fw (tf/cm²)	Resistência à tração Fw (Ksi/cm²)
E60XX; F6X EXXX; E6XT-X	4.22	60
E70XX; F7X--EXXX; E7X-X; ER70S-X	4.92	70
E80XX; F8X-EXXX	5.62	80

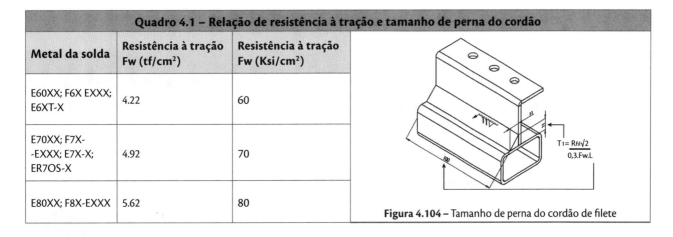

Figura 4.104 – Tamanho de perna do cordão de filete

4.12 CORDÃO DE FILETE

Como vimos, o recurso **Cordão de solda** não é visualizado no ambiente do projeto 3D, somente a simbologia com as devidas informações configuradas por meio da caixa **Símbolo de solda ANSI**. No ambiente do desenho, além da inserção do símbolo, é possível ainda usar o recurso **Carreira**.

Há, entretanto, no SolidWorks, o recurso **Cordão de filete**, que pode ser acessado pelo menu *dropdown* superior clicando-se em **Inserir → Soldagens → Cordão de filete**. O **Gerenciador de propriedade do recurso** é exibido.

Para aplicar o recurso **Cordão de filete**:

1. Escolhas no painel **Lado da seta,** na lista *dropdow* **Tipo de cordão**, o tipo de filete de solda que deseja aplicar. Escolha entre: **Comprimento total, Intermitente** e **Em zigue-zague**.
2. Defina na janela **Tamanho do filete** a espessura da solda.
3. Se necessário, em função da geometria da peça, ative a opção **Propagação da tangente**.
4. Para a janela coletora **Conjunto de faces 1**, selecione uma das faces da primeira peça.
5. Para a janela coletora **Conjunto de faces 2**, selecione a face da outra peça.
6. Clique em **Adicionar símbolo de solda** se desejar incluir essa informação em seu projeto.
7. Clique OK para confirmar. A Figura 4.105 ilustra esse procedimento. Observe no detalhe o cordão resultante, bem visível em seu projeto 3D.
8. Diferentemente do **Cordão de solda**, que fica armazenado em uma subasta da pasta de soldas na árvore do projeto, o **Cordão de filete** é considerado um corpo e fica armazenado na **Lista de corte**.

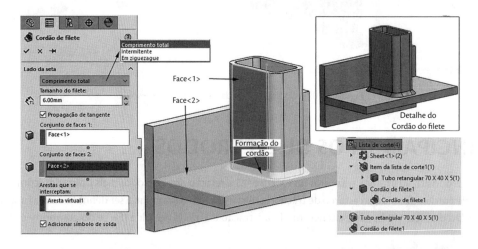

Figura 4.105 – Aplicação do recurso Cordão de filete.

NOTA

Apesar do belo aspecto visual do **Cordão de filete**, por questões de processamento é fortemente recomendado evitar sua utilização.

Assim como visto no estudo de Cordão de solda, o Cordão de filete também permite as configurações de:

» cordão de filete no comprimento total em dois lados (Figura 4.106);
» cordão de filete intermitente em dois lados (Figura 4.107);
» cordão de filete em zigue-zague em dois lados (Figura 4.108);
» cordão de filete com penetração total (Figura 4.109);
» cordão de filete com penetração parcial (Figura 4.110).

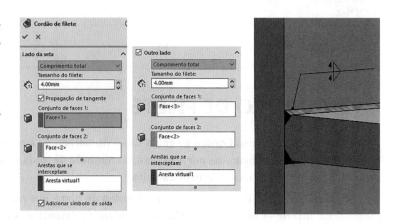

Figura 4.106 – Cordão de filete no comprimento total em dois lados.

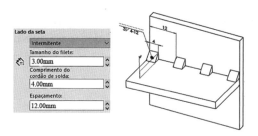
Figura 4.107 – Cordão de filete intermitente em dois lados.

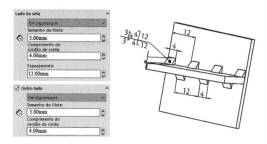
Figura 4.108 – Cordão de filete em zigue-zague em dois lados.

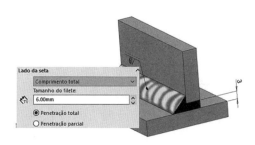
Figura 4.109 – Cordão de filete com penetração total.

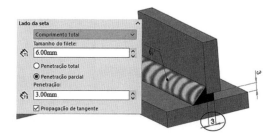
Figura 4.110 – Cordão de filete com penetração parcial.

4.13 TABELA DE SOLDA

A Figura 4.111 exibe um conjunto soldado, formado por perfis e chapa. O recurso **Cordão de solda** já foi aplicado e pode ser verificado pelo conteúdo existente na **Pasta de soldas** da árvore do projeto. Observe que a pasta lista três itens (Tipos de cordão) de solda, e cada item lista seus subitens (comprimentos de cordões daquele tipo utilizados).

Antes de fazermos a inserção da **Tabela de soldas** no desenho de detalhes, precisamos acessar as **Propriedades** de cada um dos três itens de **Cordão de solda** para completar algumas informações.

1. Selecione o primeiro item da **Pasta de solda** e clique o botão direito do mouse para selecionar **Propriedades**. Será exibido o painel **Propriedades de Cordão de solda** (Figura 4.112).

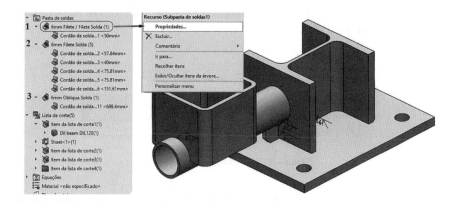
Figura 4.111 – Conjunto perfis e chapas soldados.

2. Insira na janela da propriedade **Material de solda**, por exemplo, o tipo de eletro E60XX (ver Quadro 4.1 do item 4.10). Para a propriedade **Processo de solda**, especifique como MIG. Para a propriedade **Número de passadas de solda**, vamos considerar o uso de um eletrodo (fio) de 3 mm, assim, para a espessura de solda de 6 mm haverá duas passadas.

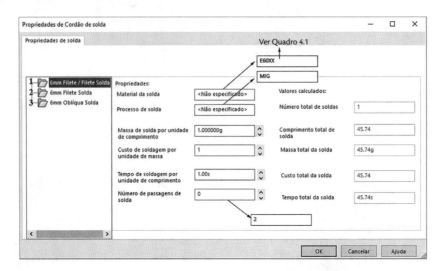

Figura 4.112 – Configuração das propriedades do cordão de solda.

Note que existe ainda a propriedade **Massa de solda por unidade comprimento**. O SolidWorks considera uma massa padrão de 1 g/mm. Entretanto, se você tiver essa informação do fornecedor do fio de eletrodo, pode inseri-la também.

Outro campo de interesse, principalmente para utilização do Costing, ferramenta do SolidWorks para estimativa de custo operacional de produção, é a propriedade **Custo de soldagem por unidade de massa**. O software aqui padroniza como 1 um/g (1 unidade monetária por grama), que pode ser, por exemplo, o centavo. Você pode também simplesmente dividir o custo de um rolo de fio de eletrodo por sua massa total em gramas e assim obter esse dado para inserção na janela.

A janela seguinte de propriedade é o **Tempo de soldagem por unidade de comprimento**. Esse dado, assim como o anterior, tem grande importância para a utilização da ferramenta Costing. O software padroniza essa propriedade como 1,00 s/mm. Se você quiser modificar esse valor, apenas verifique na prática o tempo necessário para produzir um **Cordão de solda** de um determinado comprimento. Faça algumas repetições e calcule a média. Divida, em seguida, o tempo médio pelo comprimento padrão das amostras.

3. Depois de feitas as inserções das propriedades nos três itens da **Pasta de soldas**, clique OK para fechar o painel. Aproveite, caso ainda não tenha feito, e configure o material de fabricação. Vá a **Material <não especificado>** na árvore do projeto e clique com o botão direito do mouse para acessar o menu de atalhos e selecione, por exemplo, aço carbono simples (Figura 4.113). Caso queira ter acesso à biblioteca de todos os matérias do SolidWorks, selecione **Editar material** no menu de atalhos.

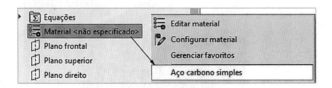

Figura 4.113 – Definição do Material.

Você pode ainda fazer a edição das propriedades da **Lista de corte** para também inserir em seu desenho de detalhes a **Tabela de Corte de soldagem** (Figura 4.114). Não esqueça que você precisará acessar a guia **Tabela da Lista de corte** e procurar no sistema o arquivo *cut list*, como foi mostrado na Figura 4.67.

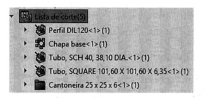

Figura 4.114 – Lista de corte.

4.13.1 Inserção da Tabela de solda no desenho

Depois de escolhida a vista ou as vistas desejadas, vá ao menu *dropdown* **Tabelas** e selecione **Tabela de soldagem**. O software solicitará que se indique uma vista de referência para criar a tabela. Em seguida, clique OK e posicione-a em local desejado. Observe que a lista apresenta todos os dados referentes aos cordões de solda do projeto. Somente não aparece no desenho a simbologia de solda que foi inserida no projeto 3D (Figura 4.115).

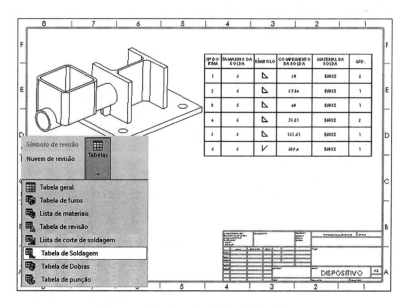

Figura 4.115 – Inserção da Tabela de soldagem.

Para solucionar esse caso, você pode fazer então a inserção do recurso **Balão**, posicionando-o em cada local de **Cordão de solda**, e editar a numeração, passando-a para **Texto** e reescrevendo o número correspondente ao item da lista. Para isso, você precisará conferir a dimensão do cordão do item com o item da **Pasta de soldas** que, ao ser tocado, aparece ressaltado no projeto 3D (Figuras 4.116 e 4.117).

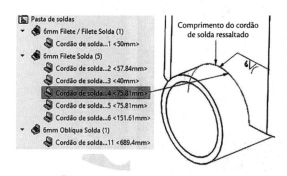

Figura 4.116 – Conferência do cordão na árvore do projeto pela dimensão e posição no projeto e na Tabela de soldagem.

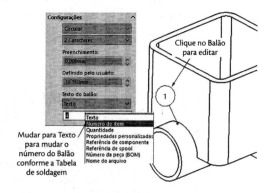

Figura 4.117 – Modificação do número do Balão pela Tabela de soldagem.

Outra solução, caso você queira que a simbologia da solda atribuída ao cordão apareça indicado diretamente no desenho com o número do item da **Tabela de soldagem**, consiste em:

1. Clicar o cursor do mouse no ponto do cordão de solda na vista do desenho.
2. Selecionar no menu do **Gerenciador de recursos Anotação** o recurso **Símbolo de solda** para abrir a caixa de configurações de mesmo nome.
3. Preencher as configurações de solda referente ao cordão selecionado e escrever, na janela destinada à descrição de procedimentos, especificações ou qualquer descrição de identificação do item da Tabela de soldagem (Figura 4.118).

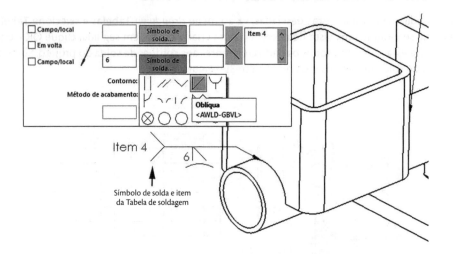

Figura 4.118 – Inserção de simbologia de soldagem com item da Tabela de soldagem.

4.13.2 Modificação da Norma de soldagem

Por padrão, como já mencionado, a norma de soldagem utilizada pelo SolidWorks é a ANSI. Porém, caso sua empresa utilize as simbologias de solda em conformidade com ouras normas, é possível reconfigurar o software mediante o seguinte procedimento: acesse **Ferramentas → Opções → Propriedades do desenho → Simbologia de solda**. Será exibido o painel de gerenciamento de simbologia de solda. Escolha na lista **Padrão de símbolo de solda de base** entre ANSI, ISO, DIN, JIS, BSI, GOST e GB. Defina outras configurações desejadas e clique OK para confirmar (Figura 4.119).

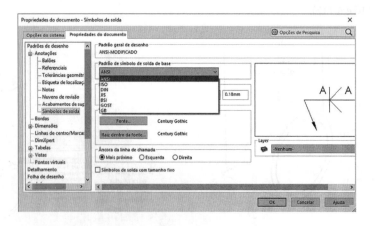

Figura 4.119 – Mudança do padrão de simbologia de solda de base.

4.14 EXEMPLOS DE APLICAÇÃO

4.14.1 Projeto conjunto degrau de escada helicoidal (caracol)

O exemplo seguinte consiste em uma proposta criada para a fabricação de uma escada helicoidal. Ele utiliza perfis e chapas, dois parafusos por degrau e o mínimo de solda. Execute o passo a passo.

Figura 4.120 – Degrau e escada helicoidal.

1. O corpo central deverá ser criado em um perfil tubular ISO 219,1 x 12,5 de parede (Figura 4.121). Faça o Esboço 1 no plano frontal. Esse perfil consta na lista de perfis de download mostrada no início do capítulo.

2. Depois de inserido o perfil, inicie novo esboço, novamente no plano frontal, e mude a visibilidade do modelo, selecionando também a vista normal. Desenhe o Esboço 2 como mostrado na Figura 4.122. Em seguida, aplique o recurso **Corte por revolução** com base no eixo central (Esboço 1). Seu modelo ficará como o mostrado na Figura 4.123.

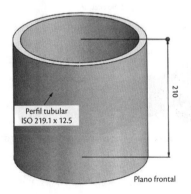

Figura 4.121 – Base do corpo central.

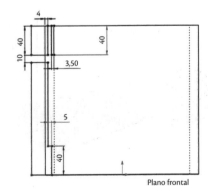

Figura 4.122 – Esboço 2.

3. Inicie agora o Esboço 3, selecionando como referência de esboço a face superior da saliência externa do corpo central, como mostra o detalhe na Figura 4.124. Mude a visualização para vista normal e desenho e dimensione o esboço conforme medidas da figura.

Figura 4.123 – Recorte do tubo base.

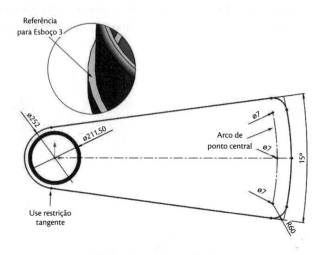

Figura 4.124 – Esboço do degrau.

4. O passo seguinte consiste em converter o Esboço 3 em chapa metálica. Utilize espessura T1 = 4,76 mm (chapa de 5/8 de polegada). Em seguida, inicie o Esboço 4, conforme Figura 4.125.

5. O Esboço 4 (Esboço 3D) consiste em duas linhas horizontais (referência eixo y) em que a superior servirá para criar o guarda-corpo e a inferior, o pé do degrau. Cada uma das linhas deve ter origem no centro dos furos e na face superior da chapa do degrau, como mostra a figura citada.

6. Depois de criado o esboço, feche-o e aplique em ambas as linhas o perfil tubo circular 48,3 x 3,2. Será necessário cortar ambas as extremidades dos tubos. A referência de corte do tubo superior é a Face<1> e a do tubo inferior, a Face<2> (Figura 4.126).

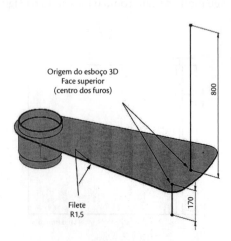

Figura 4.125 – Esboço do pé e do guarda-corpo.

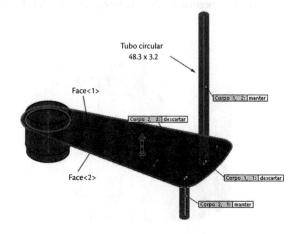

Figura 4.126 – Inserção do perfil do pé e do montante.

Apenas para lembrar o leitor: ainda não estamos trabalhando com Projeto no contexto. Esse projeto está sendo feito inteiramente com Multicorpos. O tema Projeto no contexto será abordado somente no próximo capítulo.

7. Inicie em seguida o Esboço 4. Esse esboço consiste na criação de um terminal superior que sustentará o corrimão da escada, ligando-o ao guarda-corpo com uma bucha de fixação interna com furo roscado M6. Observe a Figura 4.127, com detalhes construtivos de ambos. Use o plano frontal como referência de esboço. Aplique o recurso **Ressalto base revolucionado**. A Figura 4.128 mostra em vista de corte como ficará depois de finalizado.

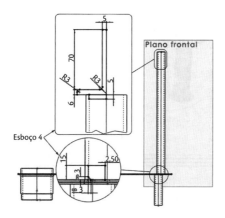 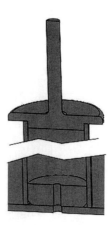

Figura 4.127 – Esboço do terminal do montante e bucha inferior.   **Figura 4.128 –** Terminal do montante e bucha inferior.

8. Em seguida, faça as duas buchas de fixação do pé do degrau. Para isso, você precisará criar um plano auxiliar (**Inserir → Geometria de referência → Plano**), utilizando como referência os dois eixos, o eixo do tubo central (Esboço 1) e o pé do degrau (Esboço 3 – tubo menor) (Figura 4.129).

9. Use como referência de esboço o plano criado e esboce duas buchas com furo central para rosca M6 (Figura 4.13). Use novamente o recurso **Ressalto base revolucionado**.

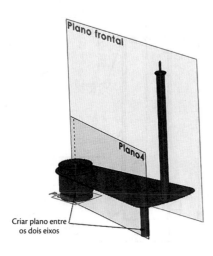 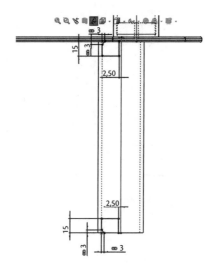

Figura 4.129 – Criação de plano auxiliar.   **Figura 4.130 –** Esboço das buchas do pé.

Observe na Figura 4.131 a vista em corte exibindo as duas buchas de fixação criadas.

10. O passo seguinte consiste em criar na base do pé e do montante um pequeno terminal de acabamento que também será gerado pelo recurso **Ressalto base revolucionado**. A Figura 4.132 exibe os detalhes construtivos do conjunto do degrau completo.

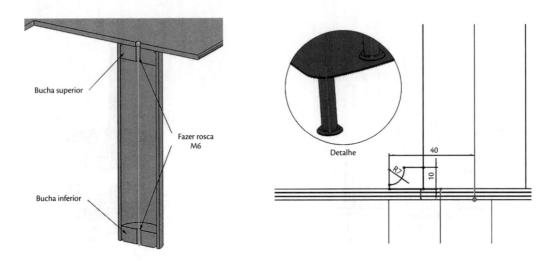

Figura 4.131 – Buchas do pé.   Figura 4.132 – Esboço e criação do terminal de piso.

4.14.1.1 Peças não listadas na figura inicial

A complementação do projeto necessita ainda de duas peças não exibidas na figura inicial. Trata-se do flange de fixação da escada, cujos detalhes são mostrados na Figura 4.133, bem como da finalização do poste central (Figura 4.134). O flange poderá ser soldado ao conjunto do primeiro degrau, assim como o tubo de finalização ao conjunto do último degrau.

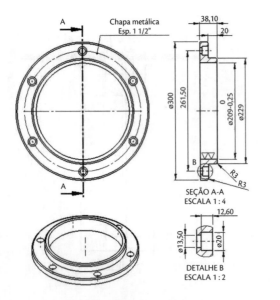 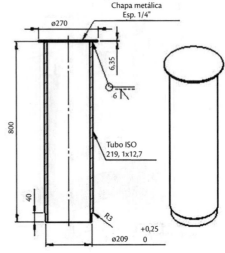

Figura 4.133 – Flange de fixação da escada.   Figura 4.134 – Finalização do poste central.

4.14.1.2 Aplicações de solda no conjunto do degrau

Como mencionado, esse projeto utiliza o mínimo de solda. Os pontos que precisarão de solda são mostrados na Figura 4.135, assim como o conjunto do degrau na Figura 4.136.

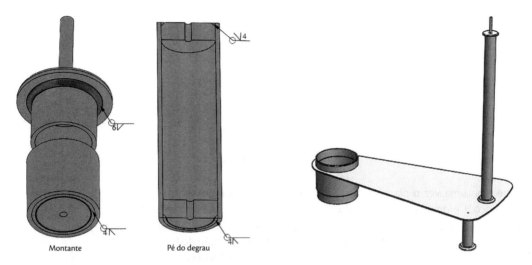

Figura 4.135 – Soldagem do terminal e buchas.

Figura 4.136 – Conjunto degrau da escada.

4.14.2 Projeto pórtico com inércia variável

O projeto em seguida consiste em um pórtico com inércia variável, que, em função de sua geometria estrutural, pode cobrir uma faixa de vãos de 46 até 60 m. O que apresentamos aqui foi projetado para um vão menor, de apenas 21 m, o que é considerado um vão médio. Para a modelagem desse projeto foram utilizados os perfis SB400 x 66, CH180 x 18, CH80 x 8 e chapas metálicas de 12,7 mm (1") e 50,8 mm (2").

Figura 4.137 – Pórtico com inércia variável.

4.14.2.1 Criação dos esboços base

1. Crie no plano frontal e dimensione como mostrado o esboço base para a construção do projeto pórtico de inércia variável. O propósito das linhas de construção é servir de referência para os esboços posteriores. Depois de criado, feche o esboço (Figura 4.138).

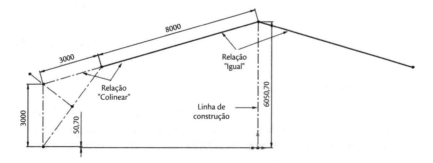

Figura 4.138 – Esboço 1.

2. Inicie novamente no plano frontal mais um esboço. Este será desenhado na extremidade esquerda do Esboço 1 (Figura 4.139). Ao finalizar, feche o esboço.

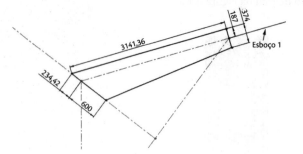

Figura 4.139 – Esboço 2.

3. Selecione mais uma vez o plano frontal para a criação de um novo esboço. Este será o Esboço 3 e deverá ser desenhado com base na extremidade esquerda do Esboço 2. Cuide para que a Linha 1 esteja paralela à linha de construção vertical (Figura 4.140). Depois de criado o esboço, feche-o para iniciar a criação do Esboço 3. O Esboço 4 será destinado à construção da base de fixação do pórtico.

4. Selecione o plano superior e, utilizando a ferramenta de esboço **Retângulo central** e depois **Padrão de esboço linear**, gere e dimensione o esboço conforme mostra a Figura 4.141.

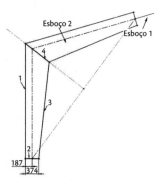

Figura 4.140 – Esboço 3.

4.14.2.2 Criação da base de fixação

5. O passo seguinte consiste em selecionar o Esboço 4 e ativar o recurso **Flange-base/Aba** na guia **Chapa metálica**, definindo para a chapa uma espessura **T1 = 50,8 mm** (duas polegadas). Cuide para que a extrusão ocorra para baixo (Figura 4.142).

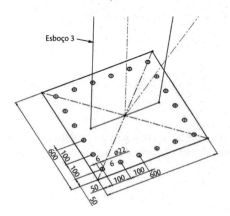

Figura 4.141 – Esboço 4.

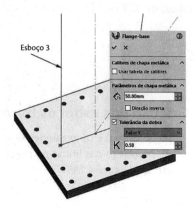

Figura 4.142 – Criação da base de fixação do pórtico.

4.14.2.3 Criação do perfil lateral inferior

Na sequência, vamos agora transformar o Esboço 3 também em chapa metálica que dá origem a um perfil estrutural irregular. Antes, no entanto, faremos uma extrusão no plano médio e somente depois converteremos a extrusão em **Chapa metálica**. Fazemos isso porque o recurso **Flange-base/Aba** não oferece possibilidade de extrusão no plano médio quando da formação da **Chapa metálica**. Desejamos que o plano frontal passe exatamente pelo centro da espessura da chapa que queremos formar.

6. Selecione então o Esboço 3 e ative o recurso **Ressalto base/extrudado**. Configure a extrusão como plano médio, com espessura de D1 = 12,7 mm. Clique OK para confirmar.
7. Selecione em seguida na guia **Chapa metálica** o recurso **Converter em chapa metálica** e aplique na extrusão recém-formada. Note que a espessura T1 já aparecerá com o valor correto.
8. Selecione a face frontal como face de referência e clique OK para confirmar. A Figura 4.143 ilustra esse procedimento de conversão.

Precisamos agora criar as mesas desse perfil. Para a chapa que será a alma, em formato irregular, foi atribuída a espessura 12,7 mm. As mesas desse perfil irregular devem ter mesma dimensão de largura e espessura que as mesas do perfil ISO que será usado no vão central do pórtico e que será um perfil ISO SB400 x 66 (dimensão de altura total e largura de Mesa medidas na seção transversal → 400 x 150).

Figura 4.143 – Primeira chapa do perfil estrutural irregular.

9. Inicie um novo esboço e selecione a face externa da espessura da chapa como plano de esboço. Esboce um retângulo e aplique uma **Relação Colinear** entre a aresta inferior do retângulo e a aresta inferior da face selecionada e outra **Relação Colinear** entre a aresta superior do esboço e a aresta superior da face selecionada.
10. Defina a distância entre as arestas laterais do retângulo como 150 mm e a distância entre uma delas e a aresta da face do mesmo lado como 68,65 mm (Figura 4.144). Em seguida, selecione o recurso **Flange-base/aba** e aplique uma espessura T1 = 12,7 mm. Cuide para que a extrusão ocorra para fora da outra chapa (Figura 4.145).

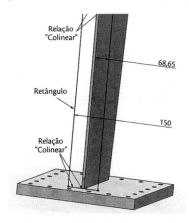
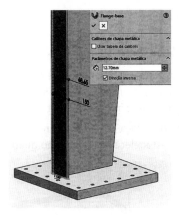

Figura 4.144 – Esboço da alma externa.   **Figura 4.145** – Criação de chapa metálica.

11. Siga procedimento análogo para criar a mesa interna do perfil irregular. Em seguida, observe que, no canto interno superior (ver Detalhe), será necessário fazer um recorte em ângulo na mesa interna, a fim de evitar sobreposição com a mesa do próximo perfil que será criado. Faça um recorte como o mostrado no detalhe da Figura 4.146.
12. Caso deseje utilizar **Cordão de filete** ou **Cordão de solda**, aplique-os no perfil (Figura 4.147).

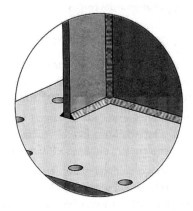

Figura 4.146 – Criação da chapa metálica interna.   **Figura 4.147** – Aplicação de cordão de filete.

4.14.2.4 Criação do perfil lateral superior e aplicação do perfil SB400 x 66

13. Repita os mesmo procedimentos descritos a partir da instrução de número 9 para criar as mesas do perfil superior (Figura 4.148).
14. No passo seguinte, introduza o perfil ISO SB400 x66 no Esboço 1 (Figura 4.149).

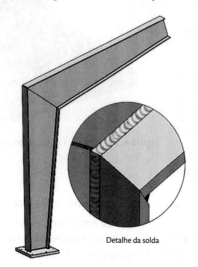

Figura 4.148 – Criação e solda das mesas do perfil superior.

Figura 4.149 – Inserção do perfil ISO SB400 x 66.

4.14.2.5 Espelhamento do conjunto base com perfis laterais

15. Faça agora um espelhamento de corpos sobre o Plano direito dos dois perfis criados. Selecione os corpos diretamente na área gráfica (Figura 4.150). Caso tenha aplicado **Cordões de perfil** em seu projeto, será necessário fazer, separadamente, um espelhamento de recursos para eles.
16. Na sequência, faça um **Padrão linear** selecionando todos os copos de uma vez. Use a aresta horizontal da base de fixação e estabeleça para o padrão quatro instâncias com uma distância de 4.000 mm (Figura 4.151).

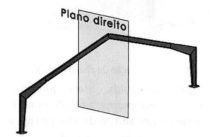

Figura 4.150 – Espelhamento dos corpos do perfil inferior e superior.

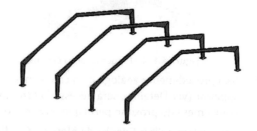

Figura 4.151 – Corpos espelhados.

4.14.2.6 Criação do reforço lateral e das terças

17. Inicie um **Esboço 3D** e desenhe uma linha na lateral do pórtico e outra um pouco mais comprida na parte superior. Por se tratar de um **Esboço 3D**, é preciso aplicar algumas relações de esboço para referenciar as linhas do esboço no espaço em relação aos locais desejados na estrutura do pórtico.
18. Clique na linha esboçada da lateral e aplique relação **Ao longo de Z** (1). Estabeleça também a relação **No plano** (2) com a face da Mesa lateral. Aplique ainda a relação **Coincidente** (3) entre a extremidade da linha e a aresta da mesa. Insira então a dimensão 150 mm de afastamento da linha da aresta horizontal da mesa do pilar (Figura 4.152).
19. Para o esboço da linha maior feita na parte superior do pórtico, estabeleça uma relação **Ao longo de Z** (1), assim como a relação **No plano** (4) com a face da mesa superior do pórtico. Aplique em seguida a dimensão 150 mm de afastamento com a aresta horizontal superior da mesa, além da distância de 700 mm da extremidade de ambos os lados em relação à aresta do pórtico (Figura 4.151). Em seguida, feche o esboço.

20. Selecione na guia **Soldagens** o recurso **Componente estrutural** e selecione na janela o perfil ISO CH80 x 18. Esse perfil somente está disponível na lista de perfis do download feito no início do capítulo.
21. Seleciona a linha do esboço lateral para aplicá-lo. Note que ele aparecerá em posição vertical e virado para dento. Aplique um rotação de 270° e clique em **Exibir perfil** para modificar o ponto de penetração. Clique no ponto oposto. O perfil deverá ficar como mostrado no Detalhe da Figura 4.152. Clique OK para confirmar.

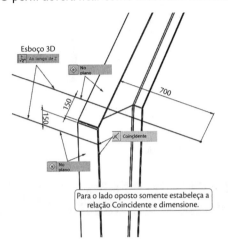

Figura 4.152 – Esboço 3D com relações e dimensões aplicadas.

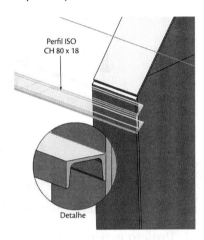

Figura 4.153 – Extrusão do Esboço 7.

22. Repita o procedimento com o recurso ISO CH180 x 8 selecionado e escolha a linha do esboço superior. Observe que o perfil a ser inserido estará também na vertical. Para esse caso, uma vez que desconhecemos o ângulo de rotação necessário, podemos usar a opção **Alinhar em relação a**, selecionando a janela do painel e clicando na aresta da mesa superior. Observe que o perfil imediatamente assume a mesma inclinação do pórtico, como mostra o Detalhe na Figura 4.155.
23. O próximo passo consiste em criar um **Padrão linear** com o perfil CH80 x 8, utilizando como referência a aresta vertical do pilar soldado à base de fixação. Defina para o padrão quatro instâncias com distância de 900 mm. Clique OK para concluir (Figura 4.155).

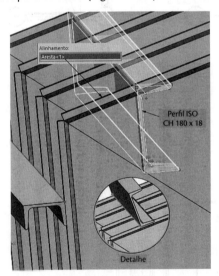

Figura 4.154 – Extrusão do Esboço 5.

Figura 4.155 – Criação de padrão do perfil lateral.

24. Inicie no **Padrão linear**, agora com o perfil CH180 x 18. Use como referência a aresta da mesa do perfil SB400 x 66. Defina cinco instâncias com distância de 2.500 mm.
25. Para finalizar, faça o espelhamento de corpos de todos os nove perfis de cobertura por sobre o plano direto (Figura 4.156).

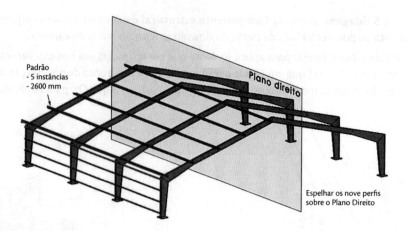

Figura 4.156 – Criação do padrão de perfil superior.

4.15 EXERCÍCIOS PROPOSTOS

4.15.1 Projeto mesinha de centro

Esse projeto deve ser todo criado com Multicorpos. Os detalhes construtivos seguem nas Figuras 4.158 a 4.161.

Figura 4.157 – Mesinha de centro.

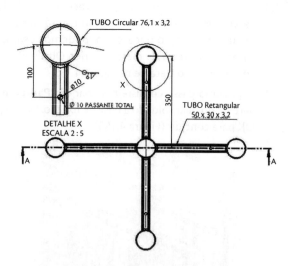

Figura 4.158 – Estrutura de perfis – Detalhe 1.

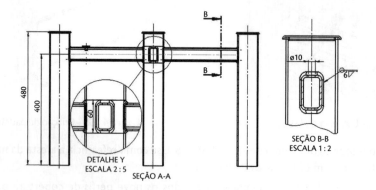

Figura 4.159 – Estrutura de perfis – Detalhe 2.

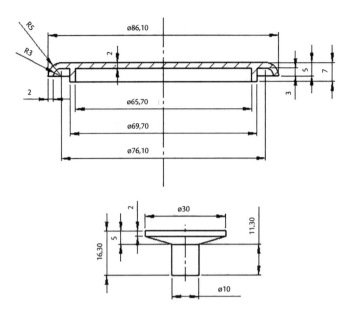

Figura 4.160 – Tampa dos tubos e suporte do vidro.

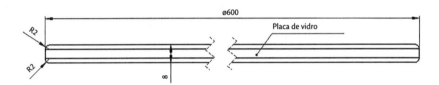

Figura 4.161 – Placa de vidro.

4.15.2 Projeto de suporte para roupas e sapatos

Esse projeto deve ser todo criado com Multicorpos. Os detalhes construtivos seguem nas Figuras 4.162 a 4.172.

Figura 4.162 – Vista 3D do suporte.

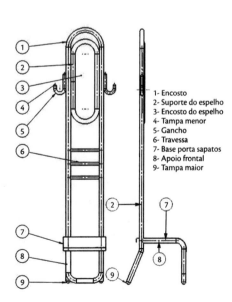

Figura 4.163 – Vistas balonadas.

1- Encosto
2- Suporte do espelho
3- Encosto do espelho
4- Tampa menor
5- Gancho
6- Travessa
7- Base porta sapatos
8- Apoio frontal
9- Tampa maior

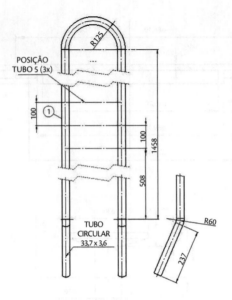

Figura 4.164 – Encosto.

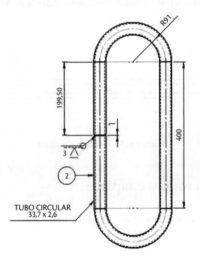

Figura 4.165 – Suporte do espelho.

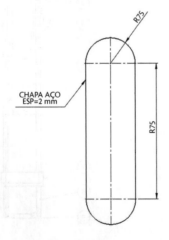

Figura 4.166 – Encosto do espelho.

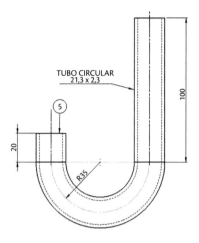

Figura 4.167 – Gancho.

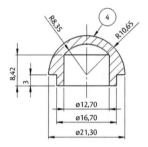

Figura 4.168 – Tampa menor.

Figura 4.169 – Travessa.

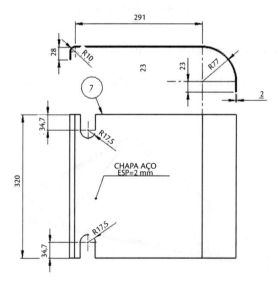

Figura 4.170 – Base para sapatos.

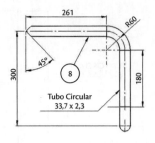

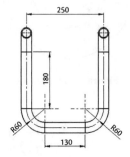

Figura 4.171 – Apoio frontal.

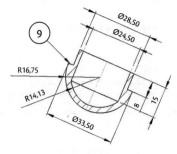

Figura 4.172 – Tampa maior.

4.15.3 Projeto de uma tesoura para construção civil

Esse projeto deve ser todo criado com Multicorpos. Os detalhes construtivos seguem nas Figuras 4.173 a 4.179.

Figura 4.173 – Tesoura 3D.

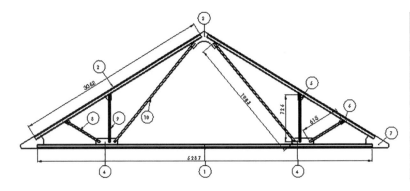

Figura 4.174 – Vista frontal balonada com Tabela de identificação.

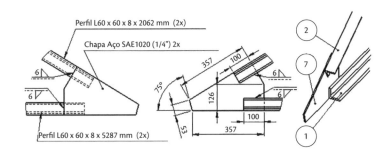

Figura 4.175 – Detalhes 1.

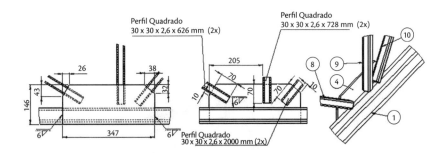

Figura 4.176 – Detalhes 2.

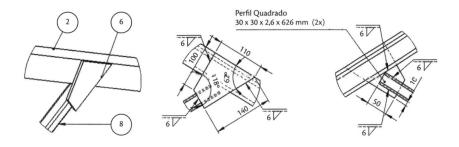

Figura 4.177 – Detalhes 3.

Perfis, cordão solda e de filete, tabela de soldagem: exemplos e exercícios propostos

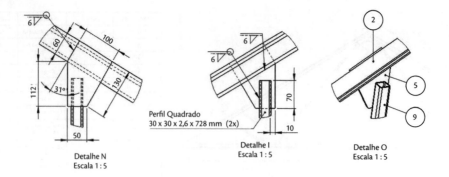

Figura 4.178 – Detalhes 4.

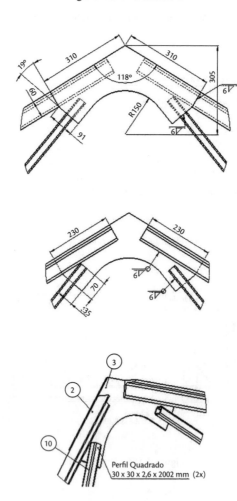

Figura 4.179 – Detalhes 5.

5

Projeto no contexto

⏻ PARA COMEÇAR

Este capítulo tem por objetivo apresentar ao leitor a facilidade e importância da utilização da técnica de projeto no contexto para projetos de chapas e perfis, possibilitando-se assim maior produtividade no desenvolvimento de projetos dessa natureza.

5.1 DEFINIÇÃO

A técnica do projeto no contexto ou projeto descendente, do inglês *top-down project*, é aquela que ocorre diretamente no ambiente de montagem. Seu fluxo se desenvolve da montagem para as peças, ou seja, as peças que compõem o conjunto e subconjuntos já são criadas diretamente em suas posições de montagem, utilizando-se relações de posicionamento de umas com as outras.

Uma das grandes vantagens dessa técnica é a sua flexibilidade quanto às dimensões das peças que se encontram interligadas. Por terem suas geometrias referenciadas umas às outras, qualquer modificação dimensional em uma peça resultará no reajuste das demais que a ela estejam interligadas.

5.1.1 Projeto ascendente (*bottom-up*)

É comum os cursos de SolidWorks iniciarem seus estudos de formação básica pelo ambiente **Peças**. Nele, o estudante aprende a utilizar a quase totalidade dos recursos de modelagem, acostumando-se à tarefa de modelar peça a peça isoladamente, mesmo que seja com base em desenhos de detalhes, portanto, peças já dimensionadas. E, depois, ao estudar o ambiente de **Montagem** do SolidWorks, é possível fazer a montagem das peças antes modeladas, técnica denominada projeto ascendente, do inglês (*bottom-up*). Só então o estudante aprende a gerar os desenhos de impressão (detalhes) da montagem com as devidas informações e tabelas. Por isso, muitos usuários do software SolidWorks não sabem trabalhar com a técnica do projeto no contexto.

Projeto no contexto **163**

5.2 ESTRUTURA

Dependendo da complexidade de seu projeto, você pode optar por uma entre três estruturas de criação:

» Ter peças associadas entre si e diretamente a uma peça base, resultando na montagem (conjunto final) (Figuras 5.1 e 5.2).

Figura 5.1 – Estrutura de projetos simples (poucas peças).

Figura 5.2 – *Cooler* simples.

» Ter peças associadas entre si que comporão submontagens (subconjuntos), que, por sua vez, estão associados de forma organizada para compor a montagem (conjunto final) associada a uma peça base (Figuras 5.3 e 5.4).

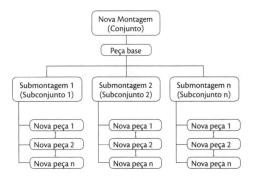
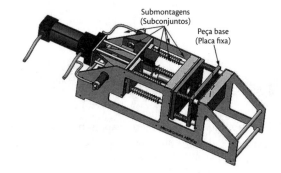

Figura 5.3 – Estrutura de projetos complexos (vários subconjuntos com peças).

Figura 5.4 – Injetora horizontal (projeto do autor).

» Ter uma estrutura de projeto mista, o que é bastante comum, pois ambas as estruturas estão presentes. Haverá então peças vinculadas somente à peça base, como é o caso de suportes de fixação de submontagens. Os suportes são projetados no contexto, sobre a peça base, mas não possuem associação entre si.

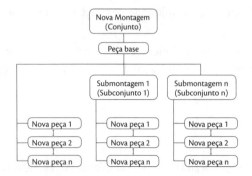
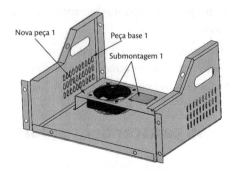

Figura 5.5 – Estrutura de projeto mista (peças isoladas e submontagens vinculadas à peça base).

Figura 5.6 – Montagem de chassi.

Até o final dos anos de 1980, época das antigas pranchetas de desenho, quando os projetistas utilizavam lapiseiras e tecnígrafos para desenhar seus projetos em formatos A1 ou A0, o conceito de projeto descendente era sempre utilizado, pois se iniciava o projeto pelo desenho de conjunto e todas as peças eram representadas de forma simplificada ou mesmo bem definida já em suas posições de montagem. Em grandes projetos, seguiam-se depois os desenhos de subconjuntos para somente ao final proceder-se ao desenho dos detalhes de cada peça do projeto.

5.3 MÉTODO

A técnica de projeto descendente permite três métodos de trabalho:

- » recursos individuais;
- » peças completas;
- » montagem inteira.

5.3.1 Método dos recursos individuais

Esse método permite o projeto de peças por meio da referência a outras peças na montagem. É útil para peças basicamente estáticas, mas que possuam determinados recursos que fazem interface com outros componentes da montagem.

5.3.2 Método da montagem por esboço de *layout*

Esse método utiliza a criação de um esboço de *layout* para definir localização dos componentes, das principais dimensões etc. Depois disso, você cria as peças 3D utilizando o método citado anteriormente ou o método das peças completas, que será visto adiante, de modo que as dimensões e localizações nessas peças sigam o que foi definido no esboço. A rapidez e a flexibilidade do esboço permitem experimentar rapidamente várias versões do projeto antes de se construir qualquer geometria 3D. Mesmo depois de criada a geometria 3D, o esboço permite realizar um grande número de alterações a partir de um local central.

5.3.3 Método das peças completas

Peças completas podem ser modeladas por meio da criação de novos componentes no contexto da montagem. O componente criado é, na verdade, anexado (posicionado em relação) a outro componente que já existe na montagem. A geometria do componente criado é baseada no componente existente. É utilizado por ampla maioria dos projetistas, pois torna o serviço mais rápido e produtivo. E é nesse método que focaremos este capítulo.

NOTAS

- » Sempre que uma peça ou um recurso é criado utilizando-se técnicas descendentes, são criadas referências externas à geometria referida.
- » Montagens com grande número de recursos no contexto podem levar mais tempo para serem reconstruídas do que a mesma montagem sem esses recursos.
- » É importante não criar conflitos de posicionamento, uma vez que eles tornam a reconstrução mais lenta e podem resultar em um comportamento inesperado da geometria.

5.4 PROJETO NO CONTEXTO

Como mencionado anteriormente, o **Projeto no contexto** utiliza-se bastante do método das peças completas, apesar de utilizar muitas vantagens oferecidas pelo método da montagem por esboço de *layout*, principalmente com relação a estudos de componentes móveis.

A vantagem do projeto no contexto é que muito menos retrabalho é necessário quando ocorrem alterações no projeto. As peças podem se atualizar automaticamente com base no modo como você as criou. Outra vantagem é que, finalizado o projeto, pode-se salvar a **montagem** como um arquivo de montagem (*.asm; *.sldasm) e, ao mesmo tempo, as peças separadamente, como arquivos de peça (*.prt). Esses arquivos podem ser abertos, detalhados e salvos como arquivos de desenho (*.drw).

Uma regra geral a ser seguida é que uma peça (com múltiplos corpos ou não) deve representar um único número de peça em uma Lista de materiais. Lembrando aqui o leitor que uma peça com múltiplos corpos consiste em vários corpos sólidos não dinâmicos. Se for preciso representar um movimento dinâmico entre os corpos, use uma montagem. Ferramentas como **Mover componente**, **Folga dinâmica** e **Detecção de colisão** estão disponíveis somente com documentos de montagem.

Vimos ainda que, ao salvar um modelo gerado por múltiplos corpos, por padrão, ele será salvo como um arquivo (*.prt). Não há possibilidade de salvá-lo como montagem. Entretanto, o inverso é válido. Salvar montagens complexas como documentos de peça menores pode ser útil em diversas situações, como facilitar o compartilhamento de arquivos. Por exemplo, você possui o projeto de uma montagem com diversos subconjuntos com peças igualmente complexas, e um cliente potencial deseja saber como esse projeto se ajusta à sua necessidade. É possível salvar a montagem como um documento de peça e enviar o arquivo de peça aos clientes potenciais, sem o risco de causar danos à integridade do projeto ou transmitir um arquivo de documento de montagem grande que pode não ser possível abrir integralmente.

Salvar uma montagem como peça de corpos múltiplos serve também para simplificar grandes montagens. Por exemplo, pode-se utilizar a peça Multicorpos como uma representação simplificada da montagem em uma montagem de *layout* de nível superior.

Há, porém, algumas configurações a serem observadas nesse procedimento, como:

» selecionar a opção **Faces exteriores** para salvar as faces exteriores como corpos de superfície;
» selecionar a opção **Componentes exteriores** para salvar componentes visíveis como corpos sólidos;
» selecionar a opção **Todos os componentes** para salvar todos os componentes como corpos sólidos.

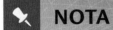

NOTA

Os componentes ocultos ou suprimidos não são salvos quando você seleciona **Todos os componentes**.

Visando demonstrar a aplicação da técnica do projeto no contexto utilizando o método das peças completas, vamos refazer o projeto do degrau de escada helicoidal apresentado no capítulo anterior. Lá, relembrando, criamos um modelo Multicorpos que, apesar da facilidade de criação aparente, não deve substituir o uso de montagens.

5.4.1 Projeto conjunto degrau para escada helicoidal (EH2017)

Nosso projeto, dada sua simplicidade, terá inicialmente uma estrutura do tipo mostrada na Figura 5.1. Uma peça base com as demais peças associadas a ela e entre si. A peça base será então o tubo central usinado, que terá encaixes e encosto para a chapa metálica (piso), compondo o degrau (Figura 5.7).

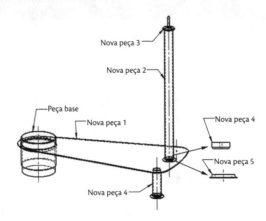

Figura 5.7 – Estrutura do conjunto degrau para escada helicoidal.

5.4.1.1 Modelagem da peça base

A peça base pode ser modelada a partir de duas opções:

1. Iniciar o SolidWorks no modo **Peça**, modelar e salvar o arquivo com o nome desejado e na pasta desejada. Somente depois inseri-lo no ambiente de **Montagem**. Crie uma pasta para esse projeto.
2. Iniciar o SolidWorks no modo **Montagem** e utilizar método da montagem por esboço de *layout* para criar o esboço da peça base e depois entrar no modo de edição, gerando, por fim, o modelo 3D da peça base.

Dada a simplicidade de nossa peça base e por ser originada de um perfil tubo circular em que o esboço é uma simples linha vertical, sendo depois o perfil usinado, vamos criar então em conformidade com a opção 1.

1. Inicie o SolidWorks no modo **Peça**, selecione o **Plano frontal** como plano de esboço e esboce, a partir da origem, uma linha vertical com dimensão 210 mm. Feche o esboço e selecione na guia **Soldagem** o recurso **Componente estrutural**.
2. Selecione na lista de perfis ISO o perfil tubo circular 219,1 × 12,5 e aplique no esboço.
3. Abra novo esboço e faça o(s) esboço(s) necessário(s) para transformar o perfil no modelo mostrado em detalhes na Figura 5.8, aplicando em seguida os recursos de **Corte por revolução** e **Filete**.
4. Salve o modelo 3D como Peça Base na pasta criada, específica para esse novo projeto.
5. Inicie o SolidWorks no modo **Montagem** e observe que o gerenciador será exibido com as opções **Criar** *layout* e **Procurar**. Clique em **Procurar** e localize o arquivo da peça base. É possível que o software já exiba a localização automaticamente. Selecione o arquivo e pressione **Abrir** (Figura 5.9).

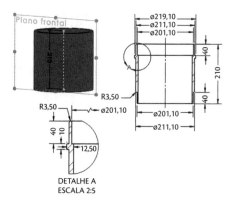

Figura 5.8 – Criação da peça base.

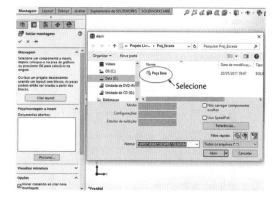

Figura 5.9 – Localização da peça base.

6. A peça selecionada será exibida na tela gráfica, porém, solidária ao movimento do cursor do mouse. Note que, no canto inferior esquerdo da tela, aparecerá uma pequena barra de menu flutuante com algumas opções de posicionamento para que você ajuste a posição de inserção da peça no ambiente de montagem. Caso você queira que ela entre no ambiente exatamente na posição em que aparece, com seu ponto de origem coincidente com o ponto de origem do ambiente de montagem, apenas clique o cursor do mouse na opção ok localizada no canto superior direito da tela (Figura 5.10).
7. Para criar a primeira nova peça clique em **Inserir → Componente → Nova peça**. Observe que será criado na árvore do projeto o item [Peça1^Montagem1]<1> (Figura 5.11).

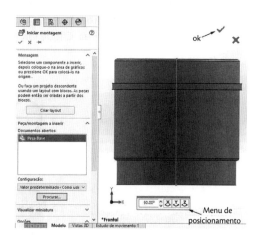

Figura 5.10 – Inserção da peça base no ambiente de montagem.

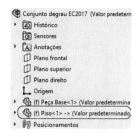

Figura 5.11 – Nova peça 1 criada na árvore do projeto.

Projeto no contexto | **167**

5.4.1.2 Modelagem do piso do degrau

A chapa que será usada para modelar o piso do degrau deverá ter espessura de 4,76 mm (3/16") e seu processo de criação consiste em:

1. Selecione na árvore do projeto o item [Peça1^Montagem1]<1> e clique o botão direito do mouse para acessar o menu de atalhos. No menu, clique o botão de opção **Editar peça** (Figura 5.12). Note que agora as guias dos gerenciadores de recursos estarão acessíveis com todas as suas opções. O sistema abriu uma janela, levando-o para o modo **Peça**. Observe ainda que a peça base estará sendo exibida com aparência translúcida.

2. Clique na guia **Esboço** e selecione **Esboço**. O sistema solicitará que você selecione um Plano de esboço (um dos três planos da Peça1 editada). Selecione a face superior do encosto da peça base (Figura 5.13).

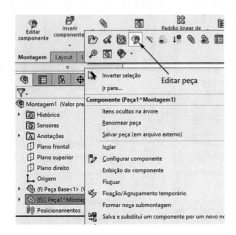

Figura 5.12 – Seleção do modo de edição.

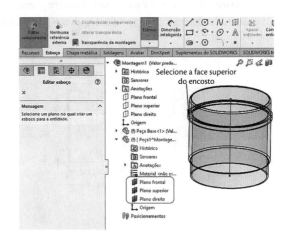

Figura 5.13 – Seleção da face de esboço.

3. Mude a visualização para a opção **Normal a** ou pressione Ctrl + c.
4. Crie o esboço com as dimensões mostradas na Figura 5.14 e, em seguida, selecione na guia **Chapa metálica** o recurso **Flange-base/Aba**. Especifique a espessura T1 = 4,76 mm e selecione a opção **Direção inversa** para que a extrusão ocorra para cima. Clique OK para confirmar.

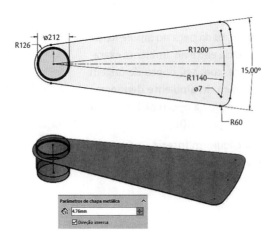

Figura 5.14 – Mesa do degrau.

5. Vamos criar uma pequena modificação em relação ao nosso projeto anterior. Selecione o recurso **Flange de aresta** e configure os painéis com as dimensões conforme a Figura 5.15. Aplique o recurso nas duas arestas laterais da chapa. Clique OK. Selecione então o recurso **Filete** e aplique nas arestas dos cantos dos dois flanges um filete de R = 10 mm. Ver detalhe na Figura 5.15.

6. Feche a janela de edição clicando no ícone ao lado direito superior da tela gráfica.

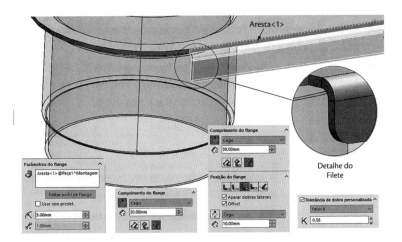

Figura 5.15 – Criação do Flange da Mesa.

5.4.1.3 Renomear, definir material e salvar o arquivo

Para proteção de seu trabalho é recomendado que, a cada nova peça finalizada, você o salve. É possível salvar o arquivo de montagem completo com algumas opções de configuração ou salvar apenas o componente desejado (a nova peça), externamente à montagem, onde se queira. Antes, porém, você pode renomear o arquivo e atribuir-lhe o material de fabricação.

1. Para renomear o arquivo da nova peça, selecione-o na árvore do modelo e clique o botão direito do mouse para acessar o menu de atalhos
2. Clique em **Renomear peça** e renomeie como Piso.
3. Repita o procedimento e selecione **Material → Editar material** para acessar a caixa de seleção **Material**. Selecione em **Aços** o material 1023 Chapa de aço carbono (SS). Clique em **Aplicar e Fechar** (Figura 5.16).
4. Caso você deseje salvar a montagem e a nova peça, selecione **Arquivo → Salvar**. Será exibida a caixa **Salvar documentos modificados** (Figura 5.17). Selecione **Salvar todos**.
5. Será então exibida a caixa **Salvar como**. Localize primeiro a pasta na qual deseja salvar. Em **Nome** defina o nome da montagem como Conjunto degrau EH2017 e ative a opção **Incluir os componentes referenciados** (Figura 5.18).

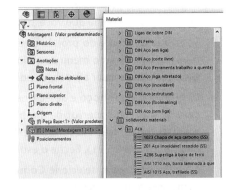

Figura 5.16 – Configuração do material de fabricação.

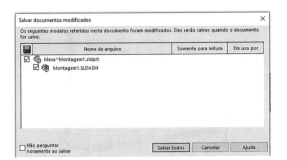

Figura 5.17 – Caixa Salvar documentos modificados.

Figura 5.18 – Caixa Salvar como.

A opção **Incluir os componentes referenciados** copia todos os componentes referidos para o novo local, adicionando um prefixo ou sufixo aos nomes dos componentes, conforme especificado.

Se você clicar em **Avançado**, será exibida a caixa **Salvar como com referência**. A opção **Incluir componentes virtuais** exibe uma lista dos documentos referidos pelo desenho ou montagem atualmente selecionado. É possível *editar os locais* dos arquivos listados e os componentes virtuais da montagem.

6. Clique em **Salvar** e verifique agora a pasta do seu projeto. Note que existem três arquivos: o arquivo de montagem com o nome que você atribuiu como Conjunto degrau EH2017, o arquivo Piso e o arquivo Peça Base (Figura 5.19). Posteriormente, você pode renomear o arquivo Peça Base para, por exemplo, Tubo central.

Figura 5.19 – Lista de arquivos salvos na pasta.

5.4.1.4 Modelagem do guarda-corpo

Guarda-corpo é o pilar solidário ao degrau (soldado ou parafusado) que é utilizado para suportar o corrimão da escada. Deve ter altura mínima de 80 cm e máxima de 100 cm, segundo a NBR 9077:2001 e NBR 9050:2004.

1. Para criar a segunda nova peça clique em **Inserir → Componente → Nova peça**. Observe que será criado na árvore do projeto o item [Peça2^Conjunto do degrau EC2017]<1>. Renomeie o arquivo para o nome Guarda-corpo. Note que agora aparece o nome que você atribuiu à Montagem1 (Figura 5.20).

2. Selecione na árvore do projeto o item criado e clique com o botão direito do mouse para acessar o menu de atalhos. No menu, clique o botão de opção **Editar peça** para acessar a janela de edição da nova peça.

3. Clique na guia **Esboço** e selecione **Esboço 3D**. Selecione o centro do furo central na face superior da chapa do degrau. Esboce uma linha vertical e aplique a relação **Ao longo de Y**. Dimensione o esboço com a medida de 800 mm (Figura 5.21). Feche o esboço.

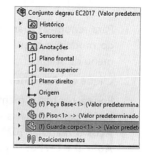

Figura 5.20 – Novo arquivo de peça criado.

4. Na guia **Soldagens**, selecione **Componente** estrutural e aplique no esboço o componente tubo circular ISO 48,3 x 3.2mm (Figura 5.22).

5. Selecione na árvore do projeto do guarda-corpo o item **Material** e edite para acessar a biblioteca de materiais. Selecione **Aços → SolidWorks Material → AISI 1015, Aço trefilado (SS)**. Clique em **Aplicar** e **Fechar**.

6. Aproveite e expanda a lista da Peça Base, selecione **Editar material** e aplique o mesmo material.

7. Saia do modo de edição e clique em **Salvar**.

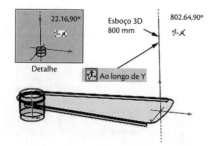

Figura 5.21 – Esboço 3D do montante.

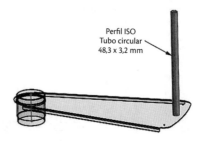

Figura 5.22 – Inserção do perfil ISO tubo circular.

8. Na caixa **Salvar como**, selecione a opção **Salvar externamente (caminhos especificados)**. Clique OK para confirmar. Note que o caminho com a pasta do projeto já aparece agora definido no sistema (Figura 5.23).

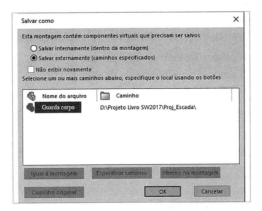

Figura 5.23 – Arquivo salvo externamente.

5.4.1.5 Modelagem do terminal superior

O terminal superior do guarda-corpo, como foi visto no capítulo anterior, fará a interface entre o guarda-corpo e o corrimão.

1. Para criar a terceira nova peça, selecione **Inserir** → **Componente** → **Nova peça** e renomeie o arquivo para terminal superior. Defina o Material como **Aço** → **AISI 1020**.
2. Inicie novo esboço e selecione como plano de esboço o plano frontal da peça que está sendo criada. Faremos aqui outra pequena mudança na geometria dessa peça em relação à criada no capítulo anterior. Dimensione o esboço como mostrado na Figura 5.24. Em seguida, aplique o recurso **Ressalto/base revolucionado** (Figura 5.25).
3. Saia do modo de edição e salve seu projeto.

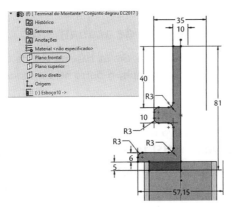

Figura 5.24 – Esboço 2D do Terminal superior.

Figura 5.25 – Peça Terminal superior.

5.4.1.6 Modelagem da bucha de fixação

Nosso projeto contém três buchas com furo M6 para fixação na chapa do degrau (Piso). Na base do guarda-corpo haverá uma bucha e, no pé do degrau, duas buchas. Como são todas iguais, criaremos uma delas, salvaremos e, depois, as demais serão inseridas na montagem do projeto utilizando **Relações de posicionamentos**.

1. Para criar a quarta nova peça selecione **Inserir → Componente → Nova peça** e renomeie o arquivo para bucha de fixação. Defina o Material como **Aço → AISI 1020**.

2. Selecione o arquivo na árvore do projeto e entre no modo de edição.

3. Antes de iniciar novo esboço, clique o botão esquerdo sobre o item mesa na árvore do projeto e selecione no menu flutuante **Ocultar componentes**.

4. Inicie um novo esboço. Incline a visualização do guarda-corpo para ter acesso à sua face transversal inferior. Selecione-a como face de esboço.

5. Clique na ferramenta **Converter entidades** e selecione a aresta interna do tubo. Clique OK.

6. Faça uma extrusão de 15 mm para dentro do tubo. Depois, aplique na aresta interna e externa um chanfro de 3 × 45°.

7. Para finalizar, acesse o **Assistente de furação** e crie um furo ISO do tipo broca de rosquear, passante, Rosca M6 (Figura 5.26).

8. Saia do modo de edição e salve seu projeto.

Figura 5.26 – Peça Bucha de fixação.

5.4.1.7 Modelagem do terminal inferior de acabamento

Nosso projeto contém dois terminais de acabamento, um na base do guarda-corpo e outro na base do pé do degrau. Como são iguais, criaremos um deles, salvaremos e, depois, o outro será inserido na montagem do projeto utilizando relações de posicionamento.

1. Para criar a quinta nova peça selecione **Inserir → Componente → Nova peça** e renomeie o arquivo para Terminal de inferior. Defina o Material como **Aço → AISI 1020**.

2. Selecione o arquivo na árvore do projeto e entre no modo de edição.

3. Inicie novo esboço e selecione como plano de esboço o plano frontal da peça que está sendo criada. Dimensione o esboço como mostrado na Figura 5.27. Em seguida, aplique o recurso **Ressalto/base revolucionado** para gerar o corpo sólido. Saia do modo de edição e salve.

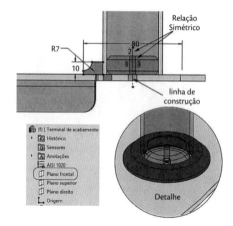

Figura 5.27 – Peça Terminal inferior.

5.4.1.8 Modelagem do pé do degrau

Há duas formas de se criar o tubo circular que será utilizado como pé do degrau.

» Você pode utilizar um Esboço 3D e proceder como já visto no capítulo anterior;

» Ou utilizar o recurso **Inserir geometrias de referência** e primeiramente inserir um eixo no furo M6 de fixação do pé do degrau, simplesmente selecionando o comando e depois a parede do furo. Será criado o Eixo1 (ver Detalhe na Figura 5.28). Em seguida, insere-se um plano entre o eixo do tubo central e o Eixo1 do furo M6 para criar o Plano1.

Utilizaremos a segunda opção.

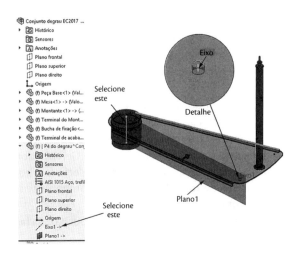

Figura 5.28 – Peça terminal inferior.

1. Para criar a sexta nova peça selecione então **Inserir** → **Componente** → **Nova peça** e renomeie o arquivo para Pé do degrau. Defina o Material como **Aço** → **AISI 1015**, Aço trefilado (SS). Clique em **Aplicar e Fechar**.
2. Selecione o arquivo na árvore do projeto, entre no modo de edição e faça o procedimento descrito anteriormente com relação à inserção de um eixo e de um plano.
3. Depois de criado o Eixo1 e o novo plano (Plano1), selecione-o como Plano de esboço e esboce uma linha vertical partindo do centro do furo, a partir da face inferior do Piso, para baixo, com dimensão de 165,24 mm (Figura 5.29).
4. Na guia **Soldagens,** selecione **Componente estrutural** e aplique no esboço o componente tubo circular ISO 48,3 x 3,2 mm (Figura 5.30).
5. Saia do modo de edição e salve seu projeto.

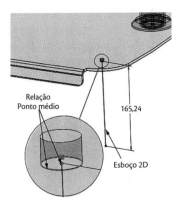
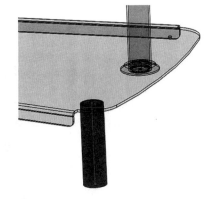

Figura 5.29 – Esboço 2D do pé do degrau.   Figura 5.30 – Peça pé do degrau.

> **NOTA**
>
> A altura do piso do degrau ao piso posterior ou anterior é estabelecida por norma como equivalente em média a 170 mm, descontando a espessura da chapa de 4,76 mm, que resulta na dimensão utilizada de 165,24 mm.

5.4.1.9 Inserção da bucha de fixação e do terminal inferior

Como vimos, precisaremos agora inserir no tubo destinado ao pé do degrau duas buchas de fixação e um terminal de acabamento. Usaremos para esse fim o recurso de inserção de componentes em uma montagem.

1. Clique o cursor na árvore do projeto sobre o componente Piso e selecione **Ocultar componente**. Em seguida, clique em **Inserir → Componente → Montagem peça existente**. Será aberto o gerenciador de propriedades **Inserir componente**.
2. Clique em **Procurar**, selecione o componente de nome **Bucha de fixação** e confirme. Note que o componente ficará solidário ao cursor do mouse, seguindo seu movimento. Observe que será possível girar em torno dos eixos X, Y e Z por meio da barra flutuante (Figura 5.31).
3. Clique na tela gráfica em zona próxima à parte superior do tubo para desvincular o cursor da peça.
4. Na guia **Montagem**, selecione o recurso **Posicionar** para acessar o Gerenciador de propriedades de mesmo nome. Note que será exibida uma lista de relações de posicionamento. Selecione o botão **Concêntrico** (1) e, em seguida, selecione as faces cilíndricas da bucha e do tubo. Observe que o componente se posicionará concentricamente ao tubo (Figura 5.32). Clique OK para confirmar.
5. Selecione depois o botão **Coincidente** e clique na face superior da bucha e na face superior do tubo para que ambas coincidam na mesma altura. Ver Detalhe da Figura 5.32.

Figura 5.31 – Inserção do componente Bucha de fixação.

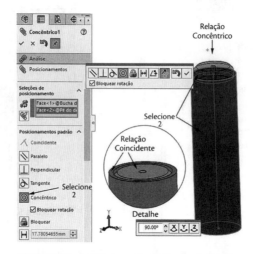

Figura 5.32 – Posicionamento da Bucha de fixação.

6. Repita o mesmo procedimento para a inserção e posicionamento da bucha inferior.
7. A inserção e o posicionamento do terminal inferior são similares aos procedimentos anteriores e utilizarão as mesmas relações de posicionamentos. A Figura 5.33 exibe as duas buchas e o terminal de acabamento do pé do degrau, inseridos e devidamente posicionados, restando apenas realizar a inserção dos parafusos por intermédio do *toolbox*. O parafuso da bucha de fixação inferior do pé do degrau dever ser inserido no processo de montagem da escada.

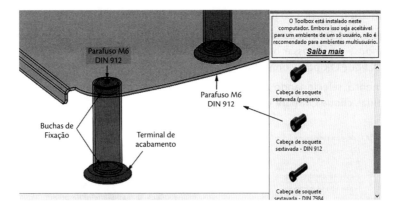

Figura 5.33 – Buchas, terminal e parafusos.

5.4.2 Subconjuntos do conjunto degrau para escada helicoidal

Havíamos mencionado no item 5.4.1 que esse projeto, em virtude de sua simplicidade, poderia ter sua estrutura semelhante à disposição gráfica mostrada na Figura 5.1. Somente a peça base (tubo central) e peças associadas umas às outras e a ela. Entretanto, verificando com maior atenção, podemos ver, se considerarmos a ideia de que o piso fique apenas encostado sobre o tubo central, como havíamos proposto no capítulo anterior, que o guarda-corpo e sua bucha de fixação, terminal superior e terminal inferior constituem um subconjunto. Da mesma forma, o pé do degrau e suas duas buchas de fixação constituem outro subconjunto, visto que em ambos os tubos ISO 48,3 x 3,2 mm as peças citadas (terminais e bucha) são soldadas, sendo, posteriormente, fixadas por parafusos ao piso. A Figura 5.34 ilustra então os dois subconjuntos.

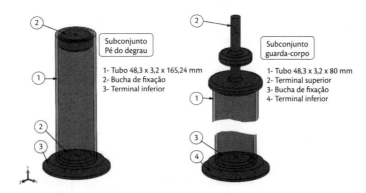

Figura 5.34 – Subconjuntos pé do degrau e guarda-corpo.

5.4.2.1 Criar subconjuntos (submontagens)

Existem diversas maneiras de criar uma submontagem:

a. É possível criar um documento de montagem como uma operação separada e, em seguida, torná-lo uma submontagem, inserindo-o como um componente em uma montagem de nível superior.

b. Você pode inserir uma nova submontagem vazia em qualquer nível da hierarquia de uma montagem durante a edição da montagem de nível superior e, em seguida, adicionar os componentes de diversas maneiras.

c. Você pode formar uma submontagem selecionando um grupo de componentes que já existem na montagem. Isso cria uma submontagem e adiciona a ela os componentes em uma única etapa.

d. Pode-se iniciar o SolidWorks no modo **Montagem** e utilizar o método da montagem por esboço de *layout* para criar o esboço da peça base e depois entrar no modo de edição, gerando-se por fim o modelo 3D da peça base da submontagem.

Utilizaremos, aqui, o método descrito no item **b** para criar as duas submontagens.

1. Na árvore do projeto, selecione todos os componentes que integram o subconjunto Guarda-corpo e clique com o botão direito do mouse para acessar o menu de atalhos. Em seguida, selecione a opção **Formar nova submontagem** (Figura 5.35). Clique OK para confirmar.
2. Repita o procedimento, selecionando agora todos os componentes que integram o subconjunto pé do degrau (Figura 5.36). Ao final, clique OK para confirmar.

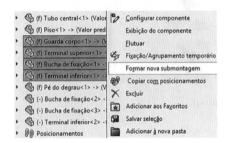

Figura 5.35 – Seleção para submontagem guarda-corpo.   **Figura 5.36** – Seleção para submontagem pé do degrau.

3. Observe que os subconjuntos criados aparecerão identificados como Montagem1^Conjunto do degrau EC2017 e Montagem2^Conjunto do degrau EC2017 (Figura 5.37).
4. Renomeie a Montagem1 como Subconjunto guarda-corpo e a Montagem2 como Subconjunto pé do degrau. Em seguida, salve seu projeto. Observe que agora ambos os subconjuntos aparecem listados na caixa **Salvar documentos modificados**.
5. Clique em **Salvar todos**. Será aberta a caixa **Salvar como**.
6. Selecione a opção **Salvar externamente** (escolha o caminho especificado). Este último procedimento permite que os subconjuntos sejam abertos separadamente do conjunto principal. Dessa forma, pode ser criado um desenho de detalhes somente do subconjunto, com todas as notações construtivas. A Figura 5.38 ilustra os procedimentos 2, 3 e 4.
7. Feche a montagem.

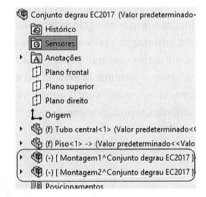

Figura 5.37 – Submontagens criadas.

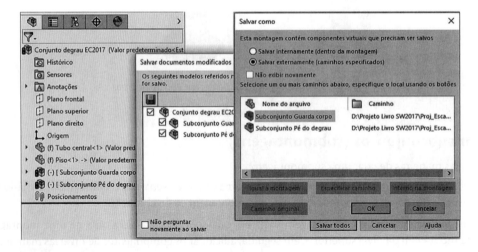

Figura 5.38 – Salvando as submontagens.

Ao acessarmos a pasta do projeto em nosso computador, veremos a lista de componentes da Figura 5.39. Note que o componente Peça Base aqui já aparece renomeado para Tubo central. Temos os nomes virtuais criados para o conjunto e subconjuntos e todos os componentes.

Nome	Data de modificação	Tipo	Tamanho
Bucha de fixação	24/01/2017 20:48	SOLIDWORKS Part Document	36 KB
Conjunto degrau EH2017	**24/01/2017 21:31**	**SOLIDWORKS Assembly Document**	**175 KB**
Guarda corpo	23/01/2017 14:09	SOLIDWORKS Part Document	32 KB
Pé do degrau	24/01/2017 13:08	SOLIDWORKS Part Document	32 KB
Piso	21/01/2017 14:56	SOLIDWORKS Part Document	65 KB
Subconjunto Guarda corpo	24/01/2017 20:48	SOLIDWORKS Assembly Document	22 KB
Subconjunto Pé do degrau	24/01/2017 20:48	SOLIDWORKS Assembly Document	25 KB
Terminal inferior	24/01/2017 20:48	SOLIDWORKS Part Document	29 KB
Terminal superior (Peça Base)	24/01/2017 20:48	SOLIDWORKS Part Document	33 KB
Tubo central	23/01/2017 12:49	SOLIDWORKS Part Document	113 KB

Figura 5.39 – Lista da pasta Projeto_Escada.

Tudo isso nos leva a concluir que nosso projeto compõe uma estrutura mista, como havíamos citado anteriormente, e sua aplicação é muito mais comum no desenvolvimento de projeto no contexto. A Figura 5.40 ilustra o diagrama deste projeto.

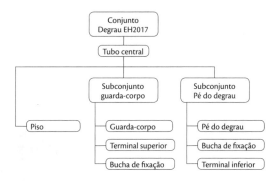

Figura 5.40 – Diagrama do Projeto.

5.4.3 Projeto de escada helicoidal

Quanto ao projeto da escada helicoidal como um todo, verificamos que ele terá a seguinte composição:

» conjunto degrau EH2017, já projetado;
» flange de fixação, ainda não projetado;
» extensor do tubo central, ainda não projetado;
» corrimão da escada, ainda não projetado.

Figura 5.41 – Montagem final da escada helicoidal.

Apenas para informação do leitor, a definição do número de conjuntos de degraus (ND) pode ser feita a partir da altura máxima H (cm) entre os níveis de referência do segundo e do primeiro piso da residência (H = ∇NR2 − ∇NR1), dividida por h = 17 cm, que é considerado uma altura ideal para o degrau de uma escada de qualquer tipo. Sendo seus limites [16 ≥ h ≤ 18], ND será sempre um número inteiro (ND_{int}). Assim, o h deverá ser recalculado (h_{final}) conforme expressão na Tabela 5.1.

Tabela 5.1 – Dimensionamento de escada de qualquer tipo		
Altura máxima (cm)	Número de degraus	Altura do degrau (cm)
H = ∇NR2 - ∇NR1	$ND = \dfrac{H}{17}$	$h_{final} = \dfrac{H}{ND_{int}}$

5.4.3.1 Flange de fixação

Para projetar o flange de fixação iniciaremos uma nova montagem e utilizaremos o tubo central como referência. Entretanto, salvaremos apenas o flange de fixação, pois não faz parte do Conjunto degrau EH2017.

1. Inicie o SolidWorks no modo **Montagem** e insira como primeiro componente o tubo central.
2. Clique em seguida em **Inserir → Componente → Nova peça**. Observe que será criado na árvore do projeto o item [Peça1^Montagem]<1>. Renomeie como Flange de fixação.
3. Selecione o novo componente e entre no modo de edição.
4. Faça o esboço de dois círculos concêntricos no Plano superior com os diâmetros de 202 e 350 mm, respectivamente (Figura 5.42).
5. Selecione **Flange-base/Aba** na guia **Chapa metálica** e atribua uma espessura de 38,1 mm (1 1/2"). Clique OK para confirmar.
6. Inicie novo esboço e selecione o plano frontal como plano de esboço. Mude para visualização **Normal a**.
7. Esboce o perfil de corte como mostrado na Figura 5.43. Em seguida, execute o corte revolucionado em relação ao eixo central.
8. Utilize o recurso **Assistente de furação** e **Padrão circular**. Crie seis furos com rebaixo para parafuso Allen M12 (Figura 5.44).
9. Feche o modo de edição.

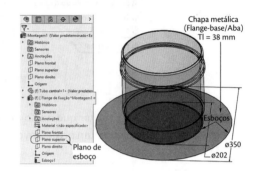

Figura 5.42 – Criação da chapa metálica.

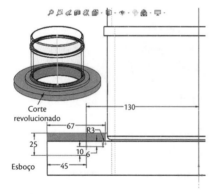

Figura 5.43 – Esboço para corte revolucionado.

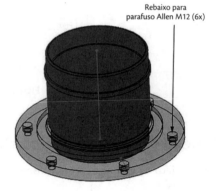

Figura 5.44 – Furação do flange de fixação.

10. Posicione agora o cursor do mouse sobre o componente criado (Flange de fixação) e clique o botão direito para acessar o menu de atalhos. Selecione **Salvar peça** (em arquivo externo). A caixa **Salvar como** será exibida. Se o caminho estiver correto, clique OK para confirmar (Figura 5.45).

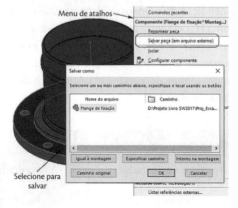

Figura 5.45 – Salvando o arquivo.

5.4.3.2 Extensor do tubo central

O extensor do tubo central é bem simples e você pode criá-lo diretamente em seguida, pois é apenas um pedaço de tubo com rebaixo usinado nas duas extremidades. Será inserido sobre o tubo central na montagem da escada helicoidal em quantidade necessária até atingir o teto do piso superior, sendo depois finalizado com outro flange de fixação.

1. Clique em seguida em **Inserir → Componente → Nova peça**. Observe que será criado na árvore do projeto o item [Peça2^Montagem]<3>. Renomeie como extensor do tubo central.
2. Selecione o novo componente e entre no modo de edição.
3. Faça o esboço de uma linha vertical no plano frontal da peça. Defina o esboço com 210 mm (Figura 5.46).
4. Feche o esboço, selecione na guia **Soldagens** o tubo circular ISO 219,1 x 12,5 mm e aplique no esboço.
5. Inicie novo esboço. Desenhe-o e dimensione-o com as medidas necessárias para gerar, por meio do recurso **Corte revolucionado**, o componente desejado. Aplique nas arestas indicadas um filete de R = 3 mm. A Figura 5.47 exibe uma vista detalhada em corte longitudinal do extensor.
6. Feche o ambiente de edição.
7. Selecione e salve o arquivo da peça como feito com o componente anterior.

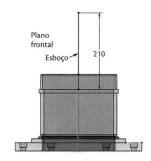

Figura 5.46 – Esboço para criação do extensor.

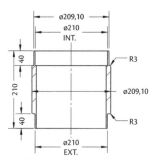

Figura 5.47 – Corte longitudinal detalhado do extensor.

5.4.3.3 Corrimão

Para modelarmos o corrimão, precisaremos fazer a montagem da escada helicoidal e, então, utilizar a geometria de uma hélice como caminho para criar um tubo, usando o recurso **Ressalto base/varrido** com a opção **Altura** ou **Passo** e número de voltas específico.

1. Inicie o SolidWorks no modo **Montagem** e clique a seguir em **Inserir → Componente → Montagem/peça existente**. Selecione o flange de fixação e clique OK para que ele fique inserido na origem. Aproveite e acesse o *toolbox* para selecionar e inserir os parafusos do flange (Figura 5.48).

Figura 5.48 – Inserção do componente Bucha de fixação e parafusos.

2. Clique em seguida em **Inserir → Componente → Montagem/peça existente**. Na caixa **Abrir**, selecione **Montagem** para visualizar as montagens disponíveis na pasta e clique em Conjunto degrau EH2017.

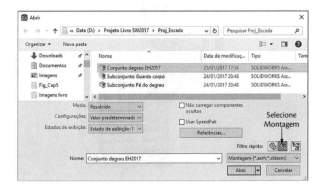

Figura 5.49 – Seleção do Conjunto degrau EH2017 para inserção na montagem da escada.

Projeto no contexto | 179

3. Aplique uma relação de posicionamento concêntrico entre as superfícies cilíndricas (1) e uma relação coincidente (2) entre a superfície inferior da aresta do tubo central e a superfície inferior do flange (Figuras 5.50 e 5.51).

Figura 5.50 – Aplicação de relações de posicionamento.

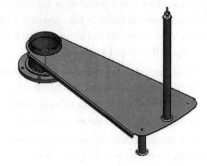

Figura 5.51 – Conjunto posicionado sobre o flange de fixação.

4. Repita o procedimento e insira novamente o Conjunto degrau EH2017. Aplique uma relação de posicionamento concêntrico (1) entre as faces cilíndricas do tubo central. Em seguida, aplique outra relação de posicionamento concêntrico (2) entre a cabeça do parafuso M6 do degrau superior e o furo de fixação no degrau inferior. Para completar o posicionamento, insira uma relação de distância entre as superfícies superiores dos dois pisos (3) (Figuras 5.52 e 5.53).

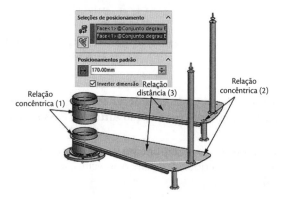

Figura 5.52 – Aplicação de relações de posicionamento concêntrico e distância.

Figura 5.53 – Conjunto posicionado sobre o flange de fixação.

5. Repita esses procedimentos para inserção e posicionamento dos próximos 14 conjuntos até totalizar os 16 necessários para gerar o **corrimão**. A Figura 5.54 exibe os 16 degraus inseridos e posicionados.
6. Clique em seguida em **Inserir → Componente → Nova peça**. Observe que será criado na árvore do projeto o item [Peça1^Montagem Escada Helicoidal]<1>. Renomeie como corrimão.
7. Selecione o novo componente e entre no modo de edição.

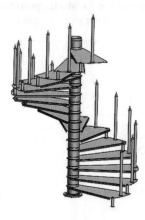

Figura 5.54 – Degraus inseridos e posicionados.

8. Crie um novo plano de esboço tendo como referência a superfície da ponta do terminal superior do primeiro conjunto guarda-corpo (Figura 5.55). Use distância D1 = 24 mm.

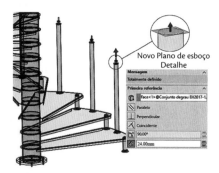

Figura 5.55 – Criação de novo plano de esboço.

9. Esboce no novo plano (Plano1), com centro na origem, um círculo de diâmetro 2.280 mm, como mostra a Figura 5.56, e feche o esboço.

10. Selecione **Inserir** → **Curva** → **Hélice/espiral**. Será exibido o gerenciador de propriedades do recurso. Em seguida, clique o cursor do mouse no esboço do círculo para gerar a hélice.

11. No gerenciador de propriedades do recurso, configure o painel **Definido por** como **Altura** e **Revolução**. No painel **Parâmetros**, defina a hélice como passo constante com altura igual a 2.540 mm, revoluções igual a 0,902, ângulo inicial de 90° e sentido anti-horário, conforme mostra a Figura 5.57. Clique OK para confirmar. Note que a hélice aparecerá na árvore do projeto e que, quando tocada pelo cursor do mouse, fica visível na montagem.

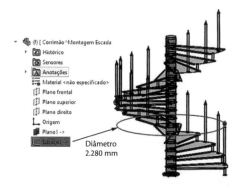

Figura 5.56 – Esboço do círculo base.

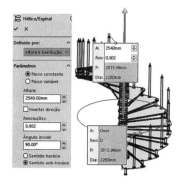

Figura 5.57 – Criação da hélice.

Para gerar o tubo que formará o corrimão, utilizaremos o recurso **Ressalto/base varrido**, visto não ser possível aplicar o recurso **Componente estrutural** da guia **Soldagens**, por se tratar de uma hélice cuja função é ser utilizada como caminho de extrusão por varredura.

12. Crie inicialmente um Esboço 3D, com linha de construção, de uma pequena linha vertical de 24 mm de extensão (metade do diâmetro do tubo do corrimão) no centro da face superior do terminal do primeiro guarda-corpo, como mostra a imagem e detalhe ampliado da Figura 5.58. Note que o ponto superior da linha coincide com o Plano1 e com o plano frontal, que é ortogonal ao Plano1.

13. Inicie novo esboço (Esboço 2D) e selecione o plano frontal como plano de esboço. Esboce na extremidade superior da linha criada um círculo de diâmetro 48,3 mm (mesmo diâmetro do Tubo ISO 48,3 x 3,2 mm), como mostra a Figura 5.59. Feche o esboço.

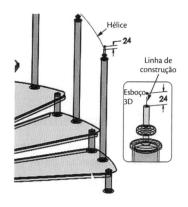

Figura 5.58 – Esboço de linha vertical.

Projeto no contexto | 181

Observe que a figura exibe os itens necessários para aplicação do recurso **Ressalto/base varrido**: um caminho (hélice) e um esboço (círculo).

14. Selecione na guia **Recursos** o recurso **Ressalto/base varrido** para gerar o tubo que formará o corrimão. Será exibido o Gerenciador do recurso.

15. No painel **Perfil e caminho**, configure como **Varredura de perfil**, selecione o círculo com esboço e expanda a lista da árvore do projeto para selecionar a hélice como caminho.

16. Ative o painel **Recurso fino** e defina uma espessura de 3,2 mm. Clique em **Inverter direção** para que a espessura ocorra para o lado de dento (Figura 5.60). Clique OK para confirmar.

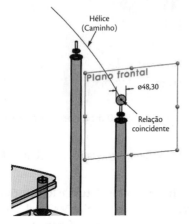
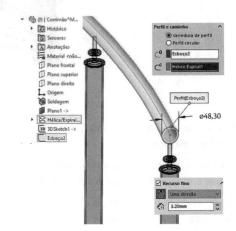

Figura 5.59 – Esboço do círculo para formação do corrimão.

Figura 5.60 – Aplicação do recurso Ressalto/base varrido com a opção Recurso fino.

Para finalizar o projeto do corrimão e a montagem da escada helicoidal, crie modelos nas extremidades do corrimão de duas extensões de tubo com curvas e tampas. Em seguida, insira o extensor do tubo central em quantidade necessária para atingir o teto do segundo pavimento da residência. Finalize com mais um flange de fixação e seus respectivos parafusos. A Figura 5.61 ilustra essa fase final.

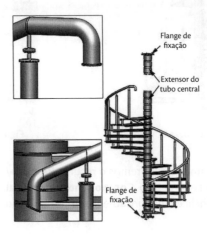

Figura 5.61 – Montagem final da escada helicoidal.

5.4.4 Edição de montagens

Caso você deseje ou necessite, o SolidWorks permite fazer modificação na estrutura da montagem, possibilitando ainda mover os componentes de um nível para outro para reorganizar a hierarquia da montagem.

O seguinte se aplica a todos os componentes selecionados para uma única operação:

» Os componentes devem estar no mesmo nível em uma montagem-pai.
» Os componentes precisam ser movidos para a mesma montagem de destino.

Para modificar a estrutura da montagem:

1. Clique em **Ferramentas → Reorganizar componentes**. Será exibida a caixa **Edição de estrutura da montagem** (Figura 5.62).
2. Selecione os componentes que deseja mover na árvore de projetos ou na área de gráficos.

    Na caixa de diálogo, os componentes selecionados são listados na janela **Componentes a mover**.
3. Clique na janela **Montagem de destino** e, em seguida, clique no ícone da montagem apropriada na árvore de projetos.

    Se os componentes ou recursos forem excluídos como resultado da movimentação, a caixa de diálogo será expandida para exibir uma lista de itens afetados.

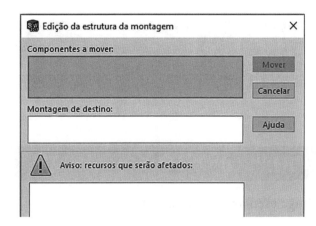

Figura 5.62 – Caixa de edição de estrutura de montagem.

4. Clique em **Mover**.

    Os ícones de componente são exibidos no final da seção de componentes da montagem de destino.

5.4.5 Edição, limitações de edição e dissolução de submontagens

Durante o processo de criação de uma montagem, é possível modificar as submontagens das seguintes maneiras:

» Dissolvendo-se a submontagem em componentes individuais, movimentando-se os componentes para um nível acima na hierarquia da montagem.
» Editando-se a estrutura da montagem, movendo-se componentes para cima ou para baixo na hierarquia, ou para um ramo diferente da hierarquia. Existem dois modos de se fazer isso:
   - Arrastando e soltando os componentes para movê-los de uma montagem para outra.
   - Clicando em **Ferramentas → Reorganizar componentes**. Esse método pode ser mais fácil de usar quando a árvore de projeto é muito longa e, portanto, requer muita rolagem do cursor.
» É possível ainda alterar a ordem dos componentes em um nível da hierarquia.

5.4.5.1 Limitações de edição

A maioria das operações disponíveis para edição de submontagens isoladas está disponível para a edição de submontagens no contexto. Entretanto, existem algumas operações que não podem ser executadas durante a edição de uma submontagem no contexto:

» criar um novo componente no contexto;
» inserir ou modificar um cordão de solda.

Para essas operações, é necessário abrir e editar a submontagem em uma janela individual.

5.4.5.2 Dissolução de submontagens

Para dissolver uma submontagem na área de gráficos, clique com o botão direito do mouse na submontagem e clique em **Selecionar submontagem**. Em seguida, clique com o botão direito na área de gráfico e em **Dissolver a submontagem**.

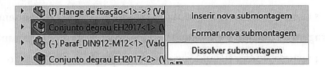

Figura 5.63 – Dissolução de submontagem.

> **NOTA**
>
> Quando uma submontagem é dissolvida, seus componentes são herdados imediatamente pela peça base da montagem.

5.5 EXERCÍCIO PROPOSTO

5.5.1 Projeto de centrífuga escolar (no contexto)

Esse projeto já foi publicado anteriormente em nosso livro *SolidWorks Premium 2013* e, lá, proposto para modelagem sólida. É trazido aqui com algumas modificações internas, com a proposta de modelagem em chapa metálica e projeto no contexto. Ele deve ser totalmente criado no contexto. Os detalhes construtivos seguem nas Figuras 5.65 a 5.86.

Figura 5.64 – Centrífuga escolar (projeto do autor).

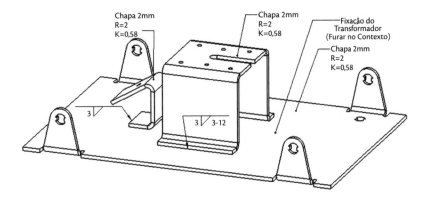

Figura 5.65a – Chassi (peça base – corpos múltiplos) – Detalhe 1.

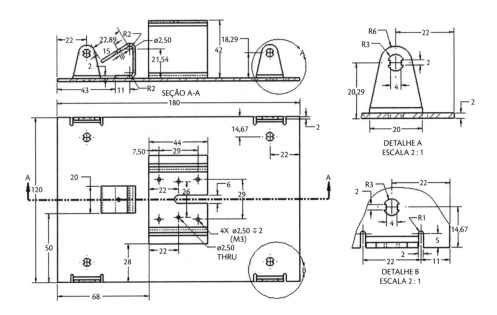

Figura 5.65b – Chassi (peça base – corpos múltiplos) – Detalhe 2.

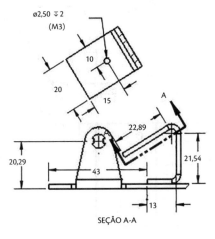

Figura 5.65c – Chassi (peça base – corpos múltiplos) – Detalhe 3.

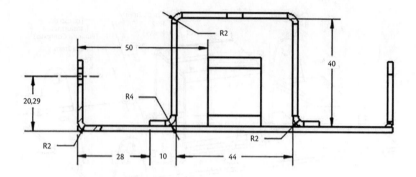

Figura 5.65d – Chassi (peça base – corpos múltiplos) – Detalhe 4.

Nº DO ITEM	QTD.	DESCRIÇÃO	DIMENSÕES
1	1	Cobertura	305,32 x 120 x 2
2	2	Lateral	184 x 82 x 2

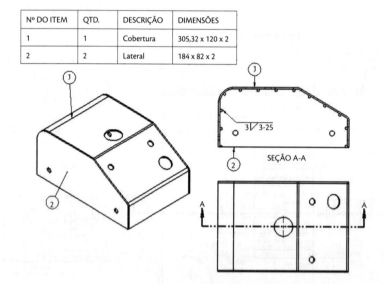

Figura 5.66a – Tampa – Detalhe 1.

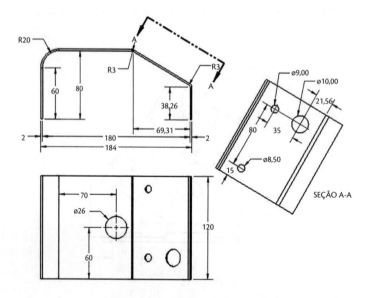

Figura 5.66b – Tampa – Detalhe 2.

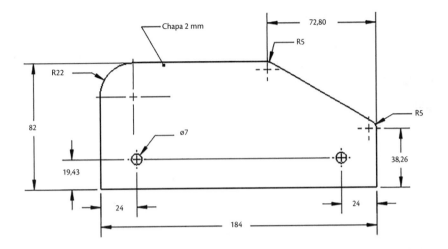

Figura 5.66c – Lateral da Tampa – Detalhe 3.

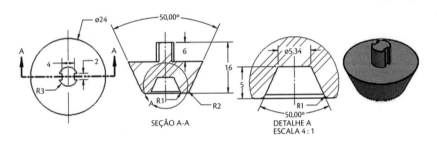

Figura 5.67 – Pé de borracha.

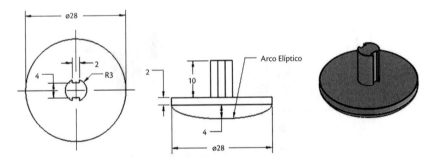

Figura 5.68 – Fixador da tampa.

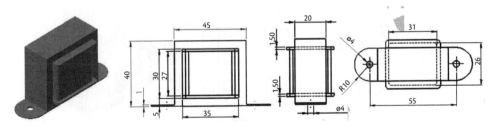

Figura 5.69 – Transformador.

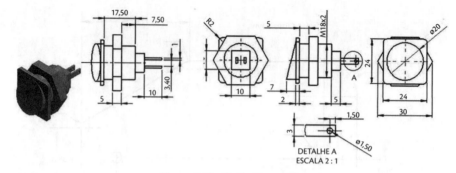

Figura 5.70 – Botão de partida.

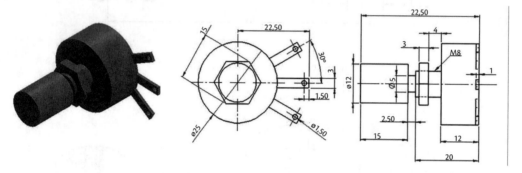

Figura 5.71 – Varistor.

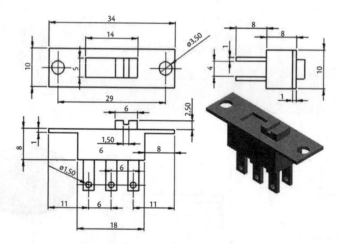

Figura 5.72 – Chave comutadora de tensão.

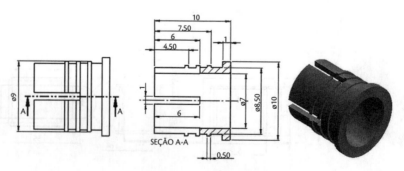

Figura 5.73 – Porta LED.

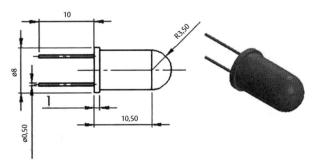

Figura 5.74 – LED.

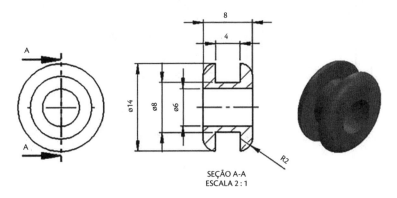

Figura 5.75 – Passa cabo.

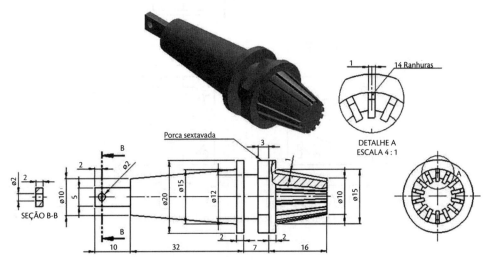

Figura 5.76 – Porta-fusível.

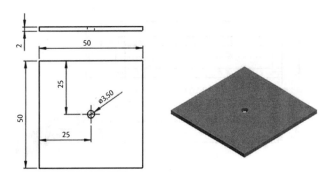

Figura 5.77 – Placa de circuito.

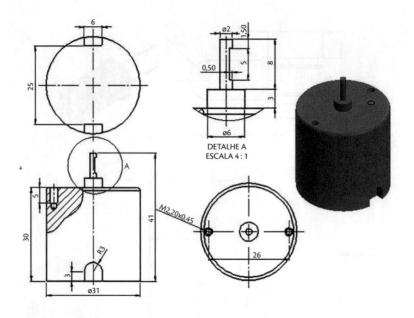

Figura 5.78 – Micromotor elétrico.

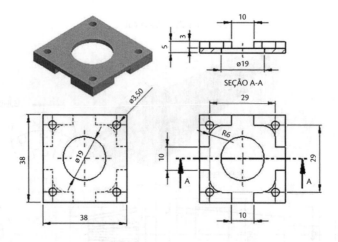

Figura 5.79 – Base de fixação do mancal.

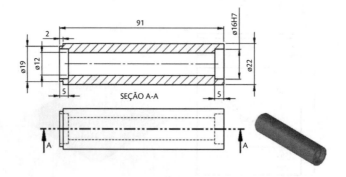

Figura 5.80 – Mancal.

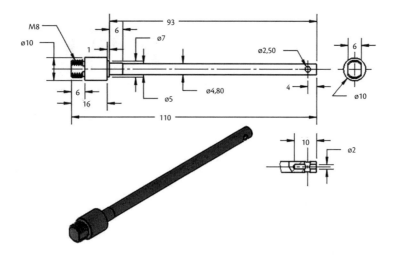

Figura 5.81 – Eixo.

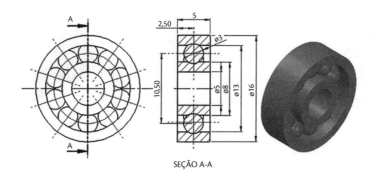

Figura 5.82 – Rolamento.

> **NOTA**
>
> Caso queira, utilize um rolamento da *toolbox* do SolidWorks e faça as devidas alterações no eixo e no assento do mancal.

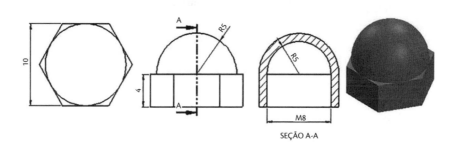

Figura 5.83 – Porca castelo.

Projeto no contexto

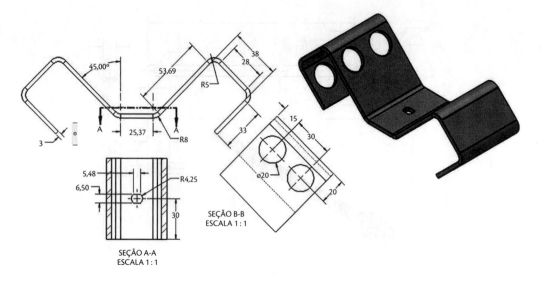

Figura 5.84 – Suporte de giro.

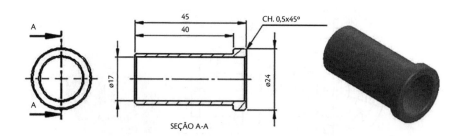

Figura 5.85 – Luva.

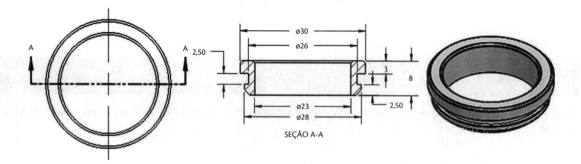

Figura 5.86 – Colar do mancal.

Costing

PARA COMEÇAR

O propósito deste sexto capítulo é apresentar da forma mais prática possível a ferramenta para estimativa de custos Costing. Trata-se de importante ferramenta para obtenção de projetos de custo competitivo, permitindo ao projetista e ao fabricante examinar e comparar diversos cenários e seus respectivos custos antes de definir-se por um ou outro processo, operação ou material.

6.1 GENERALIDADES

Um dos maiores problemas ou desafios na prestação de serviços de produção de peças em chapas, perfis ou componentes usinados é a estimativa de custo com relativa precisão, em função dos materiais, máquinas e tempos utilizados para a produção. Esse fator é muitas vezes decisivo no fechamento de uma negociação e, principalmente, ao se colocar no mercado um produto de custo satisfatório, que o torne financeiramente competitivo. O SolidWorks Premium 2017 continua inovando nessa área, trazendo ao público usuário, projetista e fabricante mais algumas melhorias na ferramenta SolidWorks Costing.

A ferramenta SolidWorks Costing ajuda o profissional da indústria a calcular os custos de fabricação de chapas metálicas e de peças usinadas, assim como plástico, gesso, peças impressa em 3D e soldagens com múltiplos corpos, automatizando a estimativa de custos e o processo de cotação.

A ferramenta ajuda os projetistas a tomarem decisões de projeto com base no custo de produção e ajuda os fabricantes a criarem orçamentos para os clientes. E agora, nessa nova versão do SolidWorks, fabricantes que estejam registrados na rede MySolidWorks Manufacturing Network1 podem carregar seus *template*s de chapa metálica, de modo que os usuários possam acessá-los no SolidWorks. Assim, os usuários que desejam estimar o custo de suas peças de chapa metálica também podem visualizar as informações dos fabricantes e entrar em contato com eles. Os *template*s também permitem criar operações personalizadas, como embalagem, entrada de ERP, pintura ou limpeza.

---

1 Rede de fabricantes desenvolvida para conectar usuários do SolidWorks a empresas confiáveis de manufatura, que ofereçam serviços de impressão 3D, chapas metálicas, usinagem CNC e moldagem por injeção. As empresas de serviço de manufatura podem registrar-se a fim de incluir seu nome na lista. Além disso, os usuários SolidWorks podem recomendar fabricantes específicos para inclusão. Em breve, os usuários do SolidWorks poderão se encontrar e se conectar aos fabricantes a fim de obter componentes 3D. Já os fabricantes poderão chegar até os usuários SolidWorks a fim de promover seus serviços e responder a pedidos de orçamento.

Sempre que houver uma alteração de projeto, será possível imediatamente visualizar os custos novos e atualizados, além de sua discriminação detalhada. Adicionalmente, é possível ainda obter relatórios de custos automatizados.

O Costing fornece estimativas do custo das peças a serem fabricadas. A ferramenta pode comparar modelos, possibilitando a tomada de decisões com base em custos desde cedo no processo de projeto. Assim, o projetista pode experimentar cenários de "probabilidade", seja pela remoção de recursos, alteração de materiais ou uso de diferentes processos de fabricação para verificar como afetarão os custos. É possível repetir as estimativas de custos porque os resultados têm como base os dados nos *templates* e sempre é possível usar as mesmas informações de *template* para calcular os custos.

O fabricante, por sua vez, tem por vantagem o fato de o Costing ajudar a eliminar erros e fornecer um sistema de orçamentos preciso e passível de repetição, que pode ser atualizado sempre que os custos de material ou mão de obra precisarem de revisão.

A ferramenta Costing é orientada pelas informações de fabricação e materiais nos *templates*, que podem ser configurados no **Editor de** *Template* **do Costing** (Figura 6.1) e determinam os custos de fabricação.

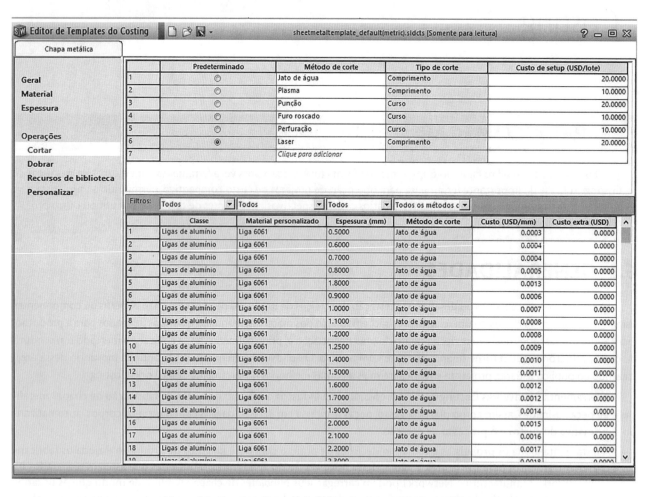

Figura 6.1 – Template de custo de fabricação de uma chapa com dobras.

6.1.1 Operações da ferramenta Costing com chapas metálicas

Em se tratando de operações com chapa metálica, o Costing inclui as seguintes operações:
» operações de corte de folha planificada (como corte a *laser*, jato de água e plasma);
» recursos de biblioteca (como punções e ferramentas de conformação);
» dobras;

» operações personalizadas (como pintura, anodização e tratamento térmico);
» operações de *setup* de máquinas ou processos (como custos de *setup* de prensa dobradeira).

A ferramenta Costing automaticamente reconhece uma peça de chapa metálica como uma peça que contém recursos de chapa metálica, como flanges, dobras ou ferramentas de conformação. Recursos como furos e cortes são reconhecidos como atalhos de corte de fabricação para operações como corte a *laser*, jato de água e plasma.

6.1.2 Operações da ferramenta Costing com montagens

Em se tratando de montagens que incluam uma combinação das peças de chapa metálica e peças usinadas, a ferramenta Costing permite ao usuário estimar o custo total da montagem ao calcular o custo de todas as peças individualmente e adicioná-lo aos custos de todas as ferragens e outros componentes adquiridos. A ferramenta Costing resume os custos para:

» operações de peças de chapa metálica;
» operações de peças usinadas;
» operações personalizadas (como pintura para a montagem de nível superior);
» operações de soldagem;
» operações de configuração;
» peças compradas;
» componentes do *toolbox*.

6.1.3 Operações da ferramenta Costing com soldagens

Em se tratando de operações com soldagens, o Costing inclui as seguintes operações:

» Soldagem multicorpos e componentes estruturais de corpo único – a ferramenta Costing abre uma soldagem multicorpos ou componente estrutural de corpo único. Se o corpo contém um componente estrutural na árvore de projeto, o Costing calcula automaticamente o custo do membro estrutural como uma peça extrudada.
» Custos por comprimento ou por comprimento bruto – o Costing tem suporte para informações de custo de cordões de solda e de filete nos *templates* multicorpos. O custo para cordões de filete é aplicado a todos os cordões de filete; o custo para cordões de solda é escolhido automaticamente com base nas informações do cordão de solda.

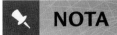
NOTA

Em síntese, a ferramenta Costing pode ser aplicada a peças com vários corpos, incluindo corpos de chapa metálica, usinados, soldagens, entre outros. Para corpos oriundos de natureza e processos diferentes de chapas metálicas, usinagem e soldagem, é possível atribuir um custo personalizado ou excluir os corpos da estimativa de custos.

6.1.4 Emissão de relatórios

Como mencionado, ao projetista e fabricante é possível examinar cenários de probabilidades, seja pela remoção de recursos ou modificação de material, e fazer estimativas de custo para, ao final, gerar a impressão de orçamentos personalizados com base nos materiais e operações registradas nos *templates*, como mostra o exemplo da Figura 6.2.

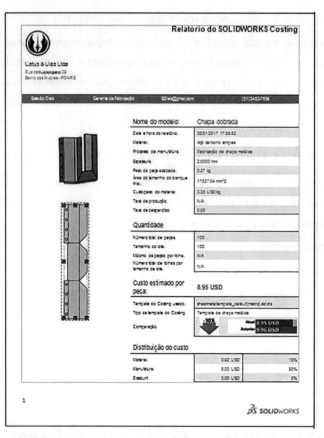
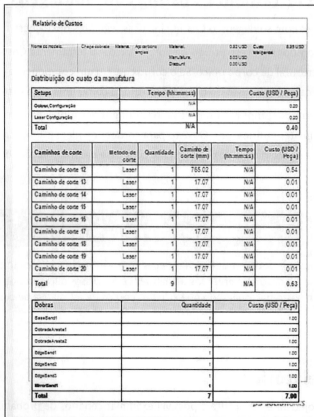

Figura 6.2 – Relatório de custo de uma peça em chapa dobrada.

6.2 ESTRUTURA FUNCIONAL DO COSTING

O SolidWorks Costing interpreta a geometria com base em como ela será manufaturada, e não em como foi projetada. Na ferramenta Costing, os recursos visualizados no **Gerenciador** (Figura 6.4) não são os mesmos recursos do SolidWorks. Os recursos do Costing são criados como resultado do reconhecimento de recursos utilizados no processo produtivo da peça e não de modelagem. Por exemplo, no Costing de chapa metálica, um furo do **Assistente de perfuração** em uma chapa metálica é reconhecido como um caminho de corte. Esse caminho de corte será fabricado com corte a *laser*, jato de água ou plasma. Já no Costing de usinagem, um corte extrudado ou um furo do **Assistente de perfuração** no SolidWorks é reconhecido como um furo perfurado. Por vezes, um grupo inteiro de recursos do SolidWorks é reconhecido como um único recurso de manufatura no Costing. Por exemplo, as arestas externas de uma peça, reconhecidas no Costing como um caminho de corte, podem consistir de filetes e arestas retas.

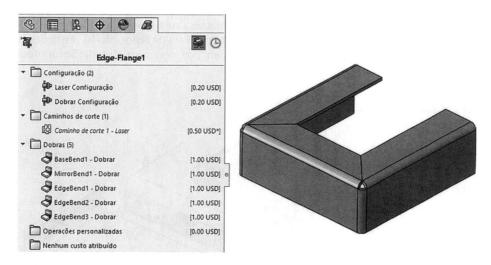

Figura 6.3 – Gerenciador de recursos do Costing.

6.2.1 Como é calculado o custo

A ferramenta Costing fornece *templates* que associam recursos de manufatura a seus custos. Os *templates* incluem informações sobre custos de material, usinagem e mão de obra. Depois que o reconhecimento dos recursos de manufatura é concluído, o Costing categoriza cada recurso de fabricação (por exemplo, caminhos de corte, curvaturas, furos e operações de fresagem) e aplica as informações corretas do *template* para calcular o custo dos recursos de fabricação específicos. Um custo total de todos os recursos é tabulado e uma unidade final de custo é exibida.

6.2.2 Personalização

Para personalizar a ferramenta Costing, você pode:

» personalizar e salvar os *templates* predeterminados para fornecer seus próprios custos de fabricação, mão de obra e material;
» substituir os custos calculados e os custos de material, adicionar descontos e acréscimos, alterar quantidades e adicionar operações personalizadas;
» ajustar relatórios do Costing para exibir o formato do relatório do jeito que preferir.

6.2.3 Armazenagem de informações

As informações do Costing sobre uma peça específica estão contidas no arquivo de peças do SolidWorks. Você pode escolher se essas informações serão vistas por outros.

> **NOTA**
>
> Existe a possibilidade de os *templates* não disponibilizarem as ferramentas exatas para a manufatura de determinada peça ou a espessura exata do material. Nesses casos, a ferramenta Costing tenta uma aproximação com a ferramenta ou espessura do material mais próxima definida no *template* e um símbolo de aviso é exibido no **Gerenciador de recursos** do Costing ou no **Painel de tarefas**. Caso nenhum valor de espessura no *template* corresponda à peça, o software seleciona o valor de espessura mais próximo do *template* e um ícone de aviso indicará que a espessura está diferente. Dessa forma, você obtém uma estimativa sem ter de atualizar o *template*.

6.3 EXEMPLO DE AVALIAÇÃO DE UMA PEÇA EM CHAPA DOBRADA

A Figura 6.4 exemplifica uma peça a ser produzida em chapa metálica com espessura T1 = 3 mm. Observe pela árvore do projeto que há operações de corte e dobra no processo de fabricação. Para o cliente, não há restrições quanto à peça ser produzida em aço ou em alumínio. Entretanto, se ela for produzida em aço, deverá ser pintada. Se for produzida em alumínio, deverá ser anonizada.

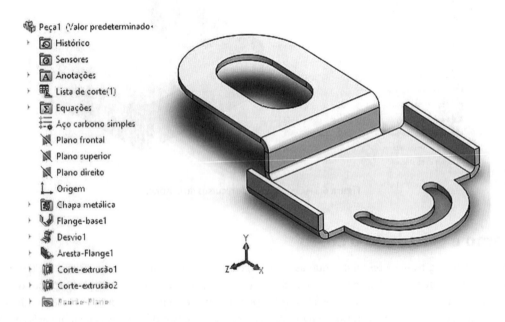

Figura 6.4 – Gerenciador de recursos do Costing.

6.3.1 Iniciar a ferramenta Costing

A ferramenta Costing pode ser acessada pela guia **Avaliar**. Selecione **Avaliar → Costing**. Caso você não a visualize imediatamente, clique o cursor do mouse no símbolo de expansão ao canto direito do **Gerenciador de recursos** da guia **Avaliar** (Figura 6.4).

Figura 6.5 – Acesso à ferramenta Sheet Metal Costing.

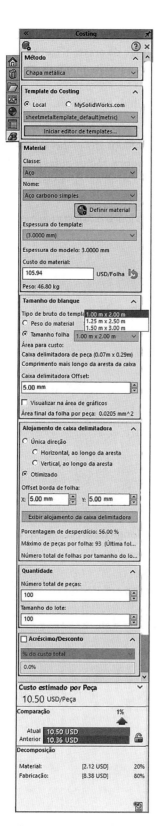

Figura 6.6 – Gerenciador de propriedades do Costing.

6.3.1.1 Gerenciador de propriedades Costing e custo total da peça

Uma vez ativado o recurso Costing, seu gerenciador de propriedades será exibido e nele haverá painéis de configuração (Figura 6.6).

1. **Painel Método:** selecione o método padrão desejado de trabalho: **Chapa metálica** ou **Placa usinada**.
2. **Painel Template do Costing:** por padrão está definido como local, oferecendo a possibilidade de se escolher entre *template* em unidade métrica ou unidade inglesa. Dá acesso ainda ao **Editor de Templates do Costing**, como visto anteriormente na Figura 6.1.

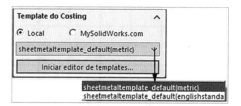

Figura 6.7 – Painel Template do Costing – Opção Local.

Permite ainda selecionar a navegação ao ambiente MySolidworks.com e escolher *templates* de fabricantes cadastrados. Deixe configurado como local.

3. **Painel Material**: suas listas *dropdown* permitem a seleção do material, identificando a Classe, Nome, Espessura do *template* e Custo do material. É possível ainda definir o material caso não tenha ainda sido definido. Defina como: Classe = Aço; Nome = Aço carbono simples. A espessura já aparecerá automaticamente como 3 mm. Note que o sistema já apresenta o custo do material como 105.94 USD/Folha.
4. **Painel Tamanho do blanque:** essa opção somente fica disponível se o painel **Método** tiver sido configurado em Chapa metálica. Apresenta duas opções de configuração: peso do material e tamanho da folha. Se configurada como peso do material, a área para custo apresentará uma lista *dropdown* com as opções da Figura 6.8.

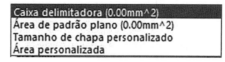

Figura 6.8 – Configurações da opção peso do material.

Configure como Tamanho da folha e selecione na lista *dropdown* a opção 1,00 m x 2,00 m. Há ainda as opções 1,25 m x 2,50 m e 1,50 m x 3,00 m. Em seguida, configure a janela **Caixa delimitadora Offset** em 5,00 mm. Esse valor representa a folga de corte entre as peças no tamanho da folha.

Se você selecionar a opção Visualizar na área de gráficos e colocar a chapa em estado planificado, poderá entender melhor a configuração dos 5,00 mm de folga para corte.

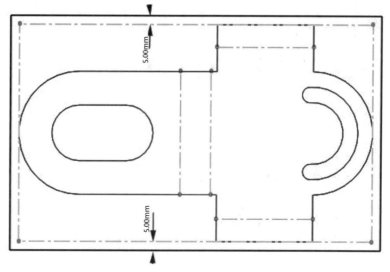

Figura 6.9 – Visualização do offset da caixa delimitadora (folga de corte).

5. Painel **Alojamento de caixa delimitadora:** permite a configuração da distribuição dos blanques sobre a folha selecionada. A seleção **Única direção** possibilita configurar a distribuição na **Horizontal ao longo da aresta** (Figura 6.10) ou na **Vertical ao longo da aresta** (Figura 6.11). A opção **Otimizado** apresenta o melhor aproveitamento de chapa possível. Essa opção é padrão do SolidWorks (Figura. 6.12).

As janelas X e Y de **Offset borda de folha** configuram a distância da borda da folha escolhida ao blanque.

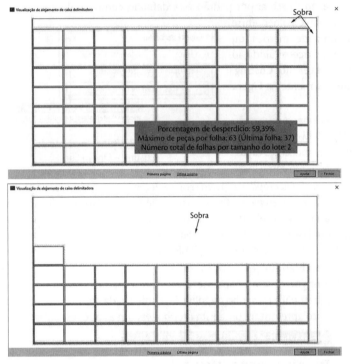

Observe que, na parte inferior do painel **Alojamento de caixa delimitadora**, são exibidas junto com a visualização as estatísticas de aproveitamento da folha de 1 m x 2 m.

Para a opção **Horizontal ao longo da aresta** teremos:
» Desperdício = 59,2%
» Peças por folha = 63
» Para lote de 100 peças:
» Folhas = 2
» Peças na segunda folha = 37

Figura 6.10 – Visualização da opção horizontal ao longo da aresta.

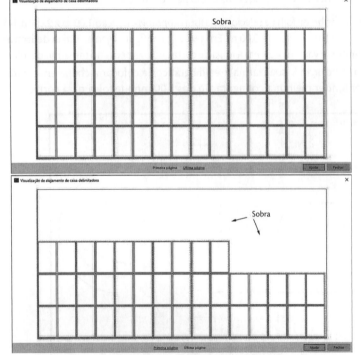

Para a opção **Vertical ao longo da aresta** teremos:
» Desperdício = 59,39%
» Peças por folha = 60
» Para lote de 100 peças:
» Folhas = 2
» Peças na segunda folha = 40

Figura 6.11 – Visualização da opção Vertical ao longo da aresta.

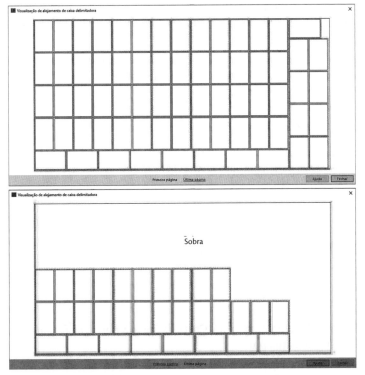

Para a opção **Otimizado**, teremos:

» Desperdício = 59,39%
» Peças por folha = 69
» Para lote de 100 peças:
» Folhas = 2
» Peças na segunda folha = 31

Observe que realmente a opção **Otimizado** produziu o melhor aproveitamento por folha de 1 m × 2 m com um total de 69 peças na primeira folha.

A questão é definir se será inserido no custo do lote o custo integral de duas folhas ou apenas de uma folha mais os 40,69% da segunda folha, já que a sobra poderá ficar com o prestador de serviço.

Selecione a opção **Otimizado**.

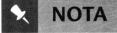

Figura 6.12 – Visualização da opção Otimizado.

6. Painel **Quantidade:** registra o **Número total de peças** e o **Tamanho do lote** a ser produzido. Ambos os valores são sempre iguais. Por padrão, o Costing propõe e calcula o custo por peça para um lote mínimo de 100 peças. Deixe o lote configurado como 100 peças.

NOTA

Você pode calcular o custo para fabricação utilizando o algoritmo para a opção **Peso do material**, que considerará o mesmo **Tamanho de lote**. Selecione no painel **Tamanho do blanque** a opção **Peso do material**. O algoritmo, então, calculará o custo em função do custo do quilograma do material e não mais do custo da folha.

Quando a opção **Peso do material** é selecionada, você poderá estimar um percentual de refugo. O valor que você digitar para **Porcentagem de desperdício** designa uma parte do material definida na sua seleção **Área para calcular o custo como material de refugo** (Figura 6.13).

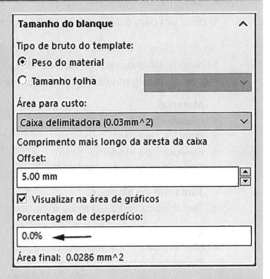

Figura 6.13 – Ajuste de porcentual de desperdício em lote calculado com a opção Peso do material.

Quando a opção **Peso do material** é selecionada, você poderá estimar um percentual de refugo. O valor que você digitar para **Porcentagem de desperdício** designa uma parte do material definida na sua seleção **Área para calcular o custo como material de refugo.**

7. Painel **Acréscimo/Desconto:** ao ativar essa opção você poderá incluir no custo um porcentual de acréscimo ou de desconto. Esse recurso é útil para casos em que, por exemplo, o cliente fornece o material ou em que o fornecedor precisa arcar com os custos de entrega ao cliente. Caso o cliente venha buscar na sua empresa e/ou forneça o material, terá então desconto. Você calcula primeiro o custo sem essa opção e depois recalcula com ela.

O **Acréscimo/Desconto** permite ainda optar por % do custo total ou % do custo do material.

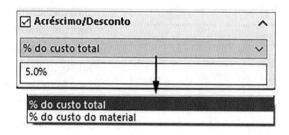

Figura 6.14 – Painel Acréscimo/Desconto.

Após qualquer alteração feita nas configurações, imediatamente o painel **Custo estimado por peça** fará atualização dinâmica ou solicitará que você clique sobre ele para atualizar.

Para essa peça que estamos analisando no momento, há as opções de:

Material
- Classe – Aço
- Nome – Aço carbono simples
- Espessura do modelo – 3 mm
- Custo do material – 105.94 USD/Folha

Tamanho do blanque
- Tamanho da Folha – 1 m x 2 m

Quantidade
- Número de peça – 100 peças
- Tamanho do lote – 100 peças

O custo por peça ficará em **7.35 USD** (Sete dólares e trinta e cinco centavos).

Figura 6.15 – Custo estimado por peça para aço.

Se modificássemos agora o material de fabricação para liga de alumínio 6061, mantendo todas as demais configurações, o Costing nos entregaria o seguinte custo:

Material
- Classe – Liga de alumínio
- Nome – Liga 6061
- Espessura do modelo – 3 mm
- Custo do material – 105.94 USD/Folha

Tamanho do blanque
- Tamanho da Folha – 1 m x 2 m

Quantidade
- Número de peça – 100 peças
- Tamanho do lote – 100 peças

O custo por peça ficará em **11.94 USD** (Onze dólares e noventa e quatro centavos).

Figura 6.16 – Custo estimado por peça para alumínio.

6.3.2 Discriminação dos custos, inserções, remoções e edições

Podemos ver no **Gerenciador** do Costing, configuração do material **Aço**, ao expandir os itens, o custo discriminado de todas as operações necessárias à fabricação do lote (Figura 6.17).

Observe que há duas operações de configuração: Preparação de Máquina ou Dispositivo, comumente denominadas como SETUP.

» O SETUP para o corte *laser* custa 20 centavos de dólar por peça (0,20 USD).
» O SETUP para dobrar a peça custa 20 centavos de dólar por peça (0,20 USD).

O software ainda, com base na geometria planificada, definiu que serão necessários três movimentos de corte e quatro operações de dobra, listando seus respectivos custos, que, somados, perfazem 5.23 USD, conforme exibido no item **Decomposição** visto na Figura 6.15.

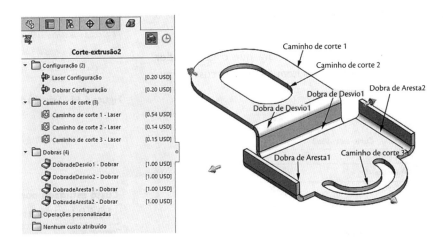

Figura 6.17 – Gerenciador com discriminação dos custos de fabricação para aço.

Se examinarmos o mesmo gerenciador para o material liga de alumínio 6061, observaremos que as únicas diferenças no custo correspondem às operações de corte *laser* (Figura 6.18).

Observando um pouco melhor as duas figuras, notaremos que não há registro de SETUP nem custo de operação para a pintura, no caso do material aço. O mesmo ocorre também para a anodização no material liga de alumínio 6061. Precisamos, portanto, incluir esses custos.

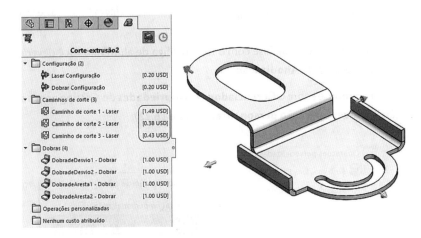

Figura 6.18 – Gerenciador com discriminação dos custos de fabricação para liga de alumínio.

6.3.2.1 Inserção e remoção no gerenciador Costing

As operações de **Pintura** para o material aço e de **Anodização** para o material liga de alumínio serão registradas como **Operação personalizada**.

Para fazer a inserção do custo faltante para o material aço diretamente no **Gerenciador de propriedades** do Costing, siga o procedimento:

1. Para inserir uma **Operação personalizada**, clique no ícone no canto superior esquerdo do gerenciador (**Adicionar operação personalizada**). Observe que será aberto o gerenciador **Operações personalizadas** com uma lista *dropdown* para escolha (Figura 6.19). Entretanto, por padrão, a opção **Pintura** já aparece selecionada. Note que o gerenciador mostra que o custo do SETUP é de 0.10 USD e da operação de pintura é de 3.06 USD, o que totaliza 3.16 USD, a serem somados no custo anterior.

2. Clique OK para confirmar. Você observará que o gerenciador **Costing** vai se atualizar com o novo item e seu novo custo (Figuras 6.20 e 6.21).

Figura 6.19 – Seleção da operação Pintura.

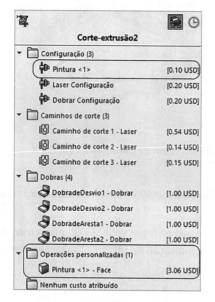

Figura 6.20 – Gerenciador de propriedades Costing (Aço).

Figura 6.21 – Custo final para Aço – Atualizado.

Para fazer o mesmo procedimento para a análise com o material liga de alumínio, você deverá antes remover a operação de pintura e então inserir a operação de **Anodização**.

3. Clique o botão direito do mouse sobre o **Gerenciador de propriedades** do Costing para acessar o menu de atalhos e selecione a opção **Remover operação personalizada** (Figura 6.22).

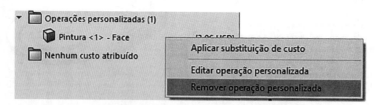

Figura 6.22 – Remoção da operação de pintura.

SolidWorks® 2017 – Chapas e Perfis – Projeto no Contexto

4. Repita agora o procedimento para inserção de operação personalizada e selecione na lista *dropdown* a operação de **Anodizar** (Figura 6.23).

Figura 6.23 – Remoção da operação de pintura.

A opção **Selecionar faces** permite que você aplique a operação personalizada em faces específicas da peça (Figura 6.24).

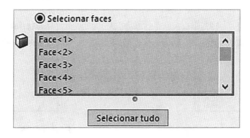

Figura 6.24 – Opção Selecionar faces.

Depois de selecionada a operação **Anodizar**, clique OK para confirmar e reconfigure o material para liga alumínio 6061 e a opção **Tamanho folha** para 1 m x 2 m.

Você observará que o custo final foi modificado e notará que os custos de SETUP e de Operação personalidade são os mesmos: 0,10 USD e 3.06 USD (Figuras 6.22 e 6.26). Se, entretanto, em seu caso esses custos forem diferentes, você pode editá-los.

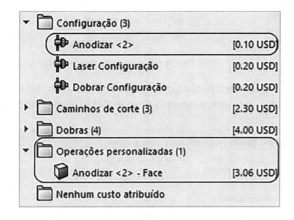

Figura 6.25 – Gerenciador de propriedades Costing (Liga de alumínio).

Figura 6.26 – Custo com operação Anodizar (Atual).

6.3.2.2 Linha de base

Observe que no canto inferior direito do item **Comparação**, no painel **Custo estimado por peça**, há um ícone de um pequeno cadeado aberto, como apresentado na Figura 6.27, que representa o comando **Definir linha de base** e serve para definir um custo de linha de base para comparação. Quando você quer definir um custo calculado como referência para posteriores análises, clique sobre o cadeado e ele se fechará, travando o custo registrado. Se você alterar posteriormente o projeto, o custo será comparado ao custo de linha de base. Ao se definir um custo de linha de base, qualquer alteração na peça é considerada **Atual** e a diferença é exibida. Enquanto o preço da linha de base é definido, a peça é girada, planificada e dobrada novamente porque o software está capturando imagens para o relatório do Costing. Observe que na nova análise o custo calculado ficou 1% acima da referência, que é a linha de base.

Figura 6.27 – Custo sem linha de base definida.　　　　　Figura 6.28 – Custo comparado à linha de base.

6.3.2.3 Edições no gerenciador Costing

Para editar o custo de configuração (SETUP) e/ou de **Operação personalizada** ou de qualquer outro item (**Caminhos de corte**, **Dobras** etc.), siga o procedimento:

1. Selecione com o cursor do mouse o item cujo custo deseja modificar. Em seguida, clique o botão direito para acessar o menu de atalhos.
2. Selecione **Aplicar substituição de custo** (Figura 6.29). Será dado acesso para que você digite o valor do novo custo (Figura 6.30).

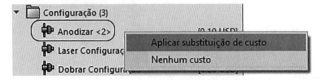 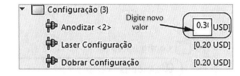

Figura 6.29 – Acesso à edição de custo.　　　　　Figura 6.30 – Entrada de custo atualizado.

Podemos avaliar nesse rápido estudo a eficácia e precisão da ferramenta Costing, que nos mostrou detalhadamente que o lote de 100 peças, produzidas em chapa de aço e pintadas, gera uma economia de 459 USD (dólares estadunidenses).

Tabela 6.1 – Comparação entre custos para lote de 100 peças					
Material	Espessura (mm)	Acabamento	Custo unitário (USD/peça)	Custo total (USD)
Chapa Liga Alumínio 6061	3,00	Anodizado	15.09	1509
Chapa Aço	3,00	Pintado	10.50	1050
		Diferença	4.59	459

Também foi possível verificar que os maiores custos responsáveis pela diferença de 459 USD no lote de 100 peças estão na operação de corte *laser*.

Tabela 6.2 – Comparação entre custos por operação em corte *laser* por peça

Corte *laser* para chapa aço 3 mm		Corte *laser* para chapa liga alumínio 6061	
Caminho de corte 1	(0.54 USD)	Caminho de corte 1	(1.40 USD)
Caminho de corte 2	(0.14 USD)	Caminho de corte 2	(0.38 USD)
Caminho de corte 2	(0.15 USD)	Caminho de corte 2	(0.43 USD)

Isso ocorre porque o alumínio, em virtude de suas características mecânicas e térmicas, é um metal lux-reflexivo com elevado coeficiente de condução térmica. Isso exige a utilização de filtros especiais e um controle bem mais apurado no processo de corte. Também consome muito mais energia da máquina.

> **NOTA**
>
> As modificações (remoções, inserções ou edições) feitas no **Gerenciador de propriedades Costing** afetam somente o documento.

6.4 PERSONALIZAÇÃO DE *TEMPLATE*

Como mencionado, o Costing utiliza *templates* predefinidos para gerar suas análises de custo. Esses *templates* cobrem as seguintes espessuras:

Tabela 6.3 – Espessuras de chapas dos *templates* do Costing

Sheetmetaltemplate_default(metric) Espessuras em (mm)			Sheetmetaltemplate_default(englishstandard)			
			Esp.(in)	Calibre	Esp.(in)	Calibre
0,500	1,000	1,600	0,0360	20	0,1050	12
0,600	1,200	2,000	0,4800	18	0,1200	11
0,700	1,250	2,200	0,0600	16	0,1350	10
0,800	1,400	2,500	0,0750	14	0,1495	9
0,900	1,500	3,000				

A título de exercício personalizaremos um *template* para uso EXCLUSIVO com chapas de *Aço carbono simples* com espessuras de 1 mm, 2 mm, e 3 mm.

6.4.1 Unidade monetária do Costing

Vimos no exemplo anterior que a unidade monetária utilizada pelo Costing em suas análises é o USD (dólar estadunidense). Para o Brasil, a unidade monetária é expressa como BRL(1 BRL = 1,00 real).

Para modificar a unidade monetária do Costing, siga o procedimento:

1. No painel **Template do Costing**, observe que é possível selecionar entre dois tipos de *templates* padrão: o *template* em unidade métrica e o *template* em unidade inglesa (Figura 6.29). Entretanto, qualquer um dos *templates* selecionado mantém a unidade monetária do Costing em USD. Vamos inicialmente modificar essa unidade.

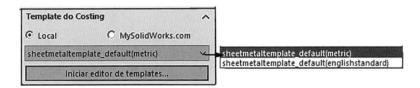

Figura 6.31 – Seleção de template padrão para análise Costing.

2. Clique em **Iniciar editor de templates**. Será aberto o **Editor de Templates do Costing**.

3. Selecione **Geral** e faça as modificações exibidas na Figura 3.32. Em seguida, utilize a opção **Salvar como** e salve o arquivo com o nome de Chapa Aço carbono simples 1mm_2mm_3mm. Observe que o arquivo será salvo na pasta: C:/ProgramData/SOLIDWORKS/SOLIDWORKS 2017/lang/portuguese-brazilian/Costing templates.

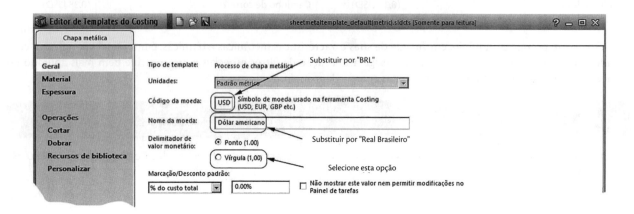

Figura 6.32 – Configuração da unidade monetária e seu delimitador.

6.4.2 Um novo *template*

1. Em **Material**, você terá a possibilidade de escolher os materiais que vai querer em seu *template* (Figura 6.33). Note que é possível utilizar a lista *dropdown* de **Filtros** e selecionar somente **Aços**, por exemplo, ou somente **Ligas de alumínio**.

   Você também poderá incluir novos materiais clicando no canto direito da linha na coluna Classe. Também poderá excluir um material selecionando seu número na primeira coluna e clicando o botão direito do mouse para acessar a opção **Excluir**.

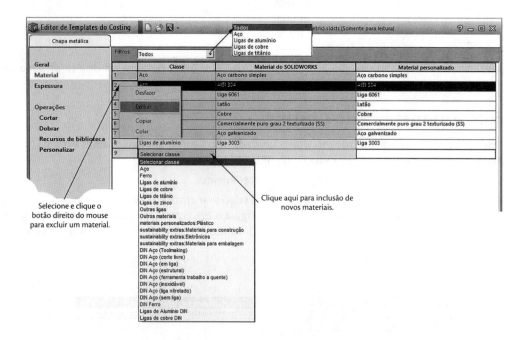

Figura 6.33 – Configuração dos materiais para o novo template.

2. Selecione agora **Espessura** para configurar as espessuras desejadas. Observe que o painel **Espessuras** exibe chapas de aço carbono simples com espessuras que variam de 0,50 mm até 3,00 mm, conforme Tabela 6.3.

Vimos no exemplo anterior (Item 6.3) que a unidade monetária utilizada pelo Costing em suas análises é o USD (dólar estadunidense) e que para o Brasil a unidade monetária é expressa como BRL (1 BRL = 1,00 real).

Já modificamos a unidade monetária do Costing de USD para BRL. Entretanto, os valores numéricos referentes às colunas **Custo/peça, Custo/Folha, Custo/kg** e **Custo** mantêm seus valores originais em USD. O Costing não oferece um campo para inserção da taxa do dólar vigente e conversão automática para a unidade monetária desejada. Assim, caso você conheça os valores BRL (real) para essas chapas, apenas faça a substituição nos devidos campos. Nesse exemplo usaremos como fator multiplicador a taxa do dólar do dia 1º de fevereiro de 2017. Portanto, 1 USD = 3.1508 BRL.

3. Configure os filtros para Aço, Aço carbono simples, Todos e Por folha, como mostra a Figura 6.32.
4. Exclua, como mostrado na figura anterior, todas as demais linhas, exceto as de espessura 1 mm, 2 mm e 3 mm.
5. Multiplique os valores da coluna **Custo** pelo fator 3.1508 (taxa do dólar). Os novos valores já aparecem na Figura 6.34.

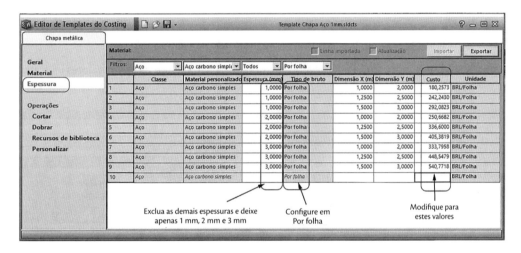

Figura 6.34 – Template configurado para primeira espessura (1 mm).

6. Em **Cortar**, configure os filtros como mostrado na Figura 6.33.
7. Exclua os demais **Métodos de corte** e **Espessuras**. Deixa apenas o *Laser* e as espessuras 1, 2 e 3 mm. Use os novos valores indicados.

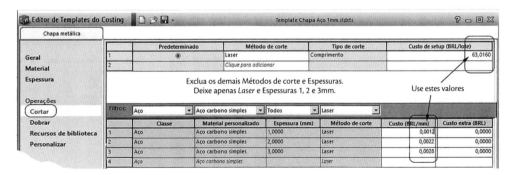

Figura 6.35 – Configuração dos custos do serviço Cortar.

8. Em **Dobrar,** configure os filtros como mostrado na Figura 6.36.
9. Exclua as demais **Espessuras**. Deixa apenas as espessuras 1, 2 e 3 mm e use os novos valores indicados.

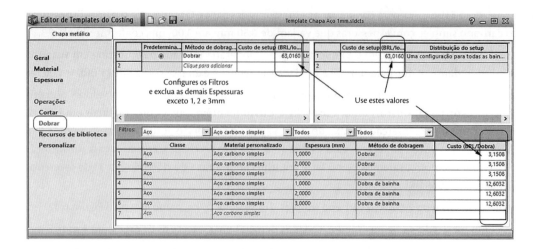

Figura 6.36 – Configuração dos custos do serviço Dobrar.

10. Em **Recursos de biblioteca** configure os filtros como mostrado na Figura 6.37.
11. Exclua as demais **Espessuras**. Deixa apenas as espessuras 1, 2 e 3 mm e use os novos valores indicados.

Figura 6.37 – Configuração dos Recursos da biblioteca.

12. Em **Personalizar**, configure os filtros e a coluna Custos como mostra a Figura 6.38.

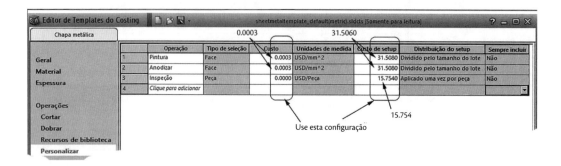

Figura 6.38 – Configuração dos custos personalizados.

13. Para finalizar, salve novamente seu arquivo.

6.4.3 Testando o novo *template*

Vamos reabrir o modelo utilizado no exemplo do item 6.3.

1. Em **Template do Costing**, configure o novo *template* criado (Figura 6.39).

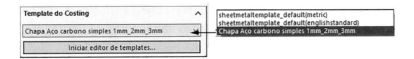

Figura 6.39 – Seleção do novo template.

2. Clique em **Atualizar custo** e observe que o custo sem a pintura será de 23,12 BRL/peça.
3. Insira no **Gerenciador de propriedades** do Costing a operação personalizada de pintura e atualize novamente o custo. Observe que agora o custo final para o componente em chapa de aço carbono simples de 3 mm de espessura será de 32,60 BRL/peça para um lote de 100 peças (Figura 3.40).

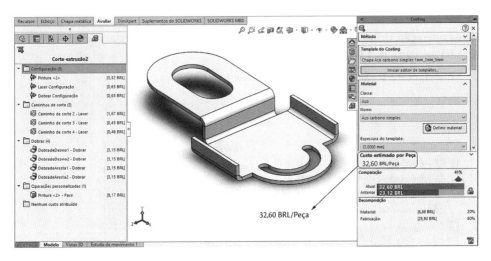

Figura 6.40 – Análise do Custo final.

4. Vá à árvore do projeto e edite o flange-base. Mude a espessura T1 para 1 mm. No painel **Material**, no Costing, selecione a espessura 1 mm e calcule o custo. Depois, modifique novamente para T1 = 2 mm e recalcule o custo. Observe as diferenças (Figuras 3.41 e 3.42).

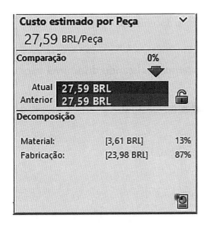 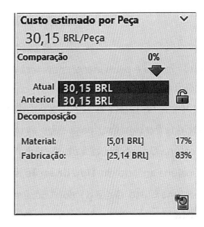

Figura 6.41 – Análise do Custo para espessura 1 mm. Figura 6.42 – Análise do Custo para espessura 2 mm.

6.5 ADIÇÃO DE NOVO SETUP E NOVA OPERAÇÃO PERSONALIZADA

No item 6.3.1.1, fizemos a remoção e inserção de operação personalizada que já existia no quadro **Personalizar** (Figura 6.38) do Costing. Entretanto, vamos supor que sua empresa ofereça também o processo de **cromar**. Seu cliente deseja que suas peças do lote sejam entregues cromadas. Vamos inserir então no Costing esse novo processo. Há duas formas de fazê-lo, descritas a seguir.

A primeira delas envolve apenas o documento e poderá ser salva com ele. Porém, não estará disponível para análise em outra peça diferente.

1. No **Gerenciador de propriedades Costing**, clique o cursor do mouse sobre o item **Operação personalizada** e pressione o botão direito. Será exibido o gerenciador **Operação personalizada**.
2. Em **Nome**, digite a operação **Cromar**.
3. Em **Custo da configuração** (Setup), digite o valor da operação e selecione na lista *dropdown* a classificação desse custo. No exemplo, foi selecionado **Lote**, ou seja, o custo de Setup do tanque de cromagem para um lote de 100 peças é de 35,00 BRL.
4. Em **Custo da operação**, defina o valor e selecione na lista *dropdown* ao lado a classificação desse custo. No exemplo, cada peça terá um custo de 1,50 BRL.
5. Note que o Custo total a ser acrescido por peça será de 1,85 BRL/Peça.
6. Clique Ok para confirmar.

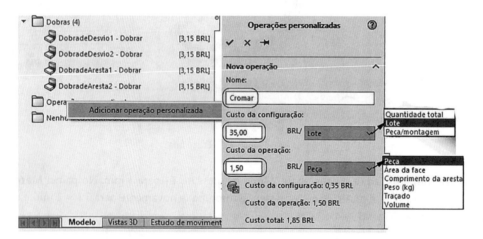

Figura 6.43 – Inserção de novo Setup e Operação no documento.

A segunda forma é permanente, pois será adicionada diretamente no *template*, ficando disponível para utilização em todas as peças que o utilizarem.

7. Clique em **Template do Costing** para acessar o **Editor de Templates** do Costing.
8. Selecione **Personalizar** para exibir as operações existentes.
9. Na coluna **Operação**, vá à última linha e clique para adicionar a operação **Cromar**.
10. Na coluna ao lado em **Tipo de seção**, selecione **Peça**.
11. Na coluna Custo, digite o valor 1,50. Em **Custo de Setup**, digite 35,00.
12. Em **Distribuição do Setup**, selecione **Dividido pelo tamanho do lote**. Em **Sempre incluir**, selecione **Não** (Figura 3.44).
13. Salve o *template*.

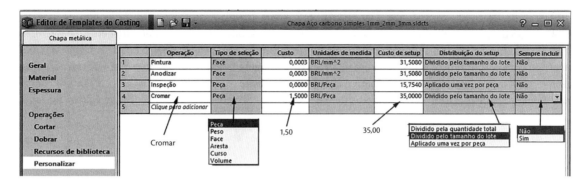

Figura 6.44 – Inserção de novo Setup e Operação no Template.

14. Para incluir a nova operação agora no **Gerenciador do Costing**, proceda como descrito no item 6.3.1.1.

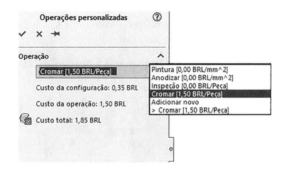

Figura 6.45 – Inserção no Gerenciador de propriedade Costing.

6.6 ANÁLISE DE CUSTOS DE COMPONENTE MULTICORPOS

A Figura 6.46 exemplifica um componente multicorpos formado por perfis do tipo tubo retangular 100 x 60 x 5 e 50 x 30 x 5 soldados entre si, tendo o perfil maior uma chapa de aço com dobras e soldada a face superior dele. Ambos os perfis têm operação de corte *laser*. Deseja-se estimar o custo dessa construção.

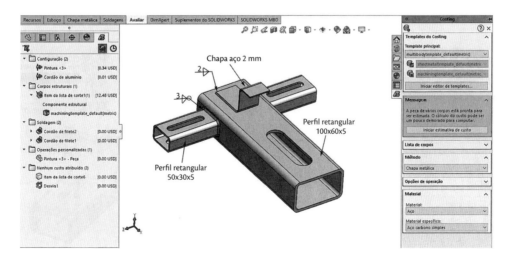

Figura 6.46 – Componente multicorpos.

O ambiente do Costing já está aberto (Figura 6.4.6) e o painel *Template* **do Costing** disponibiliza na lista *dropdown* acesso à seleção do *template* multicorpos para o sistema métrico [multibodytemplpate_default(metric)] e o *template* multicorpos para o sistema inglês [multibodytemplpate_default(englishstandard)]. Logo abaixo aparecem os dois *templates* do sistema métrico para corpos únicos que interagem no processo de análise quando solicitado o custo de um corpo específico do componente de múltiplos corpos. Há também o sheetmetal*template*_default(metric) para os corpos em chapa metálica e o machining*template*_default(metric) para os demais corpos mecânicos. Ao final, o acesso ao **Editor de** *Template* **do Costing** (Figura 6.47).

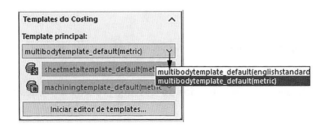

Figura 6.47 – Painel Templates do Costing.

Em seguida, você pode ver a caixa **Mensagem** informando que já é possível executar uma estimativa de custo clicando no acesso Iniciar estimativa de custo (Figura 6.48).

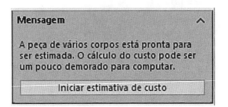

Figura 6.48 – Caixa Mensagem e acesso a estimativa de custo.

O painel **Listar corpos**, quando expandido, exibe uma janela com os corpos que compõem o componente de múltiplos corpos (Figura 6.49). Note que é possível selecionar e excluir da análise qualquer corpo desejado. Quando excluído, o corpo desaparece do componente, como mostra a Figura 6.50, em que o corpo denominado Desvio1 (chapa metálica) é excluído. Um corpo excluído não entra na análise do custo.

Figura 6.49 – Painel Lista de corpos.

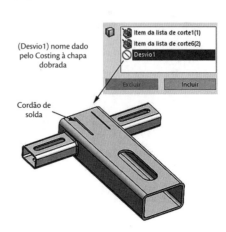

Figura 6.50 – Uso da opção Excluir.

Para reincluir o corpo no componente de corpos múltiplos é preciso apenas selecioná-lo novamente e clicar em **Incluir**. A lista *dropdown* **Tipo de corpo** permite selecionar e classificar o corpo entre **Membro estrutural** e **Material personalizado/removido**. Há quatro classificações para tipo de corpos:

» **Geral:** é qualquer corpo que não seja chapa metálica nem um componente estrutural.
» **Chapa metálica:** especifica um corpo de chapa metálica. As peças de chapa metálica são reconhecidas automaticamente.
» **Membro estrutural:** especifica um componente estrutural. Componentes estruturais são reconhecidos automaticamente.
» **Material personalizado/removido:** especifica um custo personalizado para o corpo selecionado. Digite o custo personalizado na janela Custo personalizado em Opções de operação. A ferramenta Costing não computa o custo de corpos personalizados.

> **NOTA**
>
> A Lista de corpos lista os corpos em uma peça multicorpos. O tipo de corpo determina o *template* do Costing mencionado na estimativa de custo. O Costing reconhece automaticamente os corpos em chapa metálica. Você deve atribuir o tipo de corpo para os outros tipos de corpos na peça.
>
> Depois de atribuir o tipo de corpo a cada corpo na peça e especificar os métodos e materiais, a área verde de mensagens indica que você pode iniciar a estimativa de custo.

O **Gerenciador de custos** do Costing (Figura 6.51) exibe os corpos com seus tipos e materiais nas pastas adequadas. Se você excluir um corpo do cálculo do Costing, ele aparecerá na pasta **Nenhum custo atribuído**. Os corpos excluídos são ocultos na área de gráficos. A pasta **Configurar** tem os custos de configuração para o nível da peça, não para o nível do corpo. A pasta **Operações personalizadas** está no nível da peça.

O custo de configuração deriva do tempo de configuração especificado no *template*. Clique no ícone do relógio para verificar o tempo de configuração.

Você pode expandir um item no **Gerenciador de custos** para verificar o custo estimado do corpo e o *template* aplicado à estimativa de custo.

É possível ainda voltar à página no **Painel de tarefas** de Costing, clicando com o botão direito em um corpo no **Gerenciador de custos** e em **Alterar configurações de corpo**.

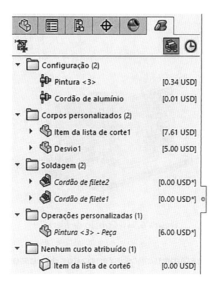

Figura 6.51 – Gerenciador de custos.

6.6.1 Custo por peça de componente multicorpos

Para o melhor desempenho de análise em componente multicorpos, você pode verificar o custo peça a peça, selecionando uma por vez no **Gerenciador de custos** com duplo clique (Figura 6.52). A cada peça o gerenciador vai se reconfigurar, exibindo somente informações da peça, e o painel de custos exibirá o custo correspondente (Figura 6.43). Note que foi selecionado o perfil maior [item da lista de corte(1)] cujo valor no **Gerenciador de custos** aparece como [12,48 USD]. Entretanto, por se tratar de componente de múltiplos corpos, o custo das operações desse perfil não aparece. Já no custo peça a peça é possível ver discriminados os valores de todas as operações.

Para retornar aos status original do **Gerenciador de custos** do Costing, clique no ícone do canto superior esquerdo, como mostra a Figura 6.53.

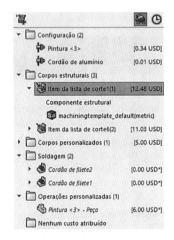

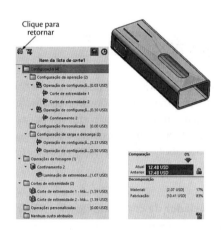

Figura 6.52 – Seleção de corpo específico.   **Figura 6.53** – Operações e custo do corpo exibidos.

6.6.2 Custo de cordão de filete em componentes multicorpos

A Figura 6.54 exibe uma composição multicorpos de duas chapas metálicas de aço com espessura de 12,7 mm, unidas com cordão de filete de 6 mm aplicado com a opção **No outro lado** selecionada, constituindo então um só cordão. Quando o componente foi criado, também foi selecionado o material de fabricação: SAE 1023 chapa de aço carbono (SS). Ao verificarmos o **Gerenciador de custos** na pasta de **Configuração** (*Setup*), a descrição para o setup de solda aparece como cordão de alumínio. Se examinarmos o item da pasta **Soldagem**, expandindo-o, veremos que ele aparece descrito também como cordão de alumínio. Isso significa que o *template* está com a configuração do cordão de filete ajustada para cordão de alumínio.

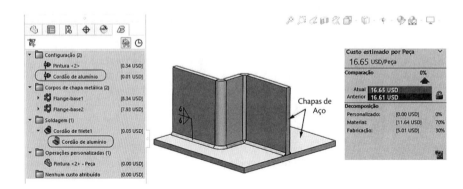

Figura 6.54 – Cordão de filete.

Você pode ajustar essa configuração diretamente no **Gerenciador de custos**. Para isso:

1. Clique o botão direito do mouse sobre a especificação do cordão na pasta **Soldagem** (1) para acessar o menu de seleção.
2. Selecione **Tipo de solda** (Figura 6.55). Em seguida, selecione a opção **Cordão de aço carbono**. Observe agora que,

na pasta **Configuração**, o item de **Setup da solda** foi modificado para cordão de aço carbono, assim como na pasta **Soldagem** (1), e o seu respectivo custo da operação, que antes era de 0.03 USD, agora passou para 0.16 USD.

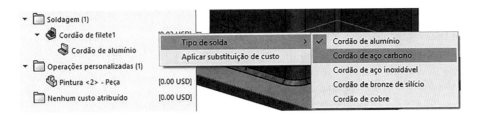

Figura 6.55 – Reconfiguração do Tipo de solda.

Nos cordões de filete este custo é dado pela expressão (1) abaixo e ilustrada na Figura 6.56:

Custo USD = Custo do filete em USD/mm^3 x Volume do filete em (mm^3) (1)

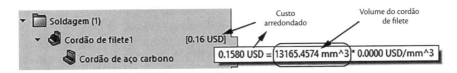

Figura 6.56 – Expressão para a obtenção do custo do filete.

A informação do custo unitário (USD/mm^3) pode ser encontrada no *template* de **Cordão de filete**, acessado pelo comando **Iniciar editor de** *template*. A Figura 6.57 ilustra esse *template*. Observe que o *template* indica 0.0000120 USD/mm^3.

Principal | Geral | Personalizado | Cordão de solda | Cordão de filete | Peças compradas

Cordão de filete: Linha importada Atualização Importar Exportar

	Predeterminado	Tipo de solda	Custo por volume (USD/mm^3)	Custo da máquina (USD/hr)	Custo de mão-de-obra (USD/hr)	Tempo de configuração da operação (min)	Distribuição do set
1		Cordão de alumínio	0.0000020	5.0000	10.0000	5.0000	Dividido pelo tamanhc
2		Cordão de aço carbono	0.0000120	5.0000	10.0000	5.0000	Dividido pelo tamanhc
3		Cordão de aço inoxidável	0.0000210	5.0000	10.0000	5.0000	Dividido pelo tamanhc
4		Cordão de bronze de sil...	0.0000190	5.0000	10.0000	5.0000	Dividido pelo tamanhc
5		Cordão de cobre	0.0000270	5.0000	10.0000	5.0000	Dividido pelo tamanhc
6		*Clique para adicionar*					

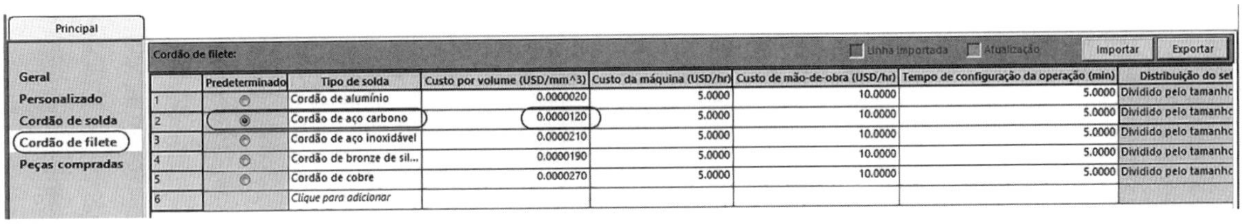

Figura 6.57 – Template Cordão de filete.

Caso você deseje um valor de custo diferente, poderá editar o campo selecionando **Aplicar substituição de custo** (Figura 6.57).

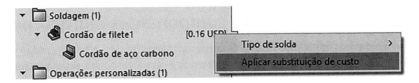

Figura 6.58 – Substituição do custo do Cordão de filete.

Entretanto, se deseja modificar também o custo de **Configuração** (Setup do departamento solda), você precisará modificar para zero o custo do cordão de filete na pasta **Soldagem** (1) e, em seguida, clicar o botão direito do mouse sobre **Operações personalizadas** e selecionar **Adicionar operação personalizada** para acessar o **Gerenciador de operações personalizadas** (Figura 6.59).

Adicione então, na janela **Nome**, o nome da operação. Na janela **Custo da configuração**, digite o valor referente à preparação (Setup) do departamento de solda, não esquecendo que esse custo é dado pela expressão:

Custo Setup = [Custo Máquina/h + Custo Mão de obra/h x Tempo de Setup (h)] (2)

Configure a lista *dropdown* como lote. Assim, o **Custo de configuração** será divido pelo número de peças do lote.

Em **Custo de operação**, digite o custo para o cordão de filete por peça. Esse custo pode ser dado pela expressão (1) vista anteriormente ou pela expressão (3).

Custo Operação USD = Custo Material + Custo Mão de obra (3)

Em que:

Custo Material USD = Custo Eletrodo/mm x Comprimento cordão em m (4)

Custo Mão de obra USD = Custo Mão de obra/h x Tempo Cordão (h) (5)

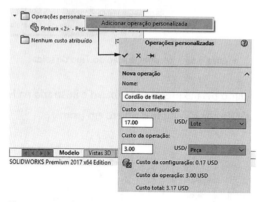

Figura 6.59 – Gerenciador de Operações personalizadas.

A Figura 6.60 ilustra como ficaria o **Gerenciador de custos** com esse exemplo e o respectivo custo final quando comparado ao exibido na Figura 6.54.

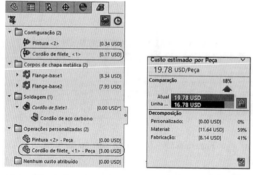

Figura 6.60 – Correção do Setup, inserção de operação personalizada e custo final.

6.6.3 Custo de cordão de solda em componentes multicorpos

Se utilizássemos agora o mesmo modelo de múltiplos corpos e apenas mudássemos de cordão de filete para cordão de solda, teríamos as seguintes informações no **Gerenciador de custos** e no painel **Custo estimado por peça**.

Figura 6.61 – Exibição do tipo de solda.

Observe que não há registro de custo para a operação na pasta **Soldagem** (1). Precisamos então fazer a inserção dessa operação de forma análoga à feita anteriormente na Figura 6.55. Observe, entretanto, que aqui as notações de solda aparecerão como método de solda, e os seguintes métodos estarão disponíveis:

1. Selecione **Solda TIG** (aço carbono simples) (Figura 6.62). Note que, mesmo assim, o sinal de advertência continua aparecendo ao lado da especificação da solda.

Figura 6.62 – Inserção de novo Setup e Operação no documento.

Quando aproximamos o cursor do mouse da especificação da solda, aparece a seguinte mensagem (Figura 6.63):

Figura 6.63 – Inserção de novo Setup e Operação no documento.

Isso significa que, assim como vimos, o *template* de cordão de filete **não** estava configurado para o material desejado. Aqui ocorre o mesmo.

2. Acesse o *template* para cordão de filete e observe que, por padrão, ele aparece configurado para o **Método de solda** como **Solda TIG** (alumínio) (Figura 6.64).

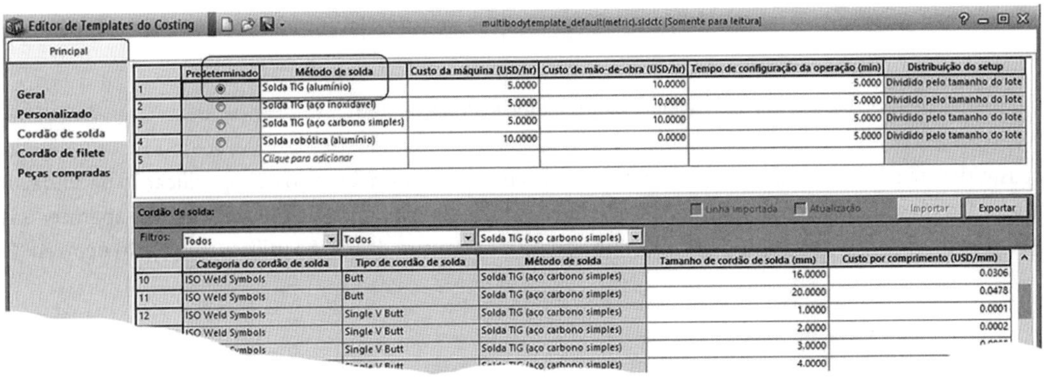

Figura 6.64 – Template Cordão de solda.

3. Na coluna **Predeterminado** (Figura 6.65) mude a configuração para **Solda TIG** (aço carbono simples). Observe que o custo de Setup é de 5,00 USD/hr; o custo de mão de obra, de 10 USD/hr; e o tempo de Setup, de 5,00 minutos.

4. Configure os filtros para ISO Weld Symbols na **Categoria de cordão de solda**. Em **Tipo de cordão de solda** selecione **Fillett** e em **Método de solda** selecione **Solda TIG** (aço carbono simples). Note que na linha 6, referente ao tamanho do cordão solda de 6 mm, o cordão terá um custo por comprimento de [0.0011 USD/mm].

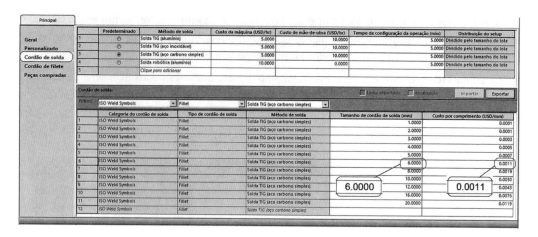

Figura 6.65 – Template Cordão de solda.

Observe os demais *templates*, também possíveis de serem configurados. No *template* **Geral**, você poderá configurar a unidade monetária de USD para BRL, como já visto anteriormente. No *template* **Personalizado**, será possível configurar como *default* o processo de pintura ou anodização ou ainda inserir qualquer outro, como cromagem. Você também poderá deixar o cordão de filete já configurado com o material para cordão de aço carbono.

5. Salve essa configuração. Para esse tipo de modificação, somente estará disponível a opção **Salvar como**. Você não poderá salvar por cima do *template default* de Multicorpos. Assim, atribua, portanto, outro nome, como Template Solda TIG Aço e salve. Seu *template* será salvo em:

    C:/ProgramData/SOLIDWORKS/SOLIDWORKS 2017/lang/portuguese-brazilian/Costing templates

6. Depois, mude seu *template* lá no painel **Template do Costing** na lista *dropdown* em **Template principal** (Figura 6.66).

Figura 6.66 – Template Personalizado.

O custo deverá se atualizar automaticamente e o aviso de advertência, ao lado da especificação da solda, deverá desaparecer. Do mesmo modo, a descrição **Filete Solda** e o custo de configuração (Setup) deverão aparecer na pasta **Configuração**. Entretanto, talvez por algum *bug* no código do software da versão utilizada, isso não ocorreu (Figura 6.67).

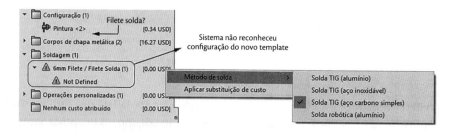

Figura 6.67 – Configuração do Método de solda.

A solução para este caso é inserir como **Operação personalizada**, da mesma forma mostrada anteriormente na Figura 6.59.

7. Clique o botão direito do mouse sobre **Operações personalizadas** e insira os dados do *template* com base nas informações mostradas na Figura 6.65.

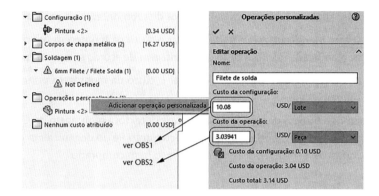

Figura 6.68 – Inserção dos novos dados em operações personalizadas.

Observação 1: Esse valor é obtido pela aplicação da expressão (2).

Custo Setup USD = [Custo Máquina/h + Custo Mão de obra/h x Tempo de Setup (h)]   (2)

Custo Setup USD = [5.0000 USD/h + 10.0000 USD/h x (5min / 60min/h))] = **10.0833 USD**

Observação 2: Esse valor é obtido pela aplicação da expressão (3).

Custo Operação USD = Custo Material USD + Custo Mão de obra USD   (3)

Custo Material USD=0.0011 USD/mm x 731.41 mm = 0.80455 USD

(731.41mm) dado obtido em **Propriedades** na árvore do projeto.

Custo Mão de obra USD = 10.0000 USD/h x (804.55s / 3600s/h) = 2.2348 USD

(845.55s) dado obtido em **Propriedades** na árvore do projeto.

Custo Operação = 0.80455 USD + 2.2348 USD = **3.03941 USD**

Podemos ver agora na Figura 6.69 o resultado de nossa configuração no **Gerenciador de custos** e no painel **Custo estimado por Peça**. Note que no **Gerenciador de custos** temos, na pasta **Configurações,** o dado de Setup do **Filete de solda** com um valor de 0.10 USD (dez centavos de dólar) por peça para lote de 100 peças. Na pasta **Operações personalizadas**, vemos a operação de filete de solda por peça ao custo de 3.04 USD para lote de 100 peças. A seguir, podemos observar o novo custo de produção do componente multicorpos com o valor de 19.75 USD, com um acréscimo de 19% em relação ao custo inicial de 16.61 USD, como foi visto na Figura 6.60.

Se considerarmos a diferença entre os dois custos de 3,14 USD/peça teríamos uma perda de 314 USD (314 dólares) na produção de um lote de 100 componentes multicorpos se não computássemos esses dados da solda.

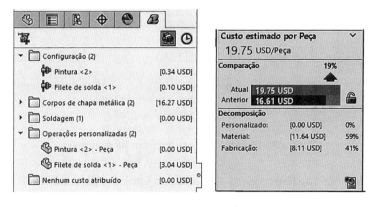

Figura 6.69 – Resultado final.

Costing | 221

6.7 ESTIMATIVA DE CUSTOS EM MONTAGENS

A execução do Costing para análise de montagens permite a seleção de dois modos de trabalho: o modo **Árvore aninhada** e o modo **Árvore planificada**. Também é possível calcular custos de submontagens ou aplicar o custo de compra a elas.

Ao trabalhar no modo **Árvore planificada**, você pode calcular o custo da montagem principal, sem calcular o custo das submontagens. A opção **Árvore planificada** calcula o custo das montagens de acordo com o comportamento existente.

Ao trabalhar no modo **Árvore aninhada**, você pode calcular o custo da montagem principal e das submontagens ou aplicar o custo de compra às submontagens.

No capítulo anterior, criamos o projeto de uma montagem no contexto: a montagem do Conjunto degrau EH2017 que tinha como submontagem o Subconjunto Guarda-corpo e o Subconjunto Pé do degrau, além do tubo central, piso e parafusos (Figura 6.70). O item parafuso M6x15, em princípio, era o único item comprado.

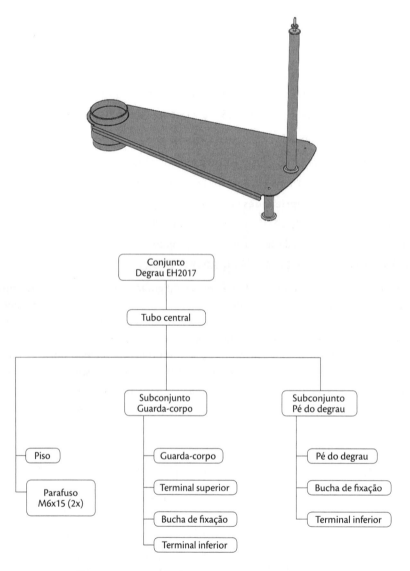

Figura 6.70 – Exemplo de Montagem com Submontagens.

Neste capítulo, procederemos à análise de custo da Montagem Conjunto degrau EH2017. Primeiramente, veremos as funções do painel de tarefas de Montagem do Costing.

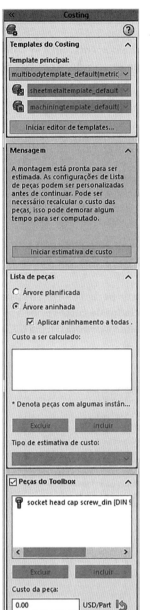

Quando ativamos a ferramenta Costing para efetuar a análise de custo, o Painel de tarefas apresenta os seguintes painéis de configuração:

» **Template do Costing:** define um *template* existente (*Template* principal). O *template* de multicorpos principal referencia outros dois *templates*, um para corpos em chapa metálica e outro para partes usinadas.

O *template* principal define operações no nível da peça.

No **Template do Costing**, há o botão disparador Iniciar editor de *templates*, que abre o editor de *templates*, como já visto anteriormente.

» **Lista de peças:** exibe as peças de uma montagem. O tipo de peça determina o uso do *template* de chapa metálica ou de usinagem referenciado na estimativa de custo. O Costing reconhece automaticamente o *template* apropriado e também exibe as duas opções já mencionadas: **Árvore planificada** e **Árvore aninhada**. Note que é possível **Excluir** ou **Incluir** peças no modo de análise escolhido.

A janela **Custo a ser calculado** lista as peças que não têm dados de custo. O custo das peças é calculado mediante parâmetros definidos em **Opções do Costing**.

A janela **Custo definido** lista as peças salvas definidas com dados de custo.

A lista *dropdown* **Tipo de estimativa de custo** (Figura 6.72) define a categoria de custos com base nas peças selecionadas na **Lista de peças**, **Custo a ser calculado**, **Custo definido** ou **Peças compradas**. Você pode definir uma peça como **Peça comprada** e recalcular o custo da mesma peça selecionando **A calcular**.

Figura 6.72 – Opções de estimativa de custo.

» **Peças do *Toolbox*:** lista todos os componentes do *toolbox*. O custo das peças do *toolbox* não é calculado durante a execução do Costing.

» **Peças compradas:** lista peças com custos de compra definidos no *template* escolhido ou um *template* definido para uma propriedade personalizada com um custo de compra definido.

Depois que você fez as devidas configurações e clicou em **Iniciar estimativa de custo**, são exibidos os painéis:

Figura 6.73a – Painel de Tarefas do Costing – Painel Quantidade.

Figura 6.73b – Painel de Tarefas do Costing – Custo estimado por Montagem.

Figura 6.71 – Painel de Tarefas de Montagem do Costing.

» **Quantidade:** em **Número total de montagens**, defina quantas montagens você deseja produzir. Em **Tamanho total do lote** defina a quantidade de montagens a serem manufaturadas por execução.

Ao ativar a opção **Acréscimo/Desconto**, você pode ajustar o custo total usando um fator de porcentagem. Um valor negativo cria um desconto e um valor positivo cria um acréscimo. Por exemplo, você pode aumentar o custo em 15% do custo total.

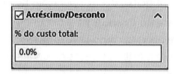

Figura 6.74 – Janela de ajuste do custo total.

» **Custo estimado por Montagem:** painel que exibe o resultado final e comparação com análises anteriores para outras configurações da mesma montagem. Também é possível visualizar a **Decomposição do custo** em **Peças calculadas**, **Peças compradas** e **Operações** (pintura, anodização, cromagem etc.).

Ao iniciarmos a ferramenta Costing na **Montagem do Conjunto degrau EH2017** e com a **Lista de peças** configurada para o modo **Árvore aninhada**, depois da análise inicial feita automaticamente pelo software, o **Gerenciador de custos** exibe a seguinte disposição da montagem e submontagens com seus respectivos custo ainda zerados, excetuando a pintura (Figura 6.75):

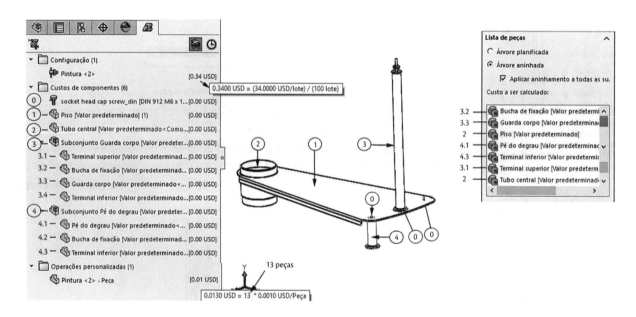

Figura 6.75 – Observações do Gerencciador de custo e Lista de peças.

Note que o **Gerenciador de custos** exibe o custo da Configuração (Setup) para a pintura como sendo [0,34 USD] por conjunto para um lote de 100 conjuntos montados. Portanto, o custo de pintura do lote é de [34.0000 USD]. Entretanto, como mencionado no ponto 5 do subitem 5.4.3.3 (Corrimão) do capítulo anterior, para a montagem completa da escada helicoidal, são necessários apenas 16 conjuntos degrau EH2017, ou seja, um lote de 16 conjuntos. Assim, o custo do Setup por conjunto equivalente a (34.0000 USD/16 = 2.1250 USD). Deixaremos esse custo assim mesmo, pois, posteriormente, faremos a alteração da quantidade de lotes de 100 para 16 e o software ajustará o valor para os [2.125 USD].

Quando olhamos mais abaixo no **Gerenciador de custos**, em **Operações personalizadas**, vemos que o custo da operação de Pintura é exibido como [0.01 USD], valor arredondado de um custo de [0.0010 USD/Peça] multiplicado por **13 peças**, como mostra a indicação. Entretanto, isso só é verdade se, ao contarmos o número de peças do conjunto, considerarmos os três parafusos DIN 912 M6 que fixam os Subconjuntos Pé do degrau e Guarda-corpo ao piso.

> **NOTA**
>
> Na especificação construtiva do cliente, somente a chapa do piso será pintada com tinta especial metálica automotiva. As demais serão cromadas (normalmente, utiliza-se o aço inox e depois polimento. O cromo será usado aqui a título de exercício apenas). Será preciso então modificar esse dado, definindo-se quais peças serão cromadas, bem como inserir a operação personalizada de cromagem, seu custo de Setup e de operação, e identificá-las para o software poder calcular o custo. O custo de [0.0010 USD/Peça] é um custo definido para peças pequenas, em grande quantidade e com pintura simples.

Outro item a ser considerado são os parafusos (DIN 912 M6), que na lista aparecem com a indicação zero [0.0000]. Esses três parafusos são itens comprados e seu custo de compra não será calculado pelo Costing, somente o de cromagem.

Os parafusos são itens originados do *toolbox* e, por isso, são listados no painel **Peças do Toolbox**. Vamos definir seu custo como sendo [0.15 USD/Peça] (Figura 6.76). Assim, o custo desse item lá no **Gerenciador de custos** deverá aparecer como [0.45 USD], uma vez que há um total de três parafusos (Figura 6.77).

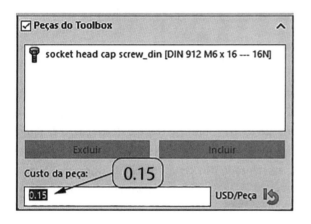

Figura 6.76 – Inserção do custo dos parafusos.

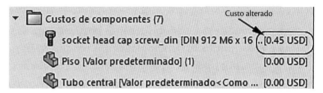

Figura 6.77 – Custo dos parafusos inserido.

> **NOTA**
>
> Você precisará selecionar o componente dentro do *toolbox* para que o sistema aceite e compute o valor **Custo peça** que digitará.

6.7.1 Correção do custo da operação de pintura

Mencionamos que o custo da operação de pintura para uma peça está definido como [0.0010 USD]. Também relatamos que somente o piso (chapa metálica) será pintado com uma tinta especial (preto metálico automotivo) e levado à estufa. Vamos considerar, portanto, que o custo dessa operação seja então definido como [5.00 USD/Peça].

1. Clique o botão direito sobre o custo do item **Pintura** da pasta **Operações personalizada** e selecione **Aplicar substituição de custo**. Digite no campo o valor 5.00 (Figura 6.78).

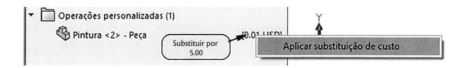

Figura 6.78 – Substituição do custo da operação de pintura.

6.7.2 Custo de submontagem

Observe no **Gerenciador de custos** que as duas submontagens exibem o valor de custo de [0.3440 USD] (Figura 6.79), que por sua vez é originado da expressão:

Custo Submontagem USD = 1 · (Custo componentes + Custo mão de obra) USD/Montagem (6)

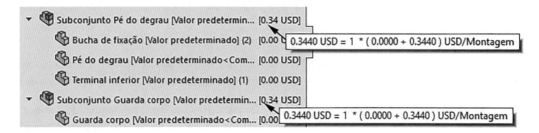

Figura 6.79 – Custo de submontagem.

Note que até este momento o custo dos componentes aparece como zero [0.0000], pois ainda não foi gerada a análise de custos.

O custo da submontagem então é dado pela soma dos custos de seus componentes com o custo da mão de obra de sua execução, que, por sua vez, tem origem no produto resultante entre o custo da mão obra/h e o tempo de execução da tarefa.

Podemos ainda examinar dois cenários possíveis para as submontagens. No primeiro, toda a submontagem (produção de peças e constituição da submontagem) é produzida por serviço terceirizado. No segundo cenário, somente algumas peças são produzidas por serviço terceirizado ou compradas no comércio. A constituição da submontagem, com soldas, pinturas etc., é feita pela empresa que encomenda o serviço terceirizado. Vejamos a seguir.

6.7.2.1 Custo de fabricação terceirizada de submontagem

Supondo, então, que a submontagem e seus componentes fossem oriundos de serviço terceirizado, você pode optar pela configuração de **Usar custo de compra**.

1. Clique o botão direito do mouse sobre o campo de custo da submontagem e selecione **Usar custo de compra**. Note que será exibida a caixa **Inserir valor**.
2. Entre com o valor referente à compra desse serviço (Figura 6.80).

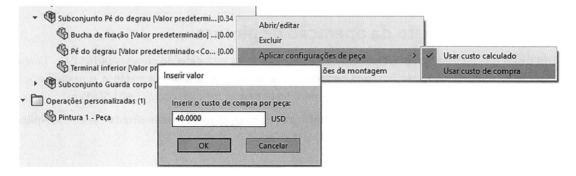

Figura 6.80 – Custo de submontagem.

Observe que os componentes e seus custos foram congelados. Não serão mais computados pelo sistema. Somente será considerado o custo referente à compra da submontagem.

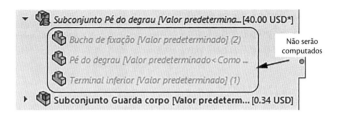

Figura 6.81 – Custo de submontagem.

6.7.2.2 Custo de fabricação terceirizada de peças de submontagem

Para o segundo cenário imaginado, somente algumas peças da submontagem serão compradas, como serviço terceirizado ou mesmo no comércio. Nesse caso:

1. Clique o botão direito do mouse sobre o campo de custo da peça/componente comprado e selecione **Usar custo de compra**. Será exibida a caixa **Inserir valor**. Entre com o valor referente à compra desta peça/componente (Figura 6.82).

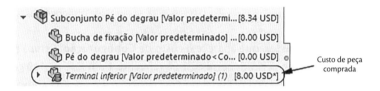

Figura 6.82 – Custo de peça comprada.

Note que a descrição aparecerá com aplicação de itálico aos caracteres e o valor do custo, referenciado com um asterisco.

Como se vê, é possível aplicar substituições de custo a submontagens individuais no modo **Árvore aninhada** usando-se a opção **Usar custo de compra** no menu de atalho. Se você aplicar o custo de compra a qualquer submontagem, então todos os componentes desse subconjunto ficarão acinzentados no **Gerenciador de custos**.

Há ainda duas outras configurações para a opção de **Aplicar configurações da peça** mostrada na Figura 6.80.

» **Usar custo do *template*:** aplica o custo definido no *template*.

» **Usar custo de propriedades personalizadas:** aplica o custo definido como uma propriedade personalizada. Se o custo de uma propriedade personalizada for definido para uma submontagem ou componente e a propriedade personalizada estiver definida no *template* do Costing, então esse custo é considerado, em vez do custo definido no *template*.

> **NOTA**
>
> Quando você altera o custo de um componente que tem diversas instâncias dentro ou fora de submontagens, a alteração do custo é aplicada a todas as instâncias da montagem.

6.7.3 Inserção de operação personalizada

Como dissemos, excetuando-se a chapa metálica do piso, todos os demais componentes do Conjunto degrau EH2017 deverão ser cromados. Vamos inserir essa operação e seus respectivos custos de Setup.

1. Clique o botão direito sobre a pasta **Operações personalizadas** e selecione **Adicionar operação personalizada**. Será exibido o painel de configurações. Em **Nova operação**, digite no campo **Nome** o nome Cromagem.

2. Em **Custo da configuração** (*Setup*), digite 40.00. Estamos definindo que o custo de preparo da cromagem no setor respectivo será de [40.00 USD/Lote] para esse lote de 16 conjuntos.

3. Em **Custo de operação**, digite [2.00 USD].

4. Marque a opção **Selecionar peças** e selecione na **Árvore aninhada** o tubo central, as duas submontagens e os três parafusos DIN912 M6, como mostra a Figura 6.83.

5. Note que, no resumo mais abaixo, o Custo de configuração aparece como [0.40 USD]. Esse custo corresponde a um lote de 100 conjuntos. Quando rodarmos a análise, faremos a correção do lote.

6. Clique OK para confirmar.

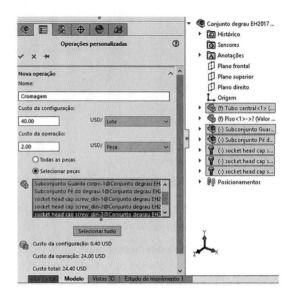

Figura 6.83 – Criação de Operação personalizada e seleção de componentes sujeitos a operação.

Observe agora, no **Gerenciador de custos**, que aparece o custo de **Configuração** (*Setup*) para o setor de cromagem: [0.40 USD] para cada lote. Entretanto, como já citado, esse custo é referente a um lote de 100 conjuntos. Para a Operação personalizada de cromagem, há um custo de 24.00 USD por lote. Esse custo é referente a 12 componentes (nove peças + três parafusos), ou seja, [2.40 USD/peça]

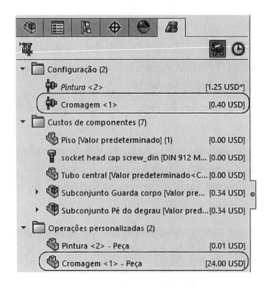

» Tubo central uma peça
» Subconjunto Guarda-corpo quatro peças
» Subconjunto Pé do degrau quatro peças
» Parafusos três parafusos

Total = 12 componentes

Figura 6.84 – Custo do Setup e da operação de cromagem.

6.7.4 Estimativa de custos de montagem

Depois de todos os ajustes necessários, inicie a análise de custo clicando em **Iniciar estimativa de custos** no Painel de tarefas. Observe que o resultado indicará um custo de [261.94 USD]. Entretanto, esse custo, como dissemos, refere-se a um lote de 100 montagens (Conjuntos degrau EH2017).

Modifique o tamanho do lote e o número de montagens para 16 e veja a atualização do custo estimado e os custos no **Gerenciador de custos** do Costing (Figura 6.86).

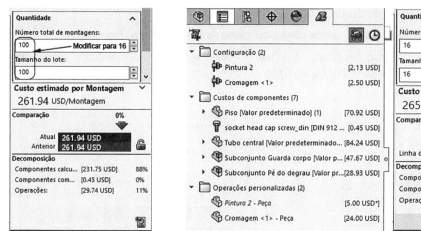

Figura 6.85 – Custo para lote de 100.

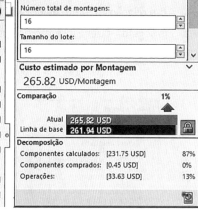

Figura 6.86 – Custo para lote de 16 montagens.

Observe que houve uma elevação no custo da ordem de apenas 1% ou [3.88 USD] por conjunto ao produzirem 100 montagens ou apenas 16 montagens.

É claro que o custo total do projeto da escada helicoidal ainda não está finalizado. Devem ser calculados e somados a esse custo os seguintes:

» 2 flanges de fixação + 12 parafusos DIN 912 M16 x 50;
» 15 extensões do tubo central;
» 1 corrimão.

6.7.5 Estimativa de custos de montagem com flange de fixação, extensores e parafusos

Para obtermos este custo criaremos uma pequena montagem utilizando os dois flanges de fixação (Inferior e Superior), seus respectivos parafusos e, entre os flanges, os 15 extensores (Figura 6.87). Em seguida, faremos as devidas configurações e geraremos o custo estimado.

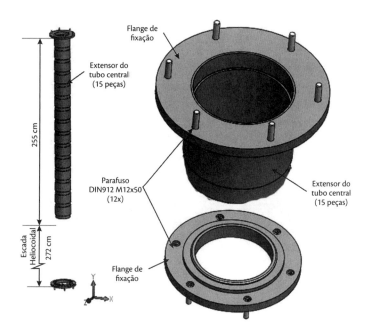

Figura 6.87 – Montagem com flange de fixação, extensores do tubo central e parafusos.

Precisaremos agora acessar a ferramenta Costing e fazer as devidas alterações:

1. Com relação ao modo da **Lista de peças**, vamos configurar como **Árvore alinhada** (Figura 6.88).
2. Em seguida, fazer a inserção do custo dos parafusos no painel **Peças do Toolbox**. Vamos definir o custo unitário do parafuso DIN912 M12x50 como [0.30 USD] (Figura 6.89).

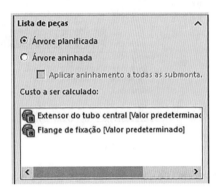

Figura 6.88 – Painel Lista de peças configurada em modo Árvore alinhada.

Figura 6.89 – Custo do parafuso DIN912 M12x50 inserido no painel Peças do Toolbox.

Agora devemos inserir na pasta **Operações padronizadas** a operação de cromagem com os custos que havíamos definido para o *Setup* [40.00 USD/Lote] e para a operação de cromagem [2,40 USD/peça].

3. Vamos selecionar a opção **Todas as peças**. Note que todas as peças da **Árvore planificada** foram selecionadas (Figura 6.90).

   Lembremos ainda que o custo de [0.40 USD/lote] exibido provém de [40.00 USD/100 Lote]. Precisaremos, depois da primeira estimativa, fazer a edição para apenas um lote, pois uma escada helicoidal completa é composta por [16 lotes de Conjunto degrau EH2017 + 1 Conjunto flange de fixação com 12 parafusos e 15 extensores].

   O passo seguinte consiste em configurar o Setup de pintura como **Nenhum custo**. A Operação personalizada de pintura deve ser configurada como [0.00], pois, para essas peças, somente existe o processo de cromagem (Figura 6.91).

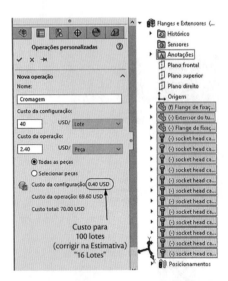

Figura 6.90 – Criação da operação personalizada de cromagem.

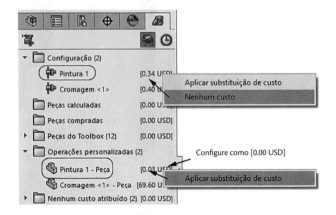

Figura 6.91 – Reconfiguração do custo de Setup e operação personalizada de pintura.

Podemos agora clicar em **Iniciar estimativa de custo** e, em seguida, fazer a correção do lote para 16 conjuntos. A Figura 6.92 exibe o resultado dessa estimativa.

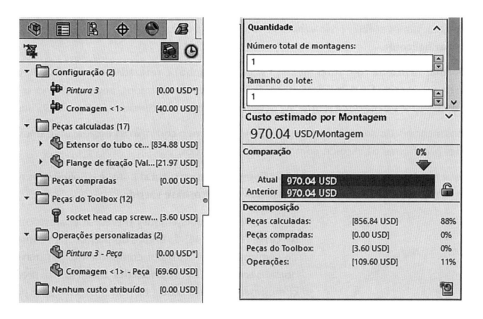

Figura 6.92 – Estimativa de custo para um lote.

6.7.6 Estimativa de custos para a produção de corrimão

Para obtermos esse custo, devemos abrir inicialmente a montagem da escada helicoidal (Figura 6.93) e selecionar o corrimão. Então, clique em **Abrir peça**. Assim, faremos uma estimativa de custo de uma peça (Figura 6.94) e não de uma montagem.

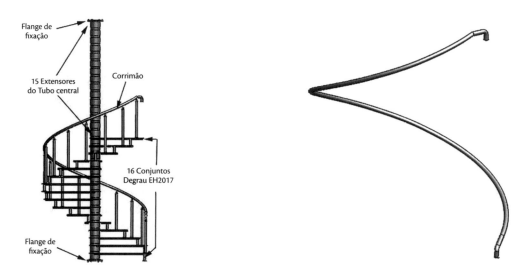

Figura 6.93 – Montagem da escada helicoidal.　　　　　　　　　Figura 6.94 – Corrimão.

O leitor talvez se veja tentado a questionar por que não executamos a **Estimativa de custo** diretamente da montagem da escada helicoidal. Na verdade, tentamos, porém, o computador utilizado para esse projeto, apesar de sua configuração de memória e processador (Memória 6 Gb e Processador Intel® Core™ i7-3517U CPU 1.90GHz 2.40GHz), não ofereceu performance suficiente, indicando falta de memória. Mas, certamente, se tivéssemos 8 Gb de memória, poderíamos fazê-lo.

Costing | 231

6.7.6.1 Reconfiguração do gerenciador de custos

Quando ativada a ferramenta Costing, verifica-se que, como na estimativa anterior, será preciso desabilitar o Setup de **Pintura** e zerar seu custo em **Operações personalizadas**, assim como inserir o Setup e a Operação personalizada de cromagem. Aqui, entretanto, vamos atribuir novo valor para a operação a de cromagem. Além dessas, precisamos inserir uma nova operação: **Formar helicoide**.

A operação **Formar helicoide** com tubo metálico (Calandrar Tubo) é realizada com a aplicação de uma máquina/ferramenta conhecida como calandra de perfis. De acordo com os discos utilizados, pode-se calandrar perfis específicos. Conforme o ajuste de avanço dado no disco central, é possível regular o raio de curvatura. A Figura 6.95 ilustra esse processo.

Como havíamos mencionado no capítulo anterior, quando criamos o corrimão da escada, utilizamos como caminho o esboço de uma hélice para formar o helicoide, com altura e raio definidos.

Vimos ainda que não foi possível utilizar o recurso **Componente estrutural** porque o SolidWorks não reconhece um helicoide como um Esboço 3D. Então, utilizamos o recurso de **Ressalto/base varrido**.

A questão é que, embora o recurso apareça como **Item da lista de corte** (Figura 6.96) da árvore do projeto, não conseguimos os dados de comprimento e custo por comprimento, por massa ou por volume quando acessamos as **Propriedades**. Dessa forma, precisamos calcular o comprimento do helicoide e consultar o fornecedor para obter o custo/metro do Tubo ISO 48,3 x 3,2 para então multiplicarmos pelo comprimento calculado e inserir no **Gerenciador de custos**.

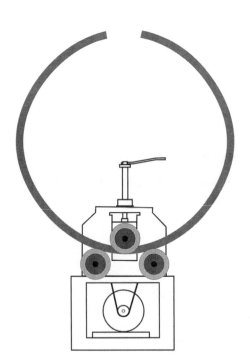

Figura 6.95 – Máquina calandra de perfis.

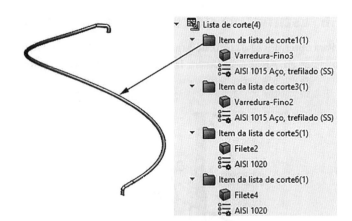

Figura 6.96 – Lista de corte da árvore do projeto.

De acordo com a informação de criação da hélice no capítulo anterior, ela tem um raio de 1.140mm (1,14m) e 0,902 voltas, para se estender do primeiro terminal superior do Conjunto guarda-corpo do primeiro degrau ao último terminal no topo da escada. Vamos considerar então uma volta completa. O comprimento do perfil assim é dado por:

$$2 \times p \times R = 2 \times p \times 1{,}14 \text{ m} \cong 7{,}2 \text{ m} \qquad (7)$$

Considerando mais 30 cm em cada ponta para o acabamento, teremos 7,8 m.

Seu peso é de 3,33 kg/m e, se considerarmos que o quilo do aço custe em torno de 0.4 USD, esse perfil custará [3.12 USD].

Inserindo as informações no **Gerenciador de custos**, definiremos que o **Custo de Configuração** (Setup) para a máquina calandra de perfis será de [30.00 USD/montar,] e a operação de calandra custará [200.00 USD/Peça] (Figura 6.97).

O Setup da cromagem será de [40.00 USD/montagem], e seu custo operacional subirá para [60.00 USD/Peça] (Figura 6.98).

Figura 6.97 – Inserção custo de Setup Formar helicoide e custo de operação.

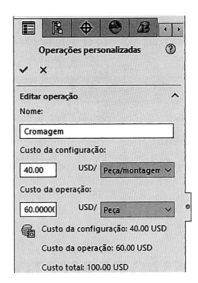

Figura 6.98 – Inserção Setup de Cromagem e custo de operação.

Depois de criadas as **Operações personalizadas**, devemos configurar o Setup da pintura como **Nenhum custo** e definir a operação de pintura com custo [0.00] (Figura 6.99).

O item 1 da Lista de corte (Figura 6.96) corresponde ao perfil há pouco calculado e é o primeiro item de **Corpos gerais**, com o custo de 3.12 USD.

O item 2 corresponde à finalização com dobra do corrimão na parte superior e definiremos como custo de 0.30 USD.

Os itens 3 e 4 da Lista de corte são as taminas usinadas e posteriormente soldadas às extremidades do corrimão. Seus custos estão gerados corretamente pelo sistema.

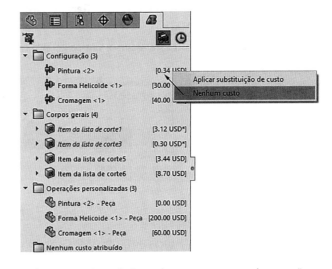

Figura 6.99 – Inserção Setup de cromagem e custo de operação.

Agora podemos iniciar a estimativa de custo, configurando o número total de peças. A Figura 6.100 exibe o resultado final.

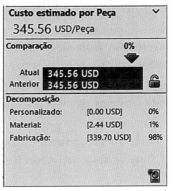

Figura 6.100 – Estimativa de custo para a produção do corrimão da escada helicoidal.

Costing 233

A Tabela 6.4 apresenta um resumo dos custos finais estimados pela ferramenta Costing. Lembramos ao leitor que esse custo é uma composição do custo personalizado somado ao custo material e ao custo de fabricação. O custo de fabricação inclui configuração (Setup), mão de obra e operação. É preciso computar ainda o custo de instalação no cliente e o lucro.

Tabela 6.4 – Estimativas de custos para o projeto da escada helicoidal			
Custo estimado	Quantidade	USD/Peça (Conjunto)	USD
Conjunto degrau EH2017	16	265.82	4253.12
Conjunto Flanges de fixação, Extensores e parafusos	01	970.4	970.4
Corrimão	01	345.56	345.56
Total			5569.08

6.8 EMISSÃO DE RELATÓRIO

Para concluirmos nosso breve estudo sobre a ferramenta Costing para estimativa de custos, ao final do processo podemos ainda solicitar que o Costing gere um relatório de análise dos custos estimados.

Para gerar o relatório, clique no comando **Gerar relatório**, posicionado no canto inferior direito do painel **Custo estimado por peça** (Figura 6.101).

Com o fim de demonstrar esse recurso, vamos gerar o relatório do Conjunto degrau EH2017.

Figura 6.101 – Comando Gerar relatório.

1. Clique em **Gerar relatório**. Será exibido o quadro com os painéis: **Opções de publicação de relatório, Informações de cotação, Informações de estimativa** e **Alternar quantidades** (Figura 6.102).

Você pode solicitar um relatório com **Estimativa simples** ou um **Relatório detalhado**.

2. Preencha os dados necessários, insira o logotipo de sua empresa e selecione a pasta no seu computador em que deseja que o relatório seja salvo.

3. Pressione **Publicar**. O Costing vai gerar um arquivo em formato *.doc do Word, que permite fazermos alguns ajustes em colunas das tabelas, textos etc.

A Figura 6.103 ilustra o relatório detalhado obtido para a estimativa de custos do Conjunto degrau EH2017. Observe ainda nas Figuras 6.103 a 6.107 detalhes das informações trazidas.

Figura 6.102 – Comando Gerar relatório.

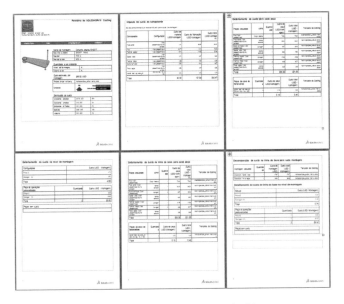

Figura 6.103 – Comando Gerar relatório.

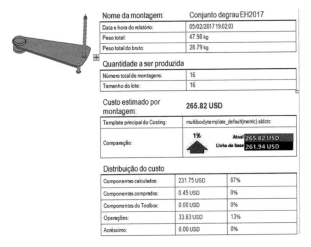

Figura 6.104 – Informações de abertura do relatório.

Impacto do custo do componente

Os dez componentes que mais contribuem para o custo de montagem

Componente	Configuração	Custo de material (USD/Montagem)	Custo de fabricação (USD/Montagem)	Custo total (USD/Montagem)
Tubo central	<Como usinado>	1.24	82.99	84.24
Piso	predeterminado	64.77	6.14	70.92
Terminal superior	predeterminado	6.41	15.25	21.66
Guarda corpo	<Como usinado>	4.74	4.87	9.60
Terminal inferior	predeterminado	1.55	7.83	9.39
Bucha de fixação	predeterminado	0.64	6.04	6.67
Pé do degrau	<Como usinado>	0.98	4.87	5.85
Parafuso	DIN 912 M6 x 16 --16N	0.00	0.00	0.15
Total		80.33	127.99	208.47

Figura 6.105 – Informações quanto ao impacto do custo do componente.

Costing | 235

Detalhamento de custo para cada peça

Peças calculadas	corte	Quantidade	Custo da peça (USD/Montagem)	Custo total (USD / Montagem)	Template do Costing
Piso [Valor predeterminado]	Chapa Metálica	1	70.92	70.92	sheetmetaltemplate_default(metric).sldcts
Tubo central [Valor predeterminado<Como usinado>]	Membro estrutural	1	84.24	84.24	machiningtemplate_default(metric).sldctm
Bucha de fixação [Valor predeterminado]	Usinagem	3	6.67	20.02	machiningtemplate_default(metric).sldctm
Guarda corpo [Valor predeterminado<Como usinado>]	Membro estrutural	1	9.60	9.60	machiningtemplate_default(metric).sldctm
Terminal superior [Valor predeterminado]	Usinagem	1	21.66	21.66	machiningtemplate_default(metric).sldctm
Terminal inferior [Valor predeterminado]	Usinagem	2	9.39	18.77	machiningtemplate_default(metric).sldctm
Pé do degrau [Valor predeterminado<Como usinado>]	Membro estrutural	1	5.85	5.85	machiningtemplate_default(metric).sldctm
Total			208.32	231.06	

Peças da caixa de ferramentas	Quantidade	Custo da peça (USD/Montagem)	Custo total (USD / Montagem)	Template do Costing
Parafuso [DIN 912 M6 x 16 — 16N]	3	0.15	0.45	multibodytemplate_default(metric).sldctc
Total		0.15	0.45	

Figura 6.106 – Detalhamento do custo para cada peça.

Detalhamento de custo na linha de base para cada peça

Peças calculadas	corte	Quantidade	Custo da peça (USD/Montagem)	Custo total (USD / Montagem)	Template do Costing
Piso [Valor predeterminado]	Chapa Metálica	1	70.92	70.92	sheetmetaltemplate_default(metric).sldcts
Tubo central [Valor predeterminado<Como usinado>]	Membro estrutural	1	84.24	84.24	machiningtemplate_default(metric).sldctm
Bucha de fixação [Valor predeterminado]	Usinagem	3	6.67	20.02	machiningtemplate_default(metric).sldctm
Guarda corpo [Valor predeterminado<Como usinado>]	Membro estrutural	1	9.60	9.60	machiningtemplate_default(metric).sldctm
Terminal superior [Valor predeterminado]	Usinagem	1	21.66	21.66	machiningtemplate_default(metric).sldctm
Terminal inferior [Valor predeterminado]	Usinagem	2	9.39	18.77	machiningtemplate_default(metric).sldctm
Pé do degrau [Valor predeterminado<Como usinado>]	Membro estrutural	1	5.85	5.85	machiningtemplate_default(metric).sldctm
Total			208.32	231.06	

Peças da caixa de ferramentas	Quantidade	Custo da peça (USD/Montagem)	Custo total (USD / Montagem)	Template do Costing
socket head cap screw_din [DIN 912 M6 x 16 — 16N]	3	0.15	0.45	multibodytemplate_default(metric).sldctc
Total		0.15	0.45	

Figura 6.107 – Detalhamento do custo na linha de base.

Detalhamento do custo no nível de montagem

Configurações	Custo (USD / Montagem)
Pintura 2	2.13
Cromagem <1>	2.50
Total	4.63

Peça de operações personalizadas	Quantidade	Custo (USD / Montagem)
Pintura 2	1	5.00
Cromagem <1>	1	24.00
Total	2	29.00

Peças sem custo

Figura 6.108 – Detalhamento do custo no nível da montagem.

Decomposição de custo na linha de base para cada montagem

Montagem calculada	Quantidade	Custo da montagem (USD)	Custo total (USD / Montagem)	Template do Costing
Subconjunto Guarda corpo	1	47.67	47.67	multibodytemplate_default(metric).slddtc
Subconjunto Pé do degrau	1	28.93	28.93	multibodytemplate_default(metric).slddtc

Detalhamento do custo de linha de base no nível de montagem

Setups	Custo (USD / Montagem)
Pintura 2	0.34
Cromagem <1>	0.40
Total	0.74

Peça de operações personalizadas	Quantidade	Custo (USD / Montagem)
Pintura 2	1	5.00
Cromagem <1>	1	24.00
Total	2	29.00

Peças sem custo

Figura 6.109 – Decomposição do custo na linha de base de cada montagem e no nível de montagem.

6.9 CONCLUSÃO

A ferramenta Costing para estimativas de custos é excelente para auxiliar o projetista e o fabricante na obtenção de um produto de custo competitivo, uma vez que lhe permite visualizar o impacto do custo de cada componente em seu projeto. Isso permite ainda que sejam feitos ajustes nos componentes, como modificações de geometrias, materiais, operações de tratamento e acabamento, podendo-se assim visualizar dinamicamente a influência desses ajustes até se chegar ao custo ideal.

Foi abordada neste capítulo, e demonstrada por meio de exemplos práticos, apenas uma pequena parte de suas potencialidades. Por isso, não foi escopo desta obra nem nossa pretensão esgotar o assunto. Até mesmo porque abordamos tão somente sua aplicação com itens que são tema desta obra: chapas e perfis.

Esperamos ter despertado a curiosidade do leitor em conhecer mais e aplicar a ferramenta Costing em seus projetos.

Bibliografia

FIALHO, Arivelto Bustamante. **SolidWorks Premium 2013**: teoria e prática no desenvolvimento de produtos industriais. São Paulo: Érica, 2014. 592 p.

LOMBARD, Matt. **SolidWorks 2013 Bible**: The comprehensive tutorial resource. Indianapolis: Wiley, 2013. 1.249 p.

MARCONDES, Paulo. **Manufatura de chapas metálicas**: dobramento. DEMEC On Line – UFPR. Disponível em: <http://ftp.demec.ufpr.br/disciplinas/EME717/Aulas/8_Dobramento_Manufatura%20de%20chapas%20metalicas.pdf>. Acesso em: 20 fev. 2017.

■ Marcas registradas

SolidWorks® 2017 é marca registrada da SolidWorks Corporation.

Todos os demais nomes registrados, marcas registradas ou direitos de uso citados neste livro pertencem aos seus respectivos proprietários.